# Educación para la inclusión o educación sin exclusiones

*Gerardo Echeita Sarrionandia*

NARCEA, S. A. DE EDICIONES

MADRID

*Sentaos y soñad,*
*sentaos y leed,*
*sentaos y aprended del mundo,*
*de nuestro mundo de ahí fuera, de aquí y de ahora*
*-nuestro mundo de problemas-,*
*soñad con los vastos horizontes del alma,*
*haced todo con los sueños,*
*sin traba alguna, con absoluta libertad.*
*¡Ayudadme,*
*todos los que sois soñadores,*
*ayudadme a crear un mundo nuevo!*
*A vosotros tiendo mis manos.*

LANGSTON HUGHES

Para quienes quieran compartir
a través de la reflexión y el diálogo igualitario,
la expectativa de una educación de calidad
para todos y con todos,
sin eufemismos ni exclusiones.
Para Raúl y Jorge,
con la esperanza de que entiendan
que deseo para los demás niños y jóvenes
todo lo bueno que siempre he querido para ellos.
Para Pilar,
porque sin su amor esta travesía
sería navegar sin rumbo ni sosiego.

**3ª edición**

© NARCEA, S.A. DE EDICIONES
Paseo Imperial 53-55. 28005 Madrid. España
**www.narceaediciones.es**

Foto de portada cedida por la familia Blanco Zamorano

ISBN: 978-84-277-1500-4
Depósito legal: M-21125-2014

Impreso en España. Printed in Spain
Imprime: Estugraf. 28350 Ciempozuelos (Madrid)

# Índice

© narcea, s. a. de ediciones

Ambitos de intervención: Inteligencias múltiples. Afectos, emociones y relaciones en la escuela. Diversidad, diferencia, enseñanza adaptativa y adaptaciones curriculares. Colaboración, apoyo y ayuda. Crear redes para afrontar la complejidad y el riesgo. Escuelas eficaces, procesos de mejora y cultura escolar. Competencias del profesorado para un desempeño profesional complejo.

Estudios comparativos, importancia del contexto y concepto de "perspectiva" en los análisis sobre el significado de "educación inclusiva": Dimensiones y preguntas para una indagación crítica. Importancia de la indagación colaborativa del profesorado. Estructura del *Index for Inclusion*: Dimensiones, secciones, indicadores y preguntas. Utilización del *Index* en los centros escolares.

# Prólogo a la 3.ª edición

*"De bien nacidos es ser agradecidos"* y por ello no puedo sino empezar este Prólogo a la 3ª edición agradeciendo a NARCEA por la doble oportunidad que me ha suscitado el ofrecimiento de hacer este texto con motivo de una nueva reimpresión de mi libro. Doble porque, por un lado, me permite eliminar algunos (más bien pocos) pasajes de la edición anterior que casi diez años después han quedado claramente obsoletos, así como corregir algunos pequeños errores de edición o escritura. Pero sobre todo porque me ha permitido volver sobre lo escrito, *repensarlo* a la luz de lo que he seguido estudiando, haciendo y aprendiendo con otros compañeros y compañeras durante este tiempo y, por ello, *reescribirlo*. Porque como bien dijeron unos buenos colegas *"escribir es reescribir"*, esto es, escribir es una tarea constante de reflexión sobre lo que piensas, lo que dices y cómo lo dices, para refinarlo hasta que esa relación y el consiguiente relato tengan coherencia y sentido.

Ahora bien, lo que hemos acordado ha sido no hacer una nueva edición "revisada y ampliada" como suele decirse, sino incorporar en este *Prólogo* algunas reflexiones y análisis que me pudieran parecen necesarios para contextualizarlo al tiempo presente y complementar lo escrito en el texto original con aquellas ideas que ahora considere más importantes y relevantes. Y, paradójicamente, mi sincera impresión después de releerlo para preparar estas páginas es que creo que casi todo lo dicho en su primera edición tiene hoy igual sentido, importancia y validez para comprender y mejorar este resbaladizo, controvertido y polifacético ámbito de la *Educación Inclusiva*.

Seguro que alguien puede pensar que este análisis es fruto de la vanidad del autor. Puede que así sea pero, en todo caso, en mi opinión el hecho de que lo escrito entonces no haya perdido vigencia tiene que ver con el carácter de *marco de referencia* que ya entonces quise que tuviera la obra, lejos de cualquier pretensión de ser algo parecido a "un manual" o un texto especializado en alguna temática en particular de las miles que caen bajo el inclusivo paraguas de la educación inclusiva. Y los principales *puntos cardinales* que establecía en el texto (en particular los que se explicitan en los Capítulos 3 y 4) *siguen estando ahí* para ayudar a quienes se interesan en esta temática. Por lo tanto creo, honestamente, que los nuevos lectores de mi libro seguirán encontrando que la mayoría de los análisis y propuestas relativas a los contenidos nucleares de mi trabajo les serán de utilidad.

*Casi todo lo dicho…*, excepto algunas predicciones ingenuas sobre la evolución positiva del contexto socioeconómico en la Unión Europea y de las políticas de lucha contra la exclusión que, en particular en los llamados países

*"PIGS"* (Portugal, Irlanda, Grecia y España), han quedado barridas por la virulencia de *la profunda crisis* que estamos viviendo y que tanto impacto negativo están teniendo sobre el desarrollo de sistemas sociales y educativos con mayor equidad e inclusión. En el caso de España los datos que aportan ONG, como *Ayuda en Acción* son, en este sentido, devastadores: 30% de la infancia en riesgo de exclusión social; segundo país europeo con la tasa de pobreza infantil más alta. Ello me sirve, en todo caso, para reforzar una idea presente en mi texto y que hoy más que nunca no podemos olvidar. Los procesos de inclusión y exclusión social y educativa son dialécticos e interdependientes. Progresaremos hacia mayores niveles de inclusión educativa en la medida que se identifiquen y reduzcan los procesos y las condiciones educativas excluyentes (UNESCO, 2012), y aquellos y éstos son dependientes del contexto socioeconómico en el que se viven. Un niño mal alimentado, viviendo en un contexto de estrés familiar por el desempleo prolongado de sus padres es, objetivamente, un niño o una niña en mayor riesgo de fracaso escolar y por ello también en mayor riesgo, a largo plazo, de exclusión social.

Obviamente no pretendo, por otra parte, hacer creer a nadie que en estos años no se ha acrecentado nuestro conocimiento sobre todos los contenidos que se tratan en cada uno de los capítulos, incluido aquel que fundamenta y se deriva, a su vez, del trabajo investigador que hemos seguido llevando a cabo en estos años (Autoría Compartida, 2014; Echeita, 2012; Echeita, Simón, López y Urbina, 2013; Sandoval, Simón y Echeita, 2012; Simón y Echeita, 2013). Sin duda hoy tenemos un conocimiento más preciso de todo ello, pero quiero pensar que, en la mayoría de los casos, *éste no es cualitativamente distinto*, al que teníamos, aunque no por ello irrelevante. Si fuera de otro modo honestamente habría renunciado a esta opción y, en su caso, habría intentado negociar con mi editora la posibilidad de elaborar un nuevo libro. Lo que sí invito a los nuevos lectores es a *seguir la estela* de los autores que ya entonces citaba, para actualizar sus aportaciones que son las que, en definitiva, dan solidez al marco de referencia expuesto, algo que hoy es infinitamente más fácil que hace diez años gracias a las tecnologías de la información.

## Perspectivas sobre la educación inclusiva

*PERSPECTIVAS ¿EN QUE FIJARNOS?*

*¿En la cancela que encierra la naturaleza*
*o en los árboles que resisten,*
*que crecen y superan la verja?*
*¿En la ventana que encuadra la montaña*
*o en la vida que se despliega detrás de la persiana?*
*¿En el agua que las manos rodean*
*o en el escurridizo río que libremente brinca y golpea?*
*¿Desde qué perspectiva comenzaremos nuestro camino?*

A. García-Teresa, 2010

El concepto de *perspectiva* es un elemento muy relevante en mi texto. Tomado del trabajo de Booth y Ainscow (1998), con él se quiere resaltar las diferentes formas de ver la inclusión y la exclusión por diferentes personas, países e instituciones, así como los sistemas de valores y contextos culturales y sociales con los que están conectadas.

En este sentido hoy tenemos que seguir diciendo (como se refleja en el Capítulo 3), que la educación inclusiva sigue siendo un concepto (y una práctica) poliédrica, con muchas caras o *dominios* (pedagógico, psicológico, sociocultural, contextual....), desde los que puede ser analizada y entendida (Ruairc, Ottesen y Precey, 2013), de forma que todos ellos capturan algo de su significado pero no lo agotan, al tiempo que pueden hacer *"confundir las partes con el todo"* en una tensión dilemática que está configurándose como la naturaleza intrínseca de este proceso (Norwich, 2008).

Al releer mi texto aprecio ahora que mis análisis estaban bastante impregnados por un exceso de optimismo pedagógico, y un tanto huérfanos de una mirada *más política e ideológica*. Mirada que, por otra parte, es central para sacar a la educación inclusiva del espacio marginal en el que todavía se encuentra en la mayoría de las mentes de administradores y prácticos y, por ello, en los propios sistemas educativos. Esa *perspectiva* es la que, sin embargo, el lector encontrará con profusión de detalles en la obra de Roger Slee (2012: 224):

> "De lo que estamos hablando es de eestablecer la inclusión como proyecto político preocupado por el examen de la identidad, la diferencia, el privilegio, la desventaja y la opresión".

> "La educación inclusiva es el prerrequisito de una sociedad democrática" (Ib.: 217).

Esa mirada política es lo opuesto al empeño de muchos por ver esta cuestión como un *asunto fundamentalmente técnico/pedagógico* que tiene que ver con las maneras (métodos, recursos, conocimientos, etc.) y los lugares apropiados para educar a un grupo de alumnos considerados de algún modo "especiales".

Por el contario, y tal y como apuntaba hace un momento, un enfoque más político nos obliga, sobre todo, a la responsabilidad de *no desconectar* lo que ocurre o puede ocurrir *puertas adentro* de la escuela, con lo que acontece *más allá de los muros escolares*, en particular en el marco de un contexto económico gobernado por una economía de mercado desbocada que ha traslado sus reglas y principios al interior de los sistemas educativos, con las consecuencias excluyentes que ello tiene para amplias capas de la población escolar.

> "Aunque, por un lado reiteramos la importancia de la educación (inclusiva) como un gran asunto de derechos, por otro esta se inserta en un contexto económico en el que las 'reglas del mercado' dirigen nuestra vida y cada vez más la de nuestras escuelas, promoviendo una competición constante entre alumnos, centros, distritos y países para ser los mejores" (Florian, 2014: 14).

También Ainscow, Dyson, Goldrick y West (2012), han resaltado la importancia de esta perspectiva más política y social, a través de lo que ellos han denominado *"ecología de la equidad"*. Con esta expresión lo que estos autores quieren darnos a entender es que el desarrollo de experiencias y resultados escolares que resulten equitativos para los estudiantes depende de un amplio conjunto de procesos interdependientes que inciden en la escuela *desde fuera*. Entre estos factores se encuentran la demografía de las áreas en la que las escuelas se sitúan, la historia y la cultura de la población a la que atienden (o no consiguen hacerlo), así como las realidades económicas que afronta esa población.

A estas situaciones subyacen procesos socioeconómicos que hacen de un área que sea *pobre* y de otra *rica*, lo que genera flujos migratorios de unas a otras. También están influidos por la calidad de las políticas de formación del profesorado implementadas en el ámbito nacional o regional y por su impacto sobre las competencias de éste para hacer frente a la diversidad del alumnado, lo que contribuye, sobre manera, a que los centros escolares donde trabajan sean más o menos proclives a determinadas políticas de escolarización (aceptación *versus* exclusión de determinados alumnos), lo que a su vez incide sobre la libertad de elección de las familias.

Además, aquí y allá el grado de equidad observada refleja nuevos modelos de gobernanza escolar y procesos de evaluación del rendimiento mediante los cuales los centros escolares quedan jerarquizados (como "buenos o malos"), de modo que lo que pueden hacer queda mediatizado por tales jerarquías.

Como apuntaba en un reciente trabajo (Echeita, 2013), tomar conciencia de esta *perspectiva ecológica sobre la equidad*, nos interpela como *ciudadanos* y como *educadores*. *Como educadores*, en un sentido amplio del término, tenemos la inequívoca e importante responsabilidad de que lo que hagamos *puertas adentro* de la escuela (en colaboración con otros agentes educativos), sea parte de la solución y no parte del problema, en términos de una clara contribución al desarrollo de culturas, políticas y prácticas más inclusivas.

*Como ciudadanos* tenemos otra responsabilidad no menos relevante, vinculada a la tarea de promover y defender, mediante nuestra acción política, que lo que ocurre *más allá de las puertas de la escuela* (en términos de políticas económicas, laborales, urbanísticas, de salud, sociales, etc.), tenga la cualidad de interactuar de la mejor manera posible con el trabajo que nos corresponde hacer a los educadores para reducir la exclusión educativa y social.

En todo caso, ambos planos están interconectados y, como insiste Slee (2012: 65), nos interpelan, finalmente, al conjunto de la población, sobre el *"proyecto de sociedad"* que deseamos y sobre la *"indiferencia colectiva"* que, hoy por hoy, sigue permitiendo la exclusión por consentimiento o por apatía.

## Contenidos recurrentes

En estos años un asunto recurrente y con una evolución distinta a la que yo apuntaba en su momento (ver el capítulo 2), es la relativa a la controvertida relación entre "educación especial" y "educación inclusiva" que, a su vez, conecta con la cuestión de la población objeto de atención, en términos de si hablamos de *todo* el alumnado o de *algunos*. Si años atrás cuando escribí este texto me alineaba (como lo sigue haciendo, Ainscow, 2014 ) con los que defendían la necesidad de *superar* la educación especial como una perspectiva y actividad profesional específica y *"aislada del devenir de los tiempos"* - decía yo entonces-, hoy, parafraseando aquella frase de autor incierto - *"los muertos que vos matasteis gozan de buena salud"*- , no puedo sino reconocer que la educación especial sigue gozando de buena salud, a la vista, por ejemplo, de las dos ediciones y reimpresiones constantes de la obra de Lani Florian, *The SAGE Handbook of Special Education* (2006; 2014,a ).

Ella misma, (Florian, 2014, b), titulaba su trabajo introductorio a este reconocido manual como *"Reimaginando la educación especial. ¿Por qué se necesitan nuevas aproximaciones?"*, al tiempo que nadie puede cuestionar su compromiso y convicción en la educación inclusiva. Sin duda alguna se trata de un asunto muy controvertido y dilemático. Controvertido porque, por un lado, el alumnado tradicionalmente sujeto de la *educación especial* - aquellos que hoy etiquetamos bajo el paraguas de las *"necesidades educativas especiales"*-, son los que se encuentran, *en todo el mundo,* en mayor riesgo de exclusión educativa y social (SOLCOM, 2011; UNICEF, 2013; UNICEF, 2014) y, por esta razón, es de justicia ocuparnos de sus necesidades educativas y preocuparnos con prioridad por su situación de desamparo y discriminación en la mayoría de los países.

Pero al hacer una y otra cosa, la gran mayoría de los administradores de la educación, del profesorado, y de quienes trabajan a su vera (véanse inspectores, psicólogos educativos u orientadores, entre otros), suelen activar explicaciones y modelos de acción educativa "especiales" (Ridell, 2014), que tienden a individualizar los problemas de ese alumnado (a modo de "tragedia personal"), y a culpabilizar de su situación de fracaso o marginación a quienes, sin embargo, no son sino las *víctimas* de un sistema educativo (y social) excluyente que, por otra parte, suele quedar al abrigo de crítica y transformación. Pero que ello haya sido (y siga siendo), así en muchas ocasiones, no puede traducirse en que no sea necesario seguir investigando y tratando de comprender mejor los muy distintos procesos de índole *biopsicosocial* que intervienen en el aprendizaje y desarrollo de este alumnado vulnerable. Muchos siguen defendiendo que es a la "educación especial" a quien le corresponde esta tarea y, en todo caso, no parecen dispuestos a abandonar ese *marco referencial* a la vista de las evidencias comentadas.

Lo dilemático de la situación se pone, a su vez, de manifiesto en el hecho de que el énfasis que la educación inclusiva hace en que ésta se refiere a *todo el alumnado*, puede hacer perder de vista las necesidades específicas o únicas que *algunos* estudiantes manifiestan y sobre todo, desdibujar las políticas de provisión de apoyos adicionales que pudieran menester, algo que siempre ha preocupado y mucho a sus familias, como es lógico. Pero cuando identificamos y categorizamos a este alumnado a los efectos de esa loable intención, de forma inmediata vienen de la mano los perversos efectos de las *etiquetas* sobre las expectativas y la autoestima de quien las recibe y vuelven al primer plano de la atención política, cuestiones marginales que retrasan la necesaria y profunda transformación de los "sistemas de prácticas escolares" de los que dependen su inclusión o exclusión educativa (Puig Rovira et al, 2012). Dilema recurrente el de cómo identificar las necesidades educativas del alumnado y simultáneamente las de mejora del contexto escolar en el que se incluye y para el que no resulta nada fácil encontrar una respuesta equilibrada, aunque empiezan a apuntarse algunas propuestas prometedoras (Norwich, 2014).

### Derechos y retórica

Un acontecimiento importante, ocurrido en el lapso entre la edición anterior del libro y esta tercera edición es que la inclusión educativa ha dejado de ser un simple principio bienintencionado inspirador de las políticas educativas, asumible *"hasta donde sea posible"*, para convertirse en un *derecho* establecido con toda la contundencia moral y la fuerza legal que tienen los derechos fundamentales amparados por las leyes (Asís, Bariffi, y Palacios, 2007). Para quien lo desconozca, hay que recordar que la *Convención de los Derechos de las Personas con Discapacidad (CDCP)*, aprobada en Naciones Unidas en el año 2006 es, para los países que la han ratificado ya, España entre ellos (véanse para el caso de América Latina los trabajos de Dávila, Garmendia y Lauzurika, 2010 ; Blanco y Duk, 2011) , un tratado internacional que debe incorporarse a su ordenamiento jurídico y que obliga a revisar las leyes y normas, nacionales o locales, para hacer efectivo el derecho a la educación inclusiva establecido en el art. 24 de dicha Convención.

Al hilo de este hecho, es de justicia reconocer y agradecer que éste sea un logro político y jurídico que las personas con discapacidad han conseguido *para todos*, y no solo para ellos, pues resulta obvio que por su propia naturaleza el derecho a una educación inclusiva no podría quedar encapsulado para una población en particular.

Estamos convencidos de que este cambio -*de los principios a los derechos*-tendrá consecuencias muy importantes para el progreso hacia una educación más inclusiva en los próximos años, pues no será fácil mantener normas y prácticas que se opongan a su desarrollo, y que con el tiempo también tendrá el apoyo que se merece por parte de los *operadores jurídicos*. Además de estos últimos, un colectivo importante llamado a facilitar este cambio es el *los orientadores*, muchos de los cuales siguen manteniendo hoy en sus prácticas de evaluación y asesoramiento psicopedagógico un *modelo médico* que es, en esencia, opuesto a la perspectiva de los derechos que la *CDPC* ha establecido (Calderón, 2014; Echeita y Calderón, 2014).

Pero como han señalado con precisión Arthur-Kelly et al (2013: 226):

> "Aunque se han producido progresos muy significativos en el reconocimiento de los derechos de todos los niños a una experiencia educativa que sea inclusiva y empoderadora, queda mucho por hacer para asegurar que en las clases, o en los patios de los centros escolares, así como en sus respectivas comunidades, la realidad encaje con la 'retórica'".

La *retórica de la inclusión educativa* se ha hecho popular y se ha convertido en un referente necesario, en la academia y entre los profesionales, en los discursos y en los documentos oficiales de cualquier administración educativa que se precie de estar a la altura de los tiempos, así como en los proyectos educativos de muchos centros escolares que ven en ello un guiño a lo *políticamente correcto*. Pero tan cierto como lo anterior es la percepción de que para la mayoría es un referente vacío de concreción y compromiso, una de esas "buenas intenciones" que tan amargo sabor de boca dejan cuando se comparan con los hechos cotidianos. No estamos condenados a que esta situación sea así de por vida, pero para cambiarla necesitamos algo más que enunciar el deseo de su advenimiento.

Necesitamos la puesta en marcha del "voluntarismo sistémico" al que aludía Tedesco (2011:94), y que, nuevamente, hace referencia a la necesidad de colocar la acción educativa en el marco de un proyecto de sociedad:

> "La inclusión de los excluidos no será un producto 'natural' del orden social, sino el resultado de un esfuerzo voluntario, consciente, reflexivo y político, muy exigente en términos éticos y cognitivos".

Por lo que respecta a mi país, creo estamos viviendo un momento histórico de fuerte *estancamiento*, cuando no de claro retroceso, en las políticas educativas que tendrían que estar promoviendo la *calidad con equidad* (Marchesi y Martín, en prensa). Cuando estaba cerrándose la anterior edición de este libro, la ley que estaba llamada a sustituir a la *LOGSE* (1990), la *LOCE* (2004), quedaba congelada y daba paso a una nueva ley, la *LOE* (2006), que ahora también ha desaparecido por efecto de esa terrible maldición que parece aquejar a nuestro sistema educativo, a consecuencia de la cual las leyes educativas están llamadas a durar solamente el insuficiente tiempo que dura una mayoría parlamentaria. La recién aprobada *LOMCE* (2014) nace ya con la amenaza de su pronta derogación si el partido en el gobierno pierde la mayoría absoluta en las próximas elecciones pero, en todo caso, ni ésta ni las anteriores respondían plenamente al objetivo de promover un *proyecto social inclusivo*. Este tendrá que seguir esperando hasta que las circunstancias y las voluntades mayoritariamente confluyan – si ello es posible -, en el convencimiento de la necesidad de un *cambio radical* de nuestro actual sistema educativo, heredero – como el de la mayoría - de un tiempo y un contexto social que hace ya mucho que pasó.

## Saber, poder y querer

Según pasa el tiempo me convenzo cada vez más de que la falta de progreso hacia una educación más inclusiva no es una cuestión de falta de conocimientos, sino fruto de una combinación de factores entre los que destaca, en primer lugar, la persistente y robusta *resistencia al cambio*, propia de una *estructura escolar* altamente burocratizada, con el significado que Fernández Enguita (1999) atribuye a ese término, junto con lo que, seguramente, es una *débil voluntad y fortaleza ética* del conjunto de la sociedad.

Esta última es, a juicio de muchos, la gran revolución pendiente para el progreso significativo de la educación inclusiva; la alfabetización ética, tanto de quienes hemos elegido trabajar *puertas adentro* de la escuela, como de los que desde fuera nos observan y condicionan. "*La educación escolar no puede cambiar por sí sola la sociedad, pero la sociedad no puede cambiar sin la escuela*". Un asunto éste de especial relevancia para los responsables de la formación inicial, no solo del profesorado, sino del conjunto de los actores educativos y para cuyo concurso contamos con los resultados de un reciente proyecto europeo que se puso precisamente como objetivo reflexionar sobre *¿Cómo debe ser el profesorado del siglo XXI?* (EADSNE, 2011; Echeita, 2012). En el corazón de la propuesta formativa que se somete a consideración, hay cuatro valores y principios nucleares que configuran el *perfil básico* de un profesorado inclusivo y que, por lo tanto deben ser enseñados y aprendidos en los años de formación y durante el desempeño profesional: valorar la diversidad humana, apoyar a todo el alumnado, colaborar y cooperar con los agentes educativos y asumir la responsabilidad de un desarrollo profesional continuado (EADSNE, 2012b).

En la misma dirección de ese *fortalecimiento ético*, tan necesario para la mejora hacia una educación más inclusiva, se sitúa el giro que el profesor Tony Booth ha dado al emblemático *Index for Inclusion*, en la tercera edición del mismo, elaborado inicialmente con el profesor Mel Ainscow (Booth y Ainscow, 2011). La segunda edición del *Index* (que está comentado en el capítulo 5 del libro) sigue teniendo pleno sentido y utilidad, pero en esta última (que pronto estará traducida al español y accesible *on line* en http://www.consorcio-educacion-inclusiva.es/ gracias al compromiso de la *Organización de Estados Iberoamericanos*, OEI y la *Fundación Hogar del Empleado*, FUHEM), se refuerza sobremanera la tarea de pensar y *explicitar los valores y principios* que han de guiar los proyectos educativos con una orientación inclusiva y su concreción en el desarrollo de culturas, políticas y currículos que los encarnen y sostengan. Con ello se consigue articular la definición propia que el profesor Booth ha hecho de la educación inclusiva: "el proceso de llevar nuestros valores a la acción".

*"Distribuir las posesiones materiales es dividirlas.
Distribuir las posesiones espirituales es multiplicarlas".*

JOSEF ALBERS

Aunque vivimos tiempos de un "optimismo sombrío", que decía la periodista Alma Guillermoprieto, tanto en lo social como en lo educativo, sigo creyendo, parafraseando las palabras del pintor Josef Albers, en que la *esperanza* que necesitamos para hacerles frente, nace y seguirá naciendo del hecho de comprender y compartir con otros la necesidad de un proyecto social inclusivo y, para ello, de una educación escolar inclusiva. Ese fue el principal objetivo cuando escribí este libro – distribuir mis modestas *posesiones espirituales*- y ésa sigue siendo hoy la principal motivación para recomendarlo a quienes compartan la utopía de una sociedad con mayor justicia social.

# Prólogo a la 1.ª edición

Conocí a Gerardo Echeita en 1991 formando parte del equipo de personas que la UNESCO, a través de Lena Saleh, entonces responsable del área de Educación Especial de la organización, había reunido para implementar los materiales y las estrategias de formación del profesorado que configuraban el proyecto *Necesidades Especiales en el Aula*. Esa iniciativa de la UNESCO, que tuve el privilegio de dirigir, formaba parte de su estrategia para promover y apoyar un cambio global de enfoque o de *perspectiva* en la educación del alumnado considerado con necesidades educativas especiales en todo el mundo, perspectiva que tomaría carta de naturaleza en 1994 con motivo de la *Conferencia Mundial sobre Necesidades Educativas Especiales. Acceso y Calidad* que se desarrollaría precisamente en España, en la hermosa y acogedora ciudad de Salamanca. En este sentido, bien puede decirse que este libro aparece en un momento histórico muy apropiado, pues se publica años después de la *Declaración de Salamanca*, emanada de dicha conferencia y en la que se proponía precisamente seguir avanzando hacia una educación más inclusiva, objetivo que es el contenido nuclear del trabajo del profesor Echeita.

No está de más recordar que esta Declaración, hasta la fecha de hoy el documento más importante elaborado por la comunidad internacional en el ámbito de las necesidades especiales, recomendaba que: "Los niños y jóvenes con necesidades educativas especiales tienen que tener acceso a las escuelas ordinarias, las cuales deberían incluirlos en el marco de una pedagogía centrada en el niño y con capacidad para dar respuesta a sus necesidades". Allí se mantuvo que las escuelas, los colegios e institutos con una orientación inclusiva son "el medio más efectivo para combatir las actitudes de discriminación, para construir una sociedad inclusiva y para alcanzar el objetivo de una verdadera educación para todos".

Implícito a esta orientación hay un cambio de paradigma respecto a la forma con la que analizamos y consideramos las dificultades educativas. Este cambio está basado en la creencia de que los cambios metodológicos y organizativos llevados a cabo para responder a las dificultades que experimentan algunos alumnos o alumnas pueden, en determinadas condiciones, beneficiar a todo el alumnado. Bajo este punto de vista, aquellos alumnos que habitualmente son categorizados como con "necesidades especiales", vienen a ser reconocidos como el estímulo que puede motivar el desarrollo global hacia entornos de aprendizaje enriquecidos.

Ciertamente ha de reconocerse que el movimiento hacia la inclusión y la propuesta de un cambio profundo respecto al enfoque y la provisión de servicios educativos para los alumnos con discapacidad o que experimentan dificultades al aprender, estaba ya apuntado en la *Convención de las Naciones Unidas sobre los Derechos de los Niños*, el texto legal más ampliamente ratificado (187 países) de cuantos ha propiciado la Asamblea General de Naciones Unidas. Me parece oportuno recordar que en su Artículo 28 la Convención establecía el derecho de cualquier niño a la educación escolar y que ésta fuera proporcionada sobre la base de la igualdad de oportunidades. En otras palabras, la Convención sostiene el principio de no discriminación en relación al acceso a la educación por cuestiones de discapacidad. Se proponía además que las continuas justificaciones hechas en muchos países al respecto de la "bondad" de las propuestas segregadas para este alumnado, se "testaran" frente a los derechos de los niños y jóvenes a no ser discriminados, enfrentándolas para ello con lo dicho en los Artículos 28 y 29, junto con lo afirmado en los Artículos, 2, 3 y 23, en los cuales está implícito el derecho de todos los niños a una educación inclusiva, independientemente de su discapacidad.

Las *Reglas Uniformes para la Equiparación de Oportunidades de las Personas con Discapacidad* (UN, 1993), también tienen relevancia para estas cuestiones. Aunque no tienen la fuerza legal que sí tiene la *Convención de los Derechos del Niño*, proporcionan un marco global de referencia para los gobiernos a los efectos de la formulación de los derechos de las personas con discapacidad. En ellas vuelve a reafirmarse el derecho a una *educación para la inclusión* que asiste a todas las personas con discapacidad. De igual forma, la iniciativa para el desarrollo por la ONU de una nueva *Convención sobre los Derechos de las Personas con Discapacidad*, promovida por las organizaciones internacionales de personas con discapacidad, intenta proteger y promover sus derechos que continúan siendo violados, a pesar de los instrumentos internacionales que ya existen.

Avanzar hacia la implementación de una orientación inclusiva en la educación escolar es una tarea que dista mucho de ser fácil y el progreso que hasta la fecha se percibe en muchos países es lento. Además no se debe asumir que existe una plena aceptación de la filosofía sobre la inclusión. Hay quienes, por ejemplo, argumentan que pequeñas unidades o grupos especiales establecidas dentro de los centros escolares ordinarios pueden proporcionar el conocimiento especializado, el equipamiento y el apoyo que necesitan los alumnos con necesidades especiales y que el profesorado y el aula ordinaria no pueden ofrecer. Bajo este punto de vista, estos grupos vendrían a ser la única forma de proporcionar un acceso viable y eficaz para la educación de ciertos grupos de alumnos.

Por lo tanto, cuando nos acercamos a la cuestión de las formas y estrategias a través de las cuales deberíamos promover y apoyar el desarrollo de centros escolares que fueran eficaces en la tarea de llegar a los grupos de alumnos más vulnerables, debemos reconocer que nos movemos en un campo que está plagado de dudas, disputas y contradicciones. No obstante, también debe reconocerse que impulsados y dirigidos por la *Declaración de Salamanca* se están haciendo intentos en distintas partes del mundo para ofrecer una respuesta educativa de mayor calidad a este alumnado y que, a mi juicio, la tendencia general es que tales iniciativas se desarrollen, tanto como sea posible, en el contexto de los centros ordinarios y de la estructura y organización general de cada sistema educativo.

Lo importante ahora es continuar construyendo esta alternativa sobre la base de lo ya realizado, aprendiendo de la experiencia de aquellos que han intentado mover sus políticas educativas y sus prácticas escolares en esa dirección. En particular, como se subraya en este libro, debemos de encontrar las palancas de cambio (*"levers"*) y los puntos de apoyo que nos permitan mover los sistemas educativos en una dirección más inclusiva. Tales *"palancas"* son las acciones que pueden tomarse para cambiar el comportamiento de una organización y el de los individuos dentro de ella. Por supuesto que hay muchos factores que tendrán que ser considerados, pero la investigación que en los últimos años he venido desarrollando junto con mis colegas, me permite afirmar que hay dos factores –especialmente cuando ambos están fuertemente unidos-, con un enorme potencial para convertirse en tales palancas de cambio: la *claridad de la definición* de lo que entendemos por educación inclusiva y las *evidencias que se usan para medir los resultados educativos*. Permítanme explicar brevemente el significado de ambos factores.

Existe una gran confusión acerca de lo que significa de hecho *"inclusión"* o *"educación inclusiva"*, y está bien establecido, por otra parte, que las reformas educativas son particularmente difíciles en contextos donde existe una falta de acuerdo o comprensión común entre los actores educativos. Por tanto, es importante realizar esfuerzos para desarrollar un acuerdo al respecto. En este sentido, considero útil tener muy presentes los siguientes elementos que configuran una educación más inclusiva:

- *La inclusión es un proceso*. Es decir, la inclusión debe verse como una tarea interminable de búsqueda de mejores formas de responder a la diversidad de alumnos que aprenden. Es sobre cómo aprender a vivir con la diferencia y aprender como aprender desde la diferencia.

- *La inclusión tiene que ver con la tarea de identificar y remover barreras*. Ello supone recopilar, ordenar y evaluar información de una amplia variedad de fuentes para planificar mejoras en las políticas y en las prácticas educativas.

- *La inclusión tiene que ver con la presencia, la participación y el rendimiento de todos los alumnos y alumnas*. En este sentido "presencia" se vincula con dónde son educados los niños y jóvenes y cuánto de fiables son las instituciones escolares en las que son atendidos; "participación" hace referencia a la calidad de sus experiencias mientras están escolarizados y, por tanto, tiene que incorporar la opinión de los propios aprendices; "rendimiento" es acerca de los resultados del aprendizaje a través del currículo y no solamente en los resultados de las pruebas o evaluaciones.

• *La inclusión supone un énfasis particular en los grupos de alumnos que pueden estar en riesgo de marginalización, exclusión o fracaso escolar.* Esto nos hace ver la responsabilidad moral que debemos asumir para asegurar que estos grupos estadísticamente más vulnerables, sean observados cuidadosamente y que, cuando sea necesario, se tomen las medidas que aseguren su presencia, participación y rendimiento en el sistema educativo.

Mi experiencia me dice que cuando se produce un debate bien orquestado sobre estos elementos, el mismo puede servir como palanca de cambio, impulso y ánimo para que los centros escolares mejoren las condiciones que les permitan moverse en la dirección de una educación más inclusiva. Por supuesto, en dicho debate deben estar implicados todos los miembros de la comunidad educativa y, sin duda alguna, tiene que estar bien manejado.

La búsqueda de *palancas* potentes para el cambio también me ha llevado a concluir que, dentro de los sistemas educativos, *"lo que se mide se consigue"*. Nuestra investigación, desarrollada en Inglaterra y en otras partes del mundo, sugiere que el punto de partida para tomar decisiones acerca de qué información y evidencias se deben recoger para avanzar hacia una educación más inclusiva debería estar en una definición consensuada y "evaluable" de inclusión. En otras palabras, tenemos que *"medir"* aquello que consideramos valioso, en lugar de simplemente *"valorar lo que podemos medir"*, como tantas veces ocurre. En coherencia con las sugerencias realizadas anteriormente, lo que debemos hacer entonces es buscar y recoger evidencias que nos permitan valorar la "presencia, la participación y el aprendizaje" de todos los alumnos, con un mayor énfasis en aquellos grupos de aprendices considerados en riesgo de marginalización, exclusión o fracaso escolar. Es importante, también, que esas evidencias incluyan la perspectiva y punto de vista de los propios niños y jóvenes.

Creo sinceramente que la lectura del libro de Gerardo Echeita incluye elementos suficientes para guiar este trabajo pero, sobre todo, permitirá a sus lectores iniciar o continuar con su propia búsqueda respecto a lo que significa esta escurridiza idea de una educación más inclusiva. Para mí implica la creación de una cultura escolar que promueva la tarea de desarrollar formas de trabajo en los centros escolares que permitan reducir las barreras al aprendizaje y la participación del alumnado. Al hacerlo, se contribuye significativamente a la mejora escolar y a convertir las dificultades que ello entraña en estímulos, en *"no problem"*.

MEL AINSCOW

Catedrático de Educación
Universidad de Manchester

# Introducción

EN LA ENTRADA A LA SALA de los toltecas del impresionante Museo Nacional de Antropología de México, México D.F., se puede leer la siguiente inscripción: *"Qué grandes eran estos toltecas. Sabían dialogar con su propio corazón"*.

*Dialogar con su propio corazón*, con uno mismo, para analizar y reflexionar honesta y críticamente sobre lo que uno siente, cree o conoce es, ciertamente, una de las capacidades que nos hacen grandes y, modestamente, sabios. Eso es lo que yo he intentado hacer en este libro; reflexionar sobre lo que creo saber, dialogar conmigo mismo para hacer explícitos de manera ordenada algunos de los pilares éticos, epistemológicos y metodológicos que enmarcan mi concepción de lo que es el paradigma emergente de la llamada "educación inclusiva", una propuesta a la que, como otros, he llegado desde el conocimiento de la evolución que la "educación especial" ha experimentado en el último cuarto de siglo, pero que no se agota con esa tradición ni pretende ser tampoco una simple "modernización" de aquélla.

La estructura de este libro responde, por lo tanto, a esa convicción. Partiendo desde la sólida base que hoy nos proporciona el conocimiento y la experiencia profesional relativa a la "educación especial" y sin renunciar a ella, me sumo a quienes intentan articular una nueva propuesta educativa que, sin perder de vista la preocupación por los alumnos y alumnas en situaciones educativas más vulnerables, debe afectar, en esta ocasión, a todo el sistema y a todos los alumnos y no sólo a aquéllos. Esto es, la perspectiva un tanto "estrecha" de la educación especial, tanto como de la llamada "educación compensatoria", como marcos de referencia y de actuación para estructurar la oferta educativa para el alumnado en desventaja tiene, a mi juicio, un horizonte limitado.

Se trata, sin duda, de una *propuesta arriesgada* –no tanto la del libro como la de una educación para la verdadera inclusión–, que se aleja un tanto de los planteamiento más al uso en nuestro contexto cuando, además, he de reconocer que se trata, todavía, de una propuesta no suficientemente bien articulada, que está en el inicio de su andadura y que, por ello, tiene seguramente algunos elementos contradictorios y, sobre todo, muy difíciles de llevar a la práctica en según qué contextos. Pero al hacerlo así no me ha movido un afán de notoriedad, sino de *coherencia* con lo que me dice *mi propio corazón* al respecto. En cualquier caso, no deja de ser una propuesta abierta a la crítica y al debate constructivo, una actitud tan necesaria como poco cultivada en los últimos años.

Con estos presupuestos y consideraciones he dedicado los dos primeros capítulos del libro a analizar críticamente la evolución y la situación actual de la *educación especial*, haciendo especial énfasis en resaltar las ideas y las prácticas en las que se ha ido concretando la organización de este ámbito educativo. Me ha parecido oportuno asumir como criterio de evaluación de las políticas y las prácticas educativas al uso, el concepto de *calidad de vida* que en la actualidad es un constructo central en los estudios sobre la discapacidad. Dichos análisis críticos, realizados tanto en términos globales como centrados en la realidad de España, son los primeros que nos permiten justificar la necesidad de un cambio de orientación que afecta tanto a la educación especial en particular como al sistema educativo en general. Ese cambio es el que identifico con los presupuestos y las prácticas de lo que se conoce como *educación inclusiva*. El capítulo tres está dedicado por entero a revisar las distintas perspectivas o lecturas que hoy se hacen de ese concepto –la *educación inclusiva*–, así como los denominadores comunes que se observan en muchos movimientos educativos que tienen esta orientación, aunque no siempre aparecen bajo esa denominación. De la consideración conjunta de los anteriores capítulos he deducido algunos de los *ámbitos de intervención* y contenidos que me parecen más relevantes para la formación del profesorado, en lo referente a su capacitación para *atender a la diversidad*, así como algunas de las principales *competencias* necesarias para un desempeño profesional complejo y difícil, y todo ello lo he recogido en el capítulo cuarto.

El capítulo quinto y último está dedicado a resaltar que la nueva perspectiva educativa que estamos planteando –la *educación inclusiva*–, necesita ser explorada y analizada en profundidad, entre otras cosas, porque puede y debe significar cosas distintas para cada comunidad educativa, en distintos contextos y en diferentes países, en función precisamente de la realidad social y educativa de cada cual. Ese trabajo de exploración y, lo que es más importante, el impulso para avanzar hacia esa meta, precisa entre otras condiciones

© narcea, s. a. de ediciones

de una permanente y vigorosa actitud de indagación colaborativa y de instrumentos que permitan a los centros escolares analizar su realidad y hacer propuestas de cambio y de mejora. Por esa razón un parte sustantiva de este capítulo está dedicada a revisar la *Guía para la evaluación y mejora de la educación inclusiva. Index for Inclusion* elaborada por sus autores con esa finalidad.

*Cuando converso con mi propio corazón* me veo a mí mismo más como *un intérprete* que como un compositor, si se me permite la metáfora musical, y lo digo porque buena parte de este trabajo refleja, en realidad, la síntesis, "la interpretación" que personalmente realizo sobre muchos trabajos de autores nacionales y extranjeros –que sí son verdaderos "maestros"– y a quienes, en justicia, ha de atribuírseles lo más relevante y original que en este libro pudiera encontrarse. En este sentido no puedo dejar de mencionar la gran influencia que en mi forma de ver y entender la realidad que nos ocupa ha tenido el profesor Mel Ainscow, actualmente en la Universidad de Manchester, cuyos trabajos el lector verá frecuentemente utilizados como fuente primaria de las reflexiones que realizo a lo largo de estas páginas. Sirvan también estas palabras como reconocimiento y como agradecimiento por lo mucho que me ha enseñado y, ojalá, para suscitar entre quienes tengan este libro entre sus manos el deseo de consultar directamente sus trabajos, algunos de los cuales la Editorial Narcea ha tenido el gran acierto de difundir entre nosotros.

La formación del profesorado, tanto en su vertiente de formación inicial como permanente, es uno de los ámbitos profesionales a los que he dedicado y dedico buena parte de mis energías y, por ello, en la elaboración de este libro ha estado muy presente el objetivo de preparar un texto que, sobre todo, pudiera servir de apoyo a la docencia de maestros y profesores interesados en esta temática. En este sentido considero que con este trabajo se puede ayudar al profesorado en formación a adoptar una forma distinta y más constructiva de acercarse a la realidad de aquellos alumnos en situaciones de desventaja. La perspectiva que quiero resaltar consiste, básicamente, en no preguntarse tanto cuáles son las dificultades o limitaciones de ese alumnado sino, sobre todo, cuáles son las *barreras* de distinto tipo que el sistema educativo y la sociedad en su conjunto ha levantado a su alrededor y que son las que, a la larga, más condicionan sus posibilidades de aprendizaje y participación en la vida escolar .

También quiero pensar que esta empresa, compartida por muchos, pueda contribuir al desarrollo de una actitud en la sociedad de apertura y respeto hacia la diversidad humana, la cual se prepara y se aprende, a mi modo de ver, en el contexto de una educación que sepa crear espacios escolares capaces de dar la bienvenida y valorar a todos los alumnos y alumnas, sin exclusiones, al tiempo que busca la excelencia en los aprendizajes de todos ellos.

Cuando terminaba de preparar este texto, una buena amiga y excelente profesional –Marisa Hernández, orientadora en el Instituto de Educación Secundaria María Guerrero de Villaba–, me hacía llegar su desacuerdo con dos cuestiones que van a estar muy presentes en las hojas que siguen. La primera relativa, precisamente, a los términos de *inclusión* y *educación inclusiva* expresiones que, a su juicio, no suenan bien en castellano y que no le parecía que aportaran nada nuevo respecto al concepto de *integración*. La segunda cuestión que no le gustaba era la idea, que ella creía entender en mi trabajo, de que la propuesta que defiendo sería, exagerando, algo así como *"todos los alumnos haciendo lo mismo en el mismo aula al mismo tiempo"*. Para ella, que trabaja diariamente con una gran diversidad de alumnos y alumnas en su instituto a través de una amplia, creativa y también diversificada oferta educativa, y que vive cotidianamente la dificultad que todo ello entraña, esa propuesta tan "inclusiva" que me atribuía era contraproducente y poco motivadora para muchos profesores y profesoras que, precisamente, intentan ir cambiando, poco a poco, formas y modos de trabajar que ellos mismos reconocen como poco facilitadores de una adecuada atención a la diversidad del alumnado. Espero de corazón poder llegar a convencerla –y con ella a algunos otros–, que tras estas propuestas lo que hay es el intento de hacer posible que los centros escolares encuentren su propio camino para hacer compatibles el aprendizaje y el bienestar emocional de todos los alumnos, siendo que uno y otro dependen en buena medida del sentimiento de pertenencia y valoración por sus iguales. Para ello tal vez no hubiera sido necesario buscar un término distinto al ya acuñado, pero no está de más recordar lo que decía Ortega y recientemente me recordaba el profesor Miguel Ángel Verdugo: "La razón se perfecciona por la multiplicación histórica de sus términos, por el alumbramiento de nuevas perspectivas, y no por el encasillamiento en lo ya conseguido".

Por último creo necesario resaltar el carácter de *marco de referencia* de esta obra, pues no se trata de un texto de "fundamentos", sino escrito más bien con la intención de delimitar un territorio y marcar un horizonte de actuación. Me gusta mucho la metáfora de la educación escolar como un "viaje", una larga travesía que necesita una meta añorada, una *Itaca* que, como nos recordaba el poeta, nos recompensa no tanto por sí misma, como por habernos incitado a la aventura de adentrarnos en caminos inexplorados y apasionantes. Por eso en ocasiones me refiero también a la idea de ir avanzando hacía una educación, poco a poco, *más* inclusiva, en el sentido de que la inclusión no es un certificado que diferencia a unos centros escolares de otros, sino una cualidad que siempre puede ser mejorada o ampliada.

¡Ojalá que este texto sirva, al menos, para ayudarnos a debatir si es deseable y posible el horizonte de una educación sin exclusiones! De conseguirlo tendría sentido el esfuerzo de haberlo escrito.

# 1

# La "Educación Especial" a examen: Definiciones y respuestas

## SOBRE EL OBJETO DE ESTUDIO DE LA EDUCACIÓN ESPECIAL

El siglo XX ha sido testigo de un cambio sustancial en nuestra forma de entender el sentido, el objeto de estudio y la tarea global de la *educación especial*. Sin entrar ahora en un análisis pormenorizado de estos cambios, que pueden seguirse, entre otros, en el trabajo de Sánchez y Torres (1997), podemos apreciar su alcance a través de dos referencias de una institución, la UNESCO, que desde su creación ha estado preocupada por estas cuestiones. Así en 1977 la UNESCO (pág. 11), definía la educación especial como:

> "Forma enriquecida de educación general tendente a mejorar la vida de quienes sufren diversas minusvalías; enriquecida en el sentido de recurrir a métodos pedagógicos modernos y al material moderno para remediar ciertos tipos de deficiencias".

Diecisiete años después, en 1994, también la UNESCO y con motivo de la Conferencia Mundial sobre Necesidades Educativas Especiales, celebrada en Salamanca, se hacía eco, a través de las palabras de Bent Lindqvist (pág. 28), de la tarea que tenían por delante quienes dedicaban su trabajo a la "educación especial":

> "El desafío consiste ahora en formular las condiciones de una «escuela para todos». Todos los niños y jóvenes del mundo tienen derecho a la educación, no son nuestros sistemas educativos los que tienen derecho a ciertos tipos de niños. Es el sistema escolar de un país el que hay que ajustar para satisfacer las necesidades de todos los niños".

En efecto, si durante mucho tiempo la *educación especial* se ha definido en función tanto del alumnado objeto de atención (los alumnos con discapacidad) como por los métodos y técnicas específicas que, supuestamente, precisaban aquéllos, en estos momentos esos presupuestos están ampliamente cuestionados, encontrándose el campo de la educación especial en la encrucijada entre dos caminos (Andrews *et al.*, 2001): por un lado, los que defenderían un mantenimiento de su estatus actual mejorando, no obstante, su eficacia; es la perspectiva que Andrews *et al.* (2001) han llamado *"mejora incremental"*; por otro lado, los que defenderían una *"reconceptualización sustancial"*, en la que se resalta, sobre todo, la preocupación por avanzar hacia sistemas capaces de responder con calidad y sin exclusiones a la diversidad de su alumnado[1].

La pregunta en estos momentos es hasta qué punto perspectivas tan divergentes pueden "reconciliarse", como afirman Andrews *et al.*, 2001, o si, como plantean Booth y Ainscow, 1998; Ainscow, 1999b, lo que tendría sentido es tratar de superar *la educación especial* como una disciplina y actividad profesional específica y, sobre todo, aislada del devenir de los tiempos. Para ello tal vez sería suficiente con intentar llevar hasta sus últimas consecuencias los presupuestos que subyacen al propio concepto *de necesidades educativas especiales* (*n.e.e.*), tan nuclear a la visión de la educación especial que actualmente tienen muchas personas, y de cuya mano llegaríamos también al convencimiento de que hoy lo que tiene sentido es hablar de *educación de calidad para todos* y no tanto de educación especial.

En efecto, ¿qué se quería poner de manifiesto al resaltar este concepto de alumnos con necesidades educativas especiales? En primer lugar, la idea de *diversidad* como algo que remite al hecho de que todos los alumnos y alumnas tienen unas necesidades educativas propias y específicas –todos son diferentes entre sí–, cuya satisfacción requiere una atención educativa individualizada, una *ayuda educativa* determinada.

En segundo lugar, hablar de *necesidades educativas especiales* (*n.e.e.*) quería ser la antítesis de las categorías diagnósticas usadas tradicionalmente (alumnos con minusvalía, con discapacidad de tal o cual tipo, etc.), y de cualquier sistema de provisión de recursos basado en éstas, porque de acuerdo con la idea de que las *n.e.e.* son relativas y dependientes del contexto en el que se dan, no se puede definir *a priori* lo que tal o cual alumno con *n.e.e.* puede necesitar. El concepto de *alumnos con necesidades educativas especiales* nos remitía, entonces, a la necesidad de una *evaluación psicopedagógica* rigurosa (CIDE, 1996), que tomara en consideración esta perspectiva interactiva sobre el desarrollo y el aprendizaje, y a un sistema educativo ágil y flexible en la provisión de recursos que, en último término, estaría mejor capacitado para responder a cualquier demanda especial por parte del alumnado.

---

[1] Esta propuesta se analizará con detalle en el capítulo 2 de esta obra.

En tercer lugar, lo crucial de todo el planteamiento de las *n.e.e.* es que nos invitaba a pensar en las actuaciones o *ayudas pedagógicas*[2] que había que poner en marcha en términos de ajuste, adaptación o enriquecimiento del currículo (qué, cómo y cuándo enseñar y evaluar, o de las medidas que faciliten el acceso a éste), para satisfacer las necesidades educativas de quienes las manifiesten por la razón que fuera. Si lo fundamental estaba entonces en la respuesta educativa y no tanto en el origen de la misma, no tendría sentido aplicar este esquema de pensamiento solamente a los alumnos con necesidades especiales por algún tipo de discapacidad. De acuerdo con este planteamiento no sería lógico decir que un alumno o alumna recién llegado de otro país y que no domina el castellano no va a tener, al menos durante un tiempo *necesidades educativas especiales* porque, sin lugar a dudas, va a requerir actuaciones pedagógicas extraordinarias; véase un proceso fuerte de inmersión lingüística en el que habrá que adaptar el conjunto del currículo en beneficio de un rápido aprendizaje de la lengua de acogida.

Un hilo argumental semejante sería igualmente válido para hablar de *n.e.e.* en el caso del alumnado que vive en situaciones de pobreza o marginación y que precisan de muchas ayudas educativas extraordinarias para compensar sus múltiples desventajas educativas[3]. Y ocurre, por citar un último ejemplo, que de hecho también se habla de alumnado con *n.e.e.* para referirse a los alumnos o alumnas con sobredotación intelectual, quienes al igual que el resto también precisan de ayudas extraordinarias, aunque en este caso sean relativas a la necesidad de "enriquecer" los contenidos de la enseñanza.

En definitiva, *si* como señalan Sánchez y Torres (1997a: 37):

> "la educación especial debe *abarcar todo* el conjunto de conocimientos que forman parte del sistema de variables que inciden en su actuación (de determinados alumnos) y debe *contemplar todos* los aspectos que van a condicionar la intervención educativa respecto de los sujetos con necesidades educativas especiales"

y si alumno con *n.e.e.* puede ser cualquiera en un momento u otro de su vida escolar, y en último término lo importante no es la etiqueta sino la apuesta por un sistema que se adapte a la diversidad de alumnos que aprenden, *entonces* ¿realmente tiene sentido seguir hablando de educación especial?

En este libro defenderé que es necesario *ir superando* este concepto y avanzar hacia los presupuestos, teóricos y prácticos, que contribuyan a una transformación profunda o una *"reconceptualización sustancial"*, que dirían Andrews *et al.* (2001), de los propios sistemas educativos, en cuanto a la capa-

---

[2] Propuesta coherente con la concepción constructivista del aprendizaje y la enseñanza (Coll, 2001).

[3] De hecho ese es el planteamiento recogido en el Real Decreto 299/96 de ordenación de las acciones para la compensación de desigualdades (BOE 12/03/96).

cidad del profesorado para atender a la diversidad del alumnado. Para justificar esta opción partiré de un análisis crítico de la *educación especial*, tanto desde su planteamiento más tradicional, como por lo que respecta a su versión más *moderna*, empezando por poner de manifiesto que su contribución a la calidad de vida de los alumnos a los que tradicionalmente ha atendido, dista mucho de ser la esperada.

## LA CALIDAD DE VIDA DE LAS PERSONAS CON DISCAPACIDAD COMO CRITERIO DE EVALUACIÓN DE LA CONTRIBUCIÓN DE LA "EDUCACIÓN ESPECIAL"

En los últimos años a la hora de planificar o en su caso evaluar los servicios (sociales, laborales, educativos) y actuaciones profesionales que se prestan o se quieren prestar a las personas con discapacidad, el concepto de *calidad de vida* está desempeñando un papel central como referente último de todas las acciones dirigidas hacia ese colectivo, y con un valor semejante al que cumplieran en los años setenta y ochenta los principios de *normalización* e *integración*.

La literatura al respecto (Schalock, 1996; Arostegui, 2002; Schalock y Verdugo, 2003), nos indica que no hay una definición simple de calidad de vida de las personas con o sin discapacidad, que debe estudiarse con una perspectiva multidimensional y que se trata, en cualquier caso, de una experiencia subjetiva que hace referencia de manera sumativa a diferentes aspectos de la vida de cada persona y que se ve afectada por variables personales, ambientales y por las características de los proveedores de servicios. Es también un concepto dinámico, en evolución, de forma que pueden observarse avances (y retrocesos) significativos en espacios de tiempo relativamente cortos y que el peso de algunos indicadores o dimensiones sobre la percepción global de calidad de vida cambia en distintos momentos del ciclo vital. Con todo y con ello lo cierto es, como señalaba, que no se pone en cuestión su valor como referencia indiscutible para evaluar, desde distintos planos, aspectos como la contribución de la educación escolar a dicha calidad de vida.

Ello ha ocurrido al unísono de que en las últimas décadas se ha ido produciendo un cambio significativo en el modo en el que vemos y analizamos la situación de las personas con discapacidad. En esa visión se han ido incorporando conceptos como elección, autodeterminación, apoyos individualizados, inclusión social o competencia personal. Se ha resaltado, una vez más, la importancia de los ambientes naturales y de las políticas de normalización, así como la vigencia absoluta de los principios de equiparación de oportunidades, no discriminación e igualdad (Schalock, 1999; Declaración de Madrid, 2002). En este contexto, como bien han señalado Schalock y Verdugo (2003), el constructo *calidad de vida* ha ido convirtiéndose, en buena medida, en un elemento aglutinador de este cambio de visión y, al mismo tiempo, el vehículo a través del cual se podían alcanzar los niveles de satisfacción con las condiciones de la propia vida que desde lejos vienen reclamando las personas con discapacidad (Basoco *et al.*, 1997).

Un elemento importante de este concepto y motivo por el cual es muy relevante en el esquema de análisis que estoy planteando es que en vez de orientarse hacia los *sistemas*, se orienta de manera muy especial hacia las *personas*. Esto es, no podemos perder de vista los avances que se deben producir en los individuos concretos, o dicho de otro modo, no es suficiente con cambiar los sistemas (véase promover la *integración escolar*, por ejemplo) sin medir lo que ocurre a los individuos y sin contar, en último término, con su propia apreciación. Por otra parte se ha señalado también que, habida cuenta de que hay un fuerte acuerdo sobre los *indicadores* y las *dimensiones* en las que se operativiza ese constructo, ello permite unas posibilidades de *medida* mejores que las de constructos más genéricos como los de integración o inclusión.

La *definición* de calidad de vida más aceptada por la comunidad internacional es la que propuso Robert Schalock en 1996:

> "Calidad de vida es un concepto que refleja las condiciones de vida deseadas por una persona en relación con ocho necesidades fundamentales que representan el núcleo de las dimensiones de la vida de cada uno: bienestar emocional, relaciones interpersonales, bienestar material, desarrollo personal, bienestar físico, autodeterminación, inclusión social y derechos".

En el cuadro siguiente se señalan la mayoría de los indicadores de las dimensiones del modelo de calidad de vida propuesto:

| Cuadro 1.1. Indicadores de calidad de vida | |
|---|---|
| **DIMENSIONES** | **INDICADORES** |
| Bienestar emocional | *Seguridad, felicidad, autoconcepto, espiritualidad, bajo nivel de estrés* |
| Relaciones interpersonales | *Intimidad, familia, amistades, afectos, interacciones, apoyos* |
| Bienestar material | *Ser propietario, seguridad, empleo, finanzas, posesiones* |
| Desarrollo personal | *Educación, satisfacción, habilidades, competencia personal* |
| Bienestar físico | *Salud, ocio, movilidad, tiempo libre, nutrición, seguro médico* |
| Autodeterminación | *Autonomía, decisiones, elección, control personal* |
| Inclusión social | *Aceptación, apoyos, rol y posición social, ambiente laboral* |
| Derecho | *A voto, accesibilidad, privacidad, responsabilidades cívicas* |

Recientemente (Schalock y Verdugo, 2003), han incorporando a este modelo de calidad de vida una perspectiva de sistemas, en el sentido de proponer que las dimensiones e indicadores se estructuren de acuerdo a un triple sistema: micro, meso y macro. Al hacerlo así se comprende la totalidad del sistema social y se pueden medir, desarrollar o evaluar programas dirigidos a los aspectos personales del alumno (*microsistema*), a los aspectos funcionales del ambiente que le rodea (*mesosistema*), y hacia los patrones generales de la cultura, las tendencias sociopolíticas o los sistemas económicos que afectan a la visión y a las políticas concretas dirigidas hacia las personas con discapacidad (*macrosistema*). El modelo heurístico por ellos diseñado para la medición, aplicación y valoración de la calidad de vida, es el que se recoge en la siguiente figura:

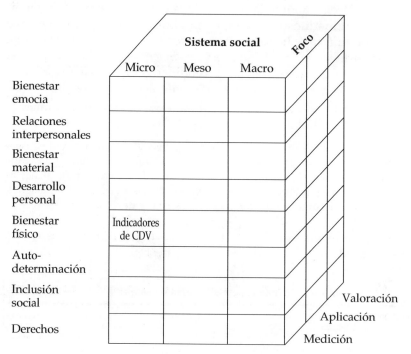

*Figura 1.1. Modelo heurístico: medición, aplicación y valoración de la calidad de vida*
*(Schalock y Verdugo, 2003: 46)*

Es importante señalar, por último, que hay interesantes trabajos de investigación (Schalock, *et al.*, 2000) sobre la identificación de los predictores significativos de la calidad de vida en personas con discapacidad (sobre todo de tipo intelectual) y que se resumen en lo siguiente.

| VARIABLES PREDICTIVAS SIGNIFICATIVAS | |
|---|---|
| Factores personales | *Nivel de independencia/autodeterminación* |
| Variables del entorno | *Transporte, estatus laboral y nivel de integración* |
| Características del proveedor | *Respeto demostrado, servicios residenciales* |

Merece la pena resaltar la importancia creciente de la variable *autodeterminación*, en tanto en cuanto está demostrándose que las personas con discapacidad que experimentan una mayor calidad de vida son identificadas como aquellas que disfrutan de una mayor autodeterminación (Verdugo, 2000; Palomo y Tamarit, 2000; Wehmeyer, 2001; 2003). Por otra parte, la *integración / inclusión* en el entorno sigue siendo un elemento de referencia obligado para la calidad de vida cuando hablamos de colectivos sujetos a fuertes procesos de exclusión.

En resumen, disponemos de un constructo suficientemente sólido y aceptado por la comunidad científica y por los propios colectivos de personas con discapacidad (Verdugo y Jordán de Urríes, 1999; 2001; 2003), que nos permite y nos debe permitir en el futuro todavía más –entre otras cosas–, evaluar con mayor precisión en qué medida los actuales esfuerzos en educación –sean con carácter general o en aspectos relativos al alumnado con necesidades educativas especiales–, contribuyen a una mejor calidad de vida de las personas y, llegado el caso, desarrollar acciones dirigidas a incrementarla.

A tenor de las consideraciones anteriores, es obvio que no se pueden hacer valoraciones generales con validez para todas y cada una de las personas y colectivos implicados, ni con carácter intemporal. Pero habida cuenta también que debemos aplicar un enfoque por sistemas en la medición de la calidad de vida (Schalock y Verdugo, 2003) (esto es, tomando en consideración valoraciones personales –nivel micro–, evaluaciones funcionales –nivel meso– e indicadores sociales –nivel macro–), y aunque afortunadamente empezamos a disponer entre nosotros de estudios micro relativos, precisamente, a la calidad de vida de alumnos con necesidades educativas especiales en la educación secundaria (Gómez, 2003), creo que es lícito que hagamos referencia ahora a algunos datos globales a niveles meso, que nos permiten apreciar mejor *"el estado de la cuestión"* y sobre todo, estimular nuestra reflexión crítica sobre estos asuntos. Entre estos análisis, el relativo al nivel de estudios alcanzado o el del empleo/desempleo de la población con discapacidad en edad laboral son, sin lugar a dudas, centrales por cuanto ya he señalado que tienen un alto valor predictivo.

A este respecto los datos, tanto nacionales como de otros países de nuestro entorno, reflejan una realidad nada halagüeña. Con motivo del I Congreso Europeo de Personas con Discapacidad, celebrado en Madrid en marzo del año 2002 y organizado por el Ministerio de Trabajo y Asuntos Sociales, la Fundación Luis Vives, la ONCE y el Foro Europeo de la Discapacidad, se ha recordado que en Europa hay 37 millones de personas con discapacidad (un 14'5% de la población; en España 3'5 millones, lo que equivale a un 9%). El 75% de ellos no termina la educación obligatoria y menos del 10% de quienes lo consiguen llegan a la Universidad. Por otra parte los índices de ocupación/paro distan sustancialmente de los del resto de la población: trabaja solamente el 46% de las personas con discapacidad moderada y sólo el 24%

de aquellos considerados severos. Cuando hablamos de mujeres con discapacidad la tasa de desempleo se eleva al 84%, lo que pone de manifiesto el impacto del doble proceso de discriminación que vive esa parte del colectivo de personas con discapacidad.

Respecto a los Estados Unidos, Kholer y Rusch (1995), recogían en su análisis sobre el impacto de los programas de educación secundaria en los procesos de transición a la vida activa, que el nivel de desempleo de los jóvenes con discapacidad en EEUU, dos años después de finalizados sus estudios de educación secundaria obligatoria, era del 50%. Pero más de otro 20% solo tenían empleos temporales. Consecuentemente cerca del 80% de los jóvenes con discapacidad parecen tener una vida completamente dependiente de sus padres, pues tienen que vivir con ellos después de finalizado sus estudios obligatorios.

Ocurre además que esa distribución no es homogénea entre los distintos grupos de personas con discapacidad. La mayoría de los jóvenes con discapacidad que han encontrado empleo, tienen discapacidades *ligeras*, particularmente los que fueron considerados con *"dificultades de aprendizaje"* (un 70'8% de empleados) o con *"problemas de lenguaje"* (un 65'4%). Los niveles de empleo entre las personas con discapacidad intelectual, sordas o ciegas son considerablemente menores[4]. Los mismos autores señalan que existen incluso diferencias de género; mientras que aproximadamente el 50% de los varones con discapacidad han conseguido al menos un empleo temporal al cabo de dos años después de terminar sus estudios, la proporción de mujeres en tales condiciones no llega al 30%.

Junto con los datos de empleo, lo que estos expertos ofrecen respecto a otros procesos sociales (nivel de fracaso escolar y abandono temprano del sistema educativo, porcentajes de personas con discapacidad que se casan y que tienen una vida independiente o que, en el lado opuesto, son arrestadas por algún delito), no dejan lugar a dudas de que el sistema educativo ha fracasado rotundamente en su objetivo de preparar a estos jóvenes para su plena integración social. Éstas son sus propias palabras:

> "En el período que sigue inmediatamente después de terminar los estudios de secundaria obligatoria, la mayoría de los jóvenes americanos con discapacidad no están empleados, no viven independientemente, no se benefician de sus comunidades y no se sienten satisfechos con sus vidas. Si tenemos que considerar los resultados alcanzados por los jóvenes con discapacidad como un criterio respecto a nuestra capacidad para proporcionarles una educación útil y eficaz, debemos reconocer que hemos fracasado " (Kohler, P.D. y Rusch, F., 1995: 108).

---

[4] Aspecto este que, sin embargo, es distinto en la realidad española donde las personas ciegas y sordas tienen niveles de empleo semejantes a los de la población general, si bien es cierto que, en el caso de las personas sordas, el 60% de los trabajadores desempeñan su trabajo como obreros no especializados (Díaz-Estébanez, *et al.*, 1996).

La conciencia de ese fracaso, que no es el de un solo sistema educativo sino que podemos generalizarla al conjunto de los sistemas de los países desarrollados[5], ha ido llevando a muchos de ellos a revisar a fondo las premisas, las ideas y las prácticas educativas que se han venido realizando *a favor* (*sic*) de los alumnos y alumnas con discapacidad, tanto en el contexto de los sistemas educativos ordinarios como en lo que conocemos como *educación especial*. Tal vez no fuera necesario mencionar que con ello no estamos responsabilizando *en exclusiva* al sistema educativo de los escasos logros alcanzados por las personas con discapacidad en términos de calidad de vida, cuestión que depende de otros muchos factores también. Pero tampoco cabe minusvalorar la influencia de la educación escolar a la hora de crear en el conjunto de los futuros ciudadanos, sin discapacidad o con ella, los conocimientos, las actitudes y las destrezas que se necesitan para una vida de calidad.

En el apartado siguiente voy a examinar los principales presupuestos bajo los cuales se ha organizado la *educación especial* y me haré eco también del análisis crítico que se ha realizado respecto a sus consecuencias para los alumnos con discapacidad, para sus profesores y para el sistema educativo en general.

## LA EDUCACIÓN ESPECIAL A EXAMEN. LA PERSPECTIVA "INDIVIDUAL" DOMINANTE: PRESUPUESTOS BÁSICOS Y CONSECUENCIAS

Siguiendo a Clark, Dyson y Millward (1995), hablamos de *perspectiva* en términos de *"un conjunto de puntos de vista, prácticas y estructuras que tienen un cierto denominador común"*. No obstante, hay que asumir que las perspectivas, como las mentes, son complejas y cambiantes y están sujetas a la presión del grupo.

Ha sido Fulcher (1989) quien ha denominado *"perspectiva individual"*, o *"esencialista"* en términos de Riddell (1996), al esquema que ha predominado en los responsables de organizar la respuesta educativa para el alumnado con discapacidad. Como iremos viendo, esta perspectiva conduce a dividir la población escolar en tipos de alumnos que han de ser enseñados de formas diferentes, por distinto tipo de profesorado y por lo general en ambientes separados.

Veamos con detalle las ideas o esquemas básicos en los que se podría resumir este enfoque (Ainscow, 1995).

---

[5] Un análisis que, a su vez, no deja de ser sesgado y un tanto etnocéntrico si tenemos en cuenta que en los países en vías de desarrollo viven, según estimaciones, el 80% de los cerca de 200 millones de niños con discapacidad en el mundo y de los cuales sólo una ínfima parte recibe una respuesta educativa, sanitaria y asistencial adecuada (Hegarty, 1995), (UNICEF, 2014).

1°. *Se puede identificar a un grupo de alumnos como diferentes de la mayoría*

Se asume que es posible y *deseable* diferenciar claramente a aquellos alumnos que necesitan ayudas especiales, de los que no las necesitan, y en consecuencia dividir la población escolar en dos grupos diferenciados, uno de los cuales resulta entonces *especial*. Ese es, por otra parte, el enfoque que adoptan Binet y Simon (1905) en sus estudios sobre inteligencia y el inicio de un respaldo científico a toda una forma de entender el trabajo escolar *"en beneficio"* (*sic*) de los alumnos más vulnerables.

2°. *Sólo este pequeño grupo de alumnos requiere ayuda especial*

La educación especial tiende a organizarse en un esquema de *todo o nada*. Los que son considerados alumnos especiales tienen toda la ayuda adicional que cada sistema educativo puede prestarles. El resto del alumnado permanece en los centros ordinarios sin ningún sistema complementario de ayuda.

3°. *Los problemas de estos alumnos son el resultado de sus deficiencias o limitaciones personales*

Si un alumno tiene dificultades para aprender *es porque él* tiene algo mal, algún déficit o limitación que interfiere con el proceso de aprendizaje. Se trata de una importación del llamado *modelo clínico*; cualquier dificultad de aprendizaje es vista como un síntoma de un déficit individual que debe ser diagnosticado y tratado.

Una cita de nuestro propio Ministerio de Educación y Ciencia (1966:1) ilustra con claridad este presupuesto:

> "La mayor parte de los niños, adolescentes y jóvenes son capaces de seguir una escolarización normal que le ha de permitir superar con éxito la enseñanza primaria y acceder a la profesional, media, técnica o superior. Pero existe un cierto porcentaje de ellos que, al estar afectados por deficiencias o inadaptaciones de orden físico, psíquico, social o escolar, están incapacitados o tienen dificultades para seguir y completar los niveles, cuestionarios y programas establecidos para su edad. Algunos de éstos, afortunadamente en número escasísimo, sufren problemas tan graves, que no permiten en ningún caso y forma establecer para ellos programas educativos apropiados y precisan una atención exclusivamente asistencial".

4°. *Las ayudas especiales que precisan los alumnos especiales se prestan mejor en grupos homogéneos de niños con idénticos problemas*

Las ayudas especiales se concentran *en escuelas especiales* o *clases especiales*, desde donde se piensa que es posible ejercer una *discriminación positiva*, en la medida que se consigue un mejor ajuste educativo a las necesidades de este alumnado y se rentabiliza el coste de los especialistas y los recursos especiales que estos alumnos precisan. Esta educación debe ser responsabilidad de un profesorado también *especialmente cualificado*, en términos de conocimientos, destrezas y habilidades propias para trabajar con aquel.

5°. *Una vez que un grupo es definido como especial, el resto de la población escolar puede considerarse "normal"*

Separados los alumnos especiales, se considera que el resto de los alumnos *"normales"* no precisan ninguna ayuda especial y, en consonancia, no se presta ninguna ayuda extra al profesorado y a los centros que trabajan con "alumnos normales".

En resumen, podríamos decir que la visión de la educación especial desde estos principios refuerza la idea de que las *dificultades* del alumno son fundamentalmente *internas* y causadas principalmente por el déficit del alumno; tiende a sobrevalorar el papel de un tipo de *diagnóstico* centrado en tales déficits y en las tareas de *clasificación* de éstos; deposita la responsabilidad educativa con respecto a la enseñanza para estos alumnos en un *profesorado especial* y, en consecuencia, limita sobremanera la responsabilidad del profesorado regular en su educación. También por ello tiende a reforzar la *segregación del alumnado* a través de la existencia de un sistema educativo especial, paralelo al ordinario, que concentra y acapara todos los recursos especiales del sistema.

Pero con todo lo aparentemente razonables y *"de sentido común"* que parecen tales principios la verdad es que su contribución no sólo ha sido muy limitada respecto a *la calidad de vida* que han alcanzado las personas con discapacidad, sino que también ha servido para inhibir procesos de reforma educativa más globales (Skrtic, 1991).

Las consecuencias de este enfoque dominante en la *educación especial* bien podrían resumirse con el refrán de que *"el camino del infierno está empedrado de buenas intenciones"*. Esto es, con la mejor de las intenciones, apoyados en los conocimientos disponibles en esos momentos y en las actitudes globales de la sociedad respecto a la discapacidad, se ha avanzado en una dirección que no ha sido, a la larga, satisfactoria. Huelga decir que intento realizar una "crítica constructiva" y no de descalificación del trabajo de muchos profesionales, profesores y familias que, sin lugar a dudas, y desde los centros de educación especial han puesto y siguen poniendo lo mejor de sí en el empeño de mejorar la vida de los alumnos y las personas con discapacidad.

¿Cuáles han sido *las consecuencias, inintencionadas*, pero reales, de estas ideas y de estas prácticas? Ainscow (1995), las resume de la siguiente forma:

- El condicionamiento de las expectativas (del profesorado y las familias principalmente) por efecto del proceso de *etiquetación*.
- El *encasillamiento* de las actuaciones didácticas.
- La *limitación de oportunidades* que finalmente terminan padeciendo los alumnos y alumnas con *n.e.e.*
- El reforzamiento de que la educación especial es una cuestión fundamentalmente *de más recursos*.

• La *segregación escolar* y la *invisibilidad* de las personas con discapacidad.

• El *mantenimiento del "statu quo"* de un sistema educativo con relación a su limitada capacidad para atender a la diversidad del alumnado.

Analicemos, aunque brevemente, el significado de estas ideas. Y empecemos por una que está fuertemente arraigada en nuestra forma de aproximarnos a la educación de los alumnos y alumnas que consideramos *especiales* y que ejerce precisamente una enorme influencia en la teoría y en la práctica de muchos de los profesionales que intervienen en este ámbito. Se trata precisamente del proceso de "etiquetar", "diagnosticar", "clasificar" a las personas en la creencia de que esta acción resulta adecuada para adecuar la respuesta educativa que precisan estos alumnos.

Pues bien, algunos investigadores han llegado a manifestar que en el caso de los alumnos con *n.e.e.* el efecto de las "etiquetas" que han recibido ha sido más negativo para su progreso escolar que su propia y real limitación personal. Y ello es así porque las etiquetas (tanto las peyorativas de otros tiempos, "*subnormal*", "*anormal*", "*deficiente*", como la más reciente y en apariencia más inocua, "*alumno con n.e.e.*" –o su versión cotidiana en los centros escolares, "*alumno de integración*"–), tienen el efecto inmediato de condicionar nuestras expectativas de manera negativa y de generar el proceso conocido de la *profecía autocumplida*.

En efecto, el hecho de que un alumno o una alumna venga precedido de un diagnóstico que nos dice que tiene *deficiencias* y dificultades para aprender supone, de entrada, dirigir la atención del profesorado hacia aquello que dicho alumno no puede hacer. En consecuencia, no es de extrañar que éste adecue (por lo general a la baja) sus expectativas respecto a las posibilidades de progreso de aquel y, en consecuencia, limite, simplifique o reduzca poco a poco sus intervenciones hacia él . El efecto a medio y largo plazo no puede ser otro que el alumno en cuestión haya progresado poco, lo cual no viene a demostrar sino lo profetizado; que al tener alguna *deficiencia* es "*lógico*" que no aprenda tanto como los demás. Por otra parte, las etiquetas al resaltar uno solo de los rasgos del alumno –una determinada discapacidad–, tienden a hacernos olvidar o desconsiderar el resto de características y capacidades que ese alumno o esa persona puede tener y, por lo tanto, a crear una *visión estereotipada*, no real, de ellos. Muchas de esas etiquetas han sido y son, además, imprecisas y poco fiables, como la antaño tan recurrida "*lesión cerebral mínima*". Por último, y tal vez lo más importante, la utilización de etiquetas que destacan las causas posibles de las dificultades de aprendizaje de determinados niños tiende a *distraer nuestra atención* de otros muchos factores que pueden ser importantes tanto en la explicación de esas dificultades como para su superación.

Aunque algunos países como el Reino Unido abolieron "oficialmente" las categorías diagnósticas a efectos de escolarización (a raíz de la normativa que se derivó del Informe Warnock, y que analizaré más adelante), y muchos otros están buscando las vías para paliar estos efectos de "*la etiquetación*", lo cierto es que esto es algo tan fuertemente incorporado en nuestros esquemas de pensamiento, que se necesitará un gran esfuerzo para promover una perspectiva superadora.

Cuán acertada fue, en este sentido, y qué bien ilustraba este proceso, la primera campaña publicitaria del Ministerio de Educación y Ciencia en el año 1986 para promover el programa de integración escolar, cuando sobre una pizarra en la que estaban escritos los términos "*ineficiencia*" "*minusvalía*" "*discapacidad*" "*desadaptación*" "*deformación*", aparecía una mano que borraba los prefijos de todos esas "etiquetas" que tan fácilmente se otorgan a las personas y a los alumnos con necesidades especiales, para dejar a la vista que tanto ellas, como cualquiera de nosotros puede y debe ser considerado "*eficiente*", "*válido*" o "*capaz*".

En segundo lugar, se señalaba el efecto del *encasillamiento de las respuestas educativas*, esto es, la creencia generalizada de que los alumnos y alumnas especiales requerirían métodos y estrategias de enseñanza igualmente especiales que sólo un profesorado particularmente preparado en ellas, estaría en disposición de conocer y utilizar de forma adecuada. Sin embargo, las palabras del propio Ainscow (1995: 2a), alguien que durante muchos años fue director de una escuela de educación especial, son sobradamente elocuentes:

> "Tengo que decir que durante mi carrera he dedicado mucho tiempo y energía a encontrar métodos especiales de enseñanza que ayuden a los alumnos especiales a aprender (Ainscow y Tweddle, 1979), y he llegado a la conclusión de que ninguno de estos procedimientos merece ser tenido en cuenta. Si bien ciertas técnicas pueden ayudar a algunos alumnos a acceder al proceso de escolaridad, estas técnicas no garantizan de por sí el éxito escolar de este alumnado".

*Con la mejor de las intenciones...*, con demasiada frecuencia también y "*siempre para ayudar*" (sic) a ese alumnado que se ha identificado como especial, se organiza la enseñanza de forma individualizada, o en pequeños grupos, separando a tales alumnos de su grupo de referencia y de las actividades que en esos momentos el grupo está realizando, para recibir atención o apoyo por parte de un profesorado supuestamente preparado para ello.

Éste era el pie de página de una fotografía de una niña haciendo trabajo de costura en un documento divulgativo de 1971, del desaparecido Instituto de Pedagogía Terapéutica (MEC):

> Clases especiales "para deficientes en edad escolar, escalonados según nivel mental, incluyen en sus programas la habituación y aprendizajes de la vida diaria, de autonomía personal y normas de convivencia y vida social... Ejercitan una eficiente destreza manual a través de habilidades manipulativas que desarrollan y capacitan al chico para el futuro laboral en la medida de su deficiencia".

Como consecuencia de ello la *limitación de oportunidades* de estos alumnos es una constante en su escolarización ya que pasan muchas horas trabajando en tareas poco estimulantes, solos o en pequeños grupos de iguales, cuando hoy sabemos el gran efecto positivo, que para el aprendizaje de contenidos referidos tanto a hechos como a conceptos, procedimientos o valores tiene la interacción social, y estrategias como el *aprendizaje cooperativo* (Díaz-Aguado; 2003; Monereo y Durán, 2003; Durán y Vidal, 2004). Por otra parte cabe albergar más que una duda razonable sobre el hecho de que el posible efecto compensador de la atención individualizada supere el impacto negativo que sobre la autoestima del alumno y sus sentimientos de pertenencia tiene su exclusión social de su grupo de iguales y su *"marcaje"* como *alumno especial*.

Los *recursos* han sido, de siempre, la gran batalla de todos los educadores y administradores educativos que se han preocupado por la *educación especial* y sin embargo, visto con ojos críticos, el empleo que generalmente se ha dado a los mismos es causa de preocupación más que de satisfacción.

Nadie está queriendo decir que en todos los países del mundo, incluidos los que llamamos desarrollados, no se necesiten más recursos. Es indiscutible que se precisan mejores centros escolares y mejor equipados y adaptados; más materiales didácticos, curriculares y ayudas técnicas para facilitar el trabajo con el alumnado con *n.e.e.*, y que se precisan ingentes esfuerzos para contribuir al perfeccionamiento del profesorado y los profesionales de la orientación y el asesoramiento psicopedagógico, así como para dignificar su función social y elevar su moral si queremos pedirles, además, el esfuerzo de llevar a cabo una enseñanza atenta a la diversidad.

Lo que queremos señalar es que la vía para mejorar no es la de asignar más recursos para los alumnos y alumnas con *n.e.e.*, esto es, en base a las categorías diagnósticas que tradicionalmente se han establecido, ya que los efectos indeseados de ese esquema están bien documentados. Veámoslos.

En primer lugar, hay sobradas indicaciones en todo el mundo, de que la pugna por obtener recursos adicionales para determinados alumnos hace aumentar la proporción de niños y jóvenes clasificados en *categorías de exclusión* (Fulcher, 1989; Wang, 1991; Wang, Reynolds y Walberg, 1995; Darling-Hammond, 2001). En segundo lugar, merece la pena considerar que tales recursos más que adicionales, en realidad, proceden de un detrimento de los recursos generales que poseen los sistemas educativos. El ejemplo de los EEUU relativo al aumento del profesorado dedicado a los alumnos especiales no puede ser, en este sentido, más paradigmático.

En efecto, como señalan Alligton y McGill-Frazen (1995), en Norteamérica el número de profesores de educación especial y compensatoria empleados en programas que ellos llaman *"categoriales"* (esto es, definidos en función de determinadas categorías de alumnos), habían aumentado en un 130% en el período 1987/1989. Más de la mitad de los adultos que trabajaban entonces en EEUU en el sistema educativo *no eran profesores*, sino que formaban parte de lo que ellos califican como *"segundo sistema"* (por contraposición al *"primer sistema"* que vendría a ser el sistema educativo ordinario).

Ahora bien, resulta que tales paraprofesionales educativos tienen, por lo general, una baja cualificación, lo cual repercute en los procesos instruccionales que ofrecen a los alumnos con los cuales trabajan. Además, rara vez son supervisados por los servicios estatales de inspección educativa. La realidad es, en su opinión, que el incremento de tales *apoyos* (*sic*) había actuado en detrimento de otras posibilidades como la de reducir *ratios* profesor/alumno y, además, ha creado una gran fragmentación del horario y de la actividad escolar del alumnado al que pretenden ayudar. En definitiva, como señala también Ainscow (1995), no cabe duda de que estamos frente a un fenómeno absurdo: las *"víctimas"* de un sistema escolar reciben ayuda mediante una transferencia de fondos del sistema general al especial, lo cual aumenta las probabilidades de que siga habiendo más víctimas.

Por otra parte lo que ocurre con suma frecuencia es que el profesorado de aula encuentra en estos y otros apoyos la oportunidad y la justificación para *cederles o pasarles* a ellos la responsabilidad en la educación de aquellos alumnos considerados especiales, toda vez que su formación no les ha cualificado para desarrollar una enseñanza atenta a la diversidad de necesidades educativas, ni la organización de sus centros lo facilita. Pero junto con esa cesión de responsabilidad, va también la oportunidad de poner en cuestión, de reflexionar y en su caso revisar su propia práctica y su capacidad para atender a la diversidad del alumnado. En consecuencia la presencia de más recursos de apoyo conduce en numerosas ocasiones a mermar la confianza del profesorado en su propia capacidad y a perpetuar el estado actual de su enseñanza. Por último no es infrecuente que *la falta de preparación* para trabajar con un alumnado considerado especial se convierta en algunos profesores o profesoras en una excusa perfecta para no involucrarse en ella y lo que es más grave, para no querer mejorar esa preparación pues vendrían a decirse algo así como: *"si no estoy preparado, siempre podré alegarlo para no tener a este alumnado a mi cargo"*.

Lo realmente increíble es que se haya defendido y se siga manteniendo todavía hoy que la mejor forma de promover la integración social es a través de la segregación y la escolarización de este alumnado en centros especiales. ¿Cómo y dónde vamos a aprender las personas sin discapacidad los conocimientos, las actitudes y los procedimientos para relacionarnos y comprender a las personas con discapacidad, si en el momento en el que eso puede hacerse con naturalidad –esto es, durante la escolarización obligatoria–, estamos separados y lo ignoramos todo o casi todo sobre ese mundo? Luego, de adultos, se organizarán cientos de actos simbólicos para promover su integración social cuyo efecto principal no es otro, me temo, que aliviar la mala conciencia de una decisión inicial injusta e inadecuada[6] .

En resumen, con los argumentos analizados hasta aquí creo que se justifica la afirmación que se hacía más arriba. Que las ideas y las prácticas escolares que han caracterizado la que se ha venido en llamar *"perspectiva individual"* respecto a la educación del alumnado con discapacidad, no sólo ha funcionado en detrimento de ese alumnado, sino que además ha obstaculizado la mejora general de los sistemas educativos en los que opera y ha contribuido, en definitiva, al *mantenimiento del statu quo*:

> "Los programas y organizaciones especiales han proliferado precisamente porque muchos educadores de nuestro país han recibido una preparación relativamente pobre para comprender los procesos de aprendizaje, el desarrollo de los alumnos y la adaptación de la enseñanza. Debido a que la labor docente ha sido considerada como la aplicación de una serie de rutinas dirigidas a alumnos normales, la mayoría del profesorado no se siente preparado para hacerse cargo de los alumnos especiales, es decir, aquéllos que aprenden poco con estrategias como las lecciones magistrales y la explicación, los que no hablan el idioma con fluidez, aquéllos cuyo desarrollo transcurre con un ritmo o con un modo diferente a los de su misma edad, o quienes presentan pequeños problemas de aprendizaje... La verdad es que la mayoría de los alumnos se ajusta a una o varias de estas descripciones, y ya que las aulas ordinarias son, por lo general, demasiado rígidas para adaptarse a sus necesidades de aprendizaje, en ellas cada vez les va peor a un mayor número de alumnos, que son derivados hacia programas de recuperación o de educación especial. Unos sistemas curriculares inflexibles e insuficientes conocimientos de los profesores, situación esta última que es la causa fundamental de la salida de tales alumnos del aula ordinaria, hacen necesaria la contratación de un mayor número de especialistas, lo que paradójicamente disminuye los fondos para el desarrollo profesional y para la existencia de grupos más pequeños en las aulas, que es lo que a su vez permitiría que los profesores ordinarios atendieran un espectro más amplio de sus necesidades educativas" (Darling-Hammond, 2001: 264).

Al dirigir nuestra atención hacia el alumno con discapacidad o con otras dificultades como elemento fundamental que explicaría sus limitaciones para participar en la organización y en el currículo de la enseñanza regular (Echeita, 1994; Slee, 2001), y excluir de la consideración otros factores externos al alumno –la formación del profesorado, la organización escolar basada en grupos de edad, la presencia de un solo profesor por aula, los contenidos y objetivos de la enseñanza, etc.–, éstos no se someten a crítica y por lo tanto el sistema educativo general permanece inalterado. Se pierde, en definitiva, una oportunidad para

---

[6] Una muestra reciente de actitudes sociales ante la discapacidad: "Una simple anécdota: cuando nos avisaron de que la grúa municipal se estaba llevando el vehículo estacionado en el lugar reservado a minusválidos, una compañera de la oficina dio un bote y salió corriendo. Pues eso, que dio un bote y salió corriendo...". Alberto Asensi Vendrell, Diario "El País", sección Cartas al Director, 5 de abril de 2001.

mejorar los propios sistemas educativos que, como venimos manifestando, siguiendo las ideas de Skrtic (1991), podrían encontrar en la búsqueda de la equidad el mejor aliciente para desarrollar una enseñanza de calidad para todos.

Esos y otros análisis son los que en las últimas dos décadas han servido para ir planteando nuevos criterios y nuevas preguntas respecto a la educación de este alumnado, so pena de perpetuar *sine die* su situación de marginación y desventaja, y su estatus de *"ciudadanos invisibles"* (Declaración de Madrid, 2002), una imagen muy acertada y aplicable, por igual, al amplísimo colectivo de alumnos excluidos, de una u otra forma, del sistema escolar (Gentile, 2001).

## HACIA UN CAMBIO DE PERSPECTIVA. EL ENFOQUE EDUCATIVO O CONTEXTUAL EN LA EDUCACIÓN ESPECIAL. EL INFORME WARNOCK Y LA DECLARACIÓN DE SALAMANCA

Asumir el análisis crítico que he presentado más arriba, fue llevando poco a poco a muchos profesionales y responsables de las políticas educativas al intento, en primer lugar, de tratar de *reconstruir* la tarea de la educación especial y, posteriormente, a *cuestionar* su sentido y continuidad como ámbito específico dentro del quehacer educativo. En cualquier caso, el proceso de reconceptualización que voy a analizar más adelante adopta como presupuesto fundamental que las posibilidades de progresos significativos hacia una escolarización de calidad para todos, depende de que asumamos que las dificultades experimentadas por algunos alumnos son –en lo fundamental–, el resultado tanto de la forma que hemos elegido de organizar las escuelas, como de los estilos y formas de enseñanza que les ofrecemos. En otras palabras, como dijo Skrtic (1991), que *"los alumnos con necesidades educativas especiales son frutos del currículo tradicional"*.

Siempre resulta un tanto arbitrario establecer fechas o momentos concretos para singularizar cambios que, sin lugar a dudas, son procesuales y resultado de muchas y variadas confluencias. Con esta precaución en mente, creo que en el ámbito que nos ocupa pueden citarse dos trabajos importantes a la hora de promover modos de pensar y de actuar distintos a los que, hasta la década de los años ochenta más o menos, habían sido habituales en el mundo de la educación especial. El primero de ellos es la publicación del *Informe Warnock* (DES, 1978), con la introducción y *"puesta de largo"* del *concepto de necesidades educativas especiales* y el avance hacia una perspectiva más contextual e interactiva de los procesos educativos que afectan a ese alumnado. El segundo fue la celebración en 1994 de la *Conferencia Mundial sobre Necesidades Educativas Especiales, Acceso y Calidad*, celebrada en Salamanca a iniciativa de la UNESCO (1994). A caballo precisamente entre una visión renovada de la educación especial y una apuesta por un cambio más radical y complejo, *"la educación inclusiva"*, lo cierto es que los documentos emanados de esa reunión siguen siendo hoy el reflejo del más importante consenso mundial alcanzado hasta la fecha en este ámbito educativo.

### El Informe Warnock

En 1974 y por encargo del Departamento de Educación y Ciencia se constituye en el Reino Unido el *"Comité de Investigación sobre la Educación de Niños y Jóvenes Deficientes"*, con objeto de estudiar la situación de la educación especial en ese país. Dicha comisión produciría posteriormente el que se ha venido a conocer como *"Informe Warnock"* (DES, 1978). Su publicación tuvo un gran impacto en el cambio de concepción de la educación especial en muchos países y, sin lugar a dudas, en España.

Entre los análisis que se vierten en el informe es importante resaltar, por su trascendencia, los siguientes (Warnock, 1987):

a) Se estimó que, en lo sucesivo, ningún niño con deficiencias debería considerarse *ineducable*, independientemente de la gravedad de su dificultad y, por lo tanto, debería ser incluido en la educación especial, algo que, como hemos podido ver en el ejemplo citado anteriormente del MEC del año 1966, no era evidente.

b) Debía considerarse que los fines de la educación son los mismos para todos, independientemente de las ventajas o desventajas de los diferentes niños. Si se trata de acuerdo con los fines de la educación, entonces las necesidades educativas pueden expresarse en términos de lo que es esencial para su consecución. En un sentido, las necesidades educativas son, por lo tanto, también comunes a todos los niños. En otro, sin embargo, las necesidades de cada niño le son específicas: se definen como lo que él necesita para, individualmente, realizar un progreso. Por esta razón se habla de que las necesidades educativas forman un continuo.

c) El Comité rechazó la idea de la existencia de dos conjuntos de niños: los deficientes y los no deficientes, de los cuales los primeros reciben educación especial y los segundos simplemente educación. Por el contrario, al considerarse que las necesidades forman un continuo, la educación especial se debería entender también como un continuo de prestaciones, que van desde la ayuda temporal hasta la adaptación permanente o a largo plazo del currículo ordinario. Se trata, por lo tanto, de una visión de la educación especial como algo mucho más amplio y flexible.

d) Se consideró que hasta uno de cada cinco niños podía necesitar ayuda especial en algún momento de su vida escolar:

"31.18 Nuestra conclusión de que uno de cada cinco alumnos es probable que necesite a lo largo de su escolarización ayudas (*"provisión"* en inglés) educativas especiales, no significa que uno de cada cinco niños tenga alguna discapacidad en el sentido tradicional del término. Es muy improbable que la mayoría de ellos tenga una deficiencia. Sus dificultades de aprendizaje, que pueden aparecer durante varios períodos de tiempo, se derivarán de causas muy variadas. Y, a menos que se les proporcione una ayuda adecuada, sus problemas se verán reforzados por una experiencia prolongada de fracaso. Nos referiremos a este grupo de niños –por encima de uno de cada cinco– que probablemente van a requerir algún tipo de ayuda educativa especial en algún momento de su escolarización, como alumnos con necesidades educativas especiales".

"31.19 En términos generales, las necesidades educativas especiales de éstos es probable que adopten la forma de una necesidad de alguno de los aspectos siguientes:
(i) de medios especiales para acceso al currículo, a través de equipamientos especiales, facilidades o recursos, modificación del espacio físico o técnicas de enseñanza especiales;
(ii) de un currículo especial o adaptado;
(iii) de prestar particular atención a la estructura social y al clima emocional en el que la educación tiene lugar.

No se trata de ninguna forma de aspectos excluyentes ni exclusivos y un niño puede muy a menudo tener más de una de estas formas de necesidad educativa especial" (*Report of the Committee of Enquiry into the Education of Handicapped Children and Young People*. Londres: Her Majesty's Stationery Office, 1978: 41).

e) El Comité recomendó la abolición de la clasificación legal de alumnos deficientes, proponiendo que la base para la toma de decisiones acerca de la prestación educativa que se requiera, proceda de una descripción detallada de las necesidades especiales en cuestión. Se pensó, no obstante, que sería necesario seguir empleando algún término descriptivo y por ello se acordó usar el de "*dificultades de aprendizaje*" de carácter leve, moderado o severo.

f) No obstante, en tales "*dificultades de aprendizaje*" se apreciaba y reconocía mucho más que antaño la influencia del contexto escolar (currículo, métodos de enseñanza, organización escolar...) y, por lo tanto, se adoptaba una perspectiva mucho más interactiva respecto a las mismas.

g) Se propuso un estricto proceso de evaluación y dictamen (*stament*) antes de considerar a un alumno con necesidades especiales, proceso que, en último término debería servir para garantizar que las autoridades educativas prestasen los servicios y los recursos necesarios para una adecuada satisfacción de las necesidades educativas detectadas.

El *Informe Warnock* tuvo la virtud de señalar muchos otros aspectos de gran importancia para la educación de las personas con discapacidad, como es la llamada de atención sobre la necesidad de una intervención educativa temprana o la preocupación por aquellos jóvenes con discapacidad que ya habían terminado su educación obligatoria. Indudablemente también sirvió para impulsar la política de *integración escolar* y para abrir el debate sobre el papel de los centros de educación especial. De igual modo supuso un estímulo para el replanteamiento de la formación inicial del profesorado y para aumentar los esfuerzos en la formación permanente de aquel. Por último, con su llamada a un aumento de la investigación sobre estas cuestiones o con su demanda de mayores recursos en servicios de orientación y apoyo, puede decirse que contribuyó también a poner de manifiesto la importancia de los análisis globales y sistémicos y, en definitiva, a resituar a la educación especial en un lugar mucho más prominente –dentro de la *"agenda educativa"*–, de lo que nunca había estado hasta entonces.

El *"efecto Warnock"* (expresión que utilizo para englobar múltiples propuestas y cambios acaecidos con posterioridad a su publicación) ha tenido, a mi entender, varias consecuencias importantes, algunas positivas y otras no tanto (como veremos más adelante). En primer lugar, tuvo el gran mérito de transmitirnos una visión más optimista de la educación especial. Desde entonces hemos aprendido que no debemos ser nosotros quienes *a priori* limitemos con nuestras expectativas negativas, las posibilidades reales de aprendizaje de cualquier alumno. Frente a la visión un tanto negativa del concepto de deficiencia, que tiende a resaltar lo que el alumno no puede hacer, o no tiene, y una visión de la educación especial como algo marginal y volcada más en el *cuidado* de sus alumnos, estos análisis nos aportaban una visión más positiva y centrada en nuestro compromiso con las posibilidades de aprendizaje de todos los alumnos.

Hablar de *necesidades educativas especiales* con ese enfoque enlazaba, además, con lo que la investigación sobre desarrollo humano y educación (Palacios, Coll y Marchesi; 2000; Coll, Marchesi y Palacios; 2001; Marchesi, Coll y Palacios; 1999) estaba poniendo de manifiesto desde hacía tiempo: que el desarrollo evolutivo no es el resultado de un mero despliegue o *maduración biológica*, sino el producto de una compleja red de *interacciones* entre el sujeto y el ambiente social y físico que le rodea. Sabemos que es en las dinámicas de esos procesos interactivos, donde han de buscarse las causas de la identidad psicológica individual y donde encontramos las notas peculiares del perfil de desarrollo de cada cual. Pero lo importante de esta comprensión del desarrollo, es que nos permite *intervenir*; nos permite *optimizar* esos productos desde el momento en el que muchos de los factores socioambientales y personales pueden ser modificados a través de una intervención educativa planificada adecuadamente. Esa misma perspectiva *interactiva* debe aplicarse a nuestra comprensión de los procesos de enseñanza y aprendizaje y a las estrategias de adecuación de éstos a las diferencias individuales de los aprendices (Coll y Miras, 2001).

Por todo ello se empezó a prestar mayor atención a todas aquellas medidas que podían prevenir y compensar las limitaciones del alumnado con

necesidades especiales. Al tomar en consideración que los procesos de enseñanza y aprendizaje son inseparables y que, en consecuencia, no pueden considerarse las dificultades de aprendizaje de determinados alumnos sin tenerse en cuenta las enseñanzas que a ellos se les ofrecen, se traslada la
preocupación de la intervención educativa hacia los procesos bajo el control
del profesorado (fundamentalmente hacia el currículo y la organización escolar), en lugar de hacia aquellas circunstancias que no pueden modificarse sustancialmente (los déficits de orden sensorial, motor o intelectual del alumnado con discapacidad). En consecuencia, también ha ido obligando a los
sistemas educativos de muchos países a ir adquiriendo un mayor compromiso en la provisión de los recursos para todos los alumnos, con o sin discapacidad, habiendo ocurrido que estos últimos se han beneficiado enormemente
de un sistema educativo que se ha ido haciendo, poco a poco, más capaz para
atender a una mayor diversidad de alumnos.

Por último cabe señalar que desde entonces hasta hoy la *integración escolar* se ha convertido en muchos países (Hegarty, 1993a; 1995; OCDE, 1995;
1997; EADSEN, 2003), en una realidad y no una simple declaración de intenciones, un paso imprescindible hacia el cambio de actitudes y de comporta-
mientos sociales que reclaman las personas con discapacidad.

## La Declaración de Salamanca

En el mes de junio de 1994, más de 300 participantes, en representación de
92 gobiernos y 25 organizaciones internacionales, se reunieron en Salamanca
(España), en el foro de una Conferencia Mundial, para promover los cambios
necesarios en la educación del alumnado con necesidades especiales, en continuidad con lo establecido en *las "Normas Uniformes para la Equiparación de
Oportunidades de las Personas con Discapacidad"* (UN, 1993) y en el marco del
empeño de la comunidad mundial en garantizar la *"Educación para Todos"*
(Torres, 2000).

La conferencia produjo dos documentos; la *Declaración de Salamanca* de
principios, políticas y práctica para las necesidades educativas especiales, y *el
Marco de Acción*[7] sobre necesidades educativas especiales (UNESCO, 1994).
Ambos documentos reflejaban, y en buena medida lo siguen haciendo todavía hoy (Echeita y Verdugo, 2004), el consenso mundial sobre la orientación
que debía seguir la educación escolar de ese alumnado y sobre los planes de
acción a seguir tanto por los países como por las organizaciones internacionales.

Siempre resulta complicado resumir los trabajos y los logros de este tipo
de reuniones y aunque, sin lugar a dudas, son muchos los aspectos reseñables

---

[7] En adelante bajo la referencia *Declaración de Salamanca* incluiré también referencias y análisis que se encuentran, de hecho, sólo en el Marco de Acción.

de esa iniciativa, en este momento y a tenor de los objetivos de este texto creo que habría que resaltar particularmente tres:

a) El refuerzo de *una visión interactiva, contextual* respecto a las diferencias individuales y a la acción educativa que se corresponde con ellas, junto con un *concepto cada vez más amplio de "necesidades educativas especiales"* con relación a la población escolar que abarca.

b) Un mensaje claro respecto a la *integración/inclusión* como meta y eje de la política educativa a seguir en lo referente a la educación de este alumnado, sin desconocer el papel que todavía juegan o pueden jugar los centros de educación especial, bien sea en el proceso hacia sistemas cada vez más integradores, bien sea como alternativa adecuada en casos muy específicos, como podría ser el caso de la educación del alumnado sordo con graves pérdidas de audición.

c) La llamada inequívoca a vincular los procesos de mejora de la educación del alumnado con *n.e.e.* con procesos de *reformas educativas globales* y, en buena medida, a entender estos últimos como la condición necesaria (aunque no suficiente), para promover una educación de calidad para todos.

Veamos pormenorizadamente estos aspectos. En primer lugar, la Conferencia de Salamanca dio respaldo al concepto de *necesidades educativas especiales* que desde el *Informe Warnock* (DES, 1978) había estado extendiéndose como alternativa al uso de etiquetas como alumnos *deficientes, disminuidos o retrasados*, tan preñadas de una valoración negativa para quien las recibían como poco útiles para la acción educativa. Los documentos de la Conferencia hicieron hincapié en resaltar que cualquier alumno puede experimentar dificultades para aprender, en un momento u otro de su escolarización. Experimentar dificultades para aprender es, por lo tanto, algo común a todos los estudiantes a lo largo de su escolarización y no sólo patrimonio de unos pocos alumnos o alumnas. Es además un proceso normal y frecuente, en parte debido a nuestra comprensión incompleta del propio proceso de aprendizaje y que no debe interpretarse, por tanto, como indicación de que *"hay algo mal en el alumno"*.

Una consecuencia indirecta de este planteamiento fue la de extender esta misma perspectiva a todos los alumnos que experimentan dificultades en su proceso educativo o que se encuentran en situación de desventaja respecto a otros. Esto es, los alumnos con necesidades educativas especiales no son sólo aquellos con discapacidades, sino en buena medida cualquiera que, en un momento u otro de su vida escolar, por una u otra razón, precisan que se remuevan los obstáculos, las barreras de todo tipo que les impidan avanzar en su escolaridad.

"3. El principio rector de este *Marco de Acción* es que las escuelas deben acoger *a todos los niños*, independientemente de sus condiciones físicas, intelectua-

les, sociales, emocionales, lingüísticas u otras. Deben acoger a niños discapacitados y a niños bien dotados, a niños que viven en la calle y que trabajan, niños
de poblaciones remotas o nómadas, niños de minorías lingüísticas, étnicas o
culturales y niños de otros grupos o zonas desfavorecidas o marginadas. Todas
estas condiciones plantean una serie de retos para los sistemas escolares. En el
contexto de este Marco de Acción, el término "necesidades educativas especiales" se refiere a todos los niños y jóvenes cuyas necesidades se derivan de su
capacidad o sus dificultades de aprendizaje. Muchos niños experimentan dificultades de aprendizaje en algún momento de su escolarización. Las escuelas
tienen que encontrar la manera de educar con éxito a todos los niños, incluidos
aquellos con discapacidades graves" (Ob. Cit.: 59).

Como puede verse, el texto avanza hacia un concepto *de necesidades educativas especiales* cada vez más amplio y comprensivo, aunque al tiempo busca
no perder de perspectiva, en ese momento histórico, a un determinado colectivo de alumnos (aquellos cuyas necesidades especiales están vinculadas,
sobre todo, a condiciones de discapacidad o dificultades de aprendizaje), que
ciertamente estaban en el centro de la preocupación de los responsables de
esa Conferencia y que, sin lugar a dudas, constituyen a su vez el grupo de
alumnos más proclive a ser objeto de exclusión educativa.

Se ha repetido y argumentado muchas veces, y en la propia Conferencia también se hizo, que una educación atenta a la diversidad del alumnado es la oportunidad de oro para intentar aunar por vez primera excelencia y equidad educativa.

En la búsqueda de esta difícil conjunción (¡excelencia ⇔ equidad!), las
políticas educativas y las estrategias concretas para promover la *integración
escolar* del alumnado con *n.e.e.* en los centros ordinarios, se vislumbran como
el elemento central de aquélla y el punto en el que convergen buena parte de
las preocupaciones y los esfuerzos que las administraciones educativas, los
profesionales y la comunidad escolar dedican a este alumnado.

En este sentido, en la *Declaración de Salamanca* (Ob. Cit.: 59-60) se establece con claridad que:

> "Las personas con necesidades educativas especiales deben tener acceso a
> las escuelas ordinarias que deberán integrarlos en una pedagogía centrada en
> el niño, capaz de satisfacer esas necesidades".

> "Las escuelas ordinarias con esta orientación integradora representan el
> medio más eficaz para combatir las actitudes discriminatorias, crear comuni-
> dades de acogida, construir una sociedad integradora y lograr la educación
> para todos: además proporcionan una educación efectiva a la mayoría de los
> niños y mejoran la eficiencia y, en definitiva, la relación costo-eficacia de todo
> el sistema educativo" (punto 2).

> ... Existe la imperiosa necesidad de cambiar la perspectiva social. Durante
> demasiado tiempo, los problemas de la personas con discapacidades han sido
> agravados por una sociedad invalidante que se fijaba más en sus discapacidad
> que en su potencial".

En consecuencia se apela e insta a todos los gobiernos a:

"Dar la más alta prioridad política y presupuestaria al mejoramiento de los sistemas educativos para que puedan incluir a todos los niños y niñas, con independencia de sus diferencias o dificultades individuales".

"Adoptar con carácter de ley o como política el principio de educación integrada, que permite matricularse a todos los niños en escuelas ordinarias, a no ser que existan razones de peso para lo contrario" (punto 3) (Ob. Cit.: 10).

La integración escolar como principio y como práctica relativa a la educación del alumnado con necesidades educativas especiales encontraba, una vez más, el refrendo de la comunidad internacional, aunque en esta ocasión con el respaldo añadido de ser ya la política general de buena parte de los países desarrollados.

No obstante no se podía desconocer que la existencia *de centros de educación especial* estaba (y sigue estando) plenamente vigente en muchos países, incluidos algunos que al mismo tiempo habían iniciado importantes programas de integración escolar, como era el caso del propio anfitrión de la Conferencia, España.

Desde este punto de vista los trabajos de la Conferencia resaltaron tres cuestiones importantes:

a) Donde ya existan, debe aprovecharse al máximo la experiencia del profesorado y los recursos existentes en los centros de educación especial, pero en paralelo éstos deben transformarse asumiendo, en su caso, un *papel de colaboración y apoyo hacia la escolarización integrada* y reduciéndose paulatinamente en número hasta llegar a aquéllos que realmente puedan considerarse excepcionales en función de que escolarizan alumnos en algunas situaciones muy complejas (como puede ser el caso de alumnos con graves trastornos emocionales o de personalidad).

b) Donde no existieran centros de educación especial, el mensaje era claro: no crearlos, aprender de la experiencia ajena y aprovechar la oportunidad para poner en marcha proyectos educativos plenamente integradores.

c) La excepción que a este planteamiento general supone el caso de la escolarización del alumnado sordo profundo, por cuanto no parece posible –sobre todo en las etapas de escolarización infantil y primaria– dotar a los centros ordinarios que quisieran integrar a alumnos sordos profundos con un profesorado competente en dos lenguas: la lengua oral de su comunidad y la lengua de signos.

"8. En las escuelas integradoras, los niños con necesidades educativas especiales deben recibir todo el apoyo adicional necesario para garantizar una educación eficaz... La escolarización de niños en escuelas especiales - o clases especiales en la escuela con carácter permanente - debiera ser una excepción, que sólo sería recomendable aplicar en aquellos casos, muy poco frecuentes, en los que se demuestre que la educación en las clases ordinarias no puede satisfacer las necesidades educativas o sociales del niño, o cuando sea necesario para el bienestar del niño o de los otros niños".

"19. Incluso en los casos excepcionales en que sea necesario escolarizar a los niños en escuelas especiales, no es necesario que su educación esté completamente aislada. Se deberá procurar que asistan a tiempo parcial a escuelas ordinarias..." (Ob. Cit.: 61).

Ahora bien y en consonancia con idéntico planteamiento realizado en las *Normas Uniformes para la Equiparación de las Personas con Discapaci*dad (UN, 1993):

"21. Las políticas educativas deberán tener en cuenta las diferencias individuales y las distintas situaciones. Debe tenerse en cuenta la importancia de la lengua de signos como medio de comunicación para los sordos, por ejemplo, y se deberá garantizar que todos los sordos tengan acceso a la enseñanza en la lengua de signos de su país. Por las necesidades específicas de comunicación de los sordos y los sordo-ciegos, sería más conveniente que se les impartiera una educación en escuelas especiales o en clases y unidades especiales dentro de las escuelas ordinarias" (Ob. Cit.: 66).

Visto en perspectiva podría decirse que aunque se postulaba la integración como la vía principal para la escolarización del alumnado con necesidades educativas especiales, está podía convivir con centros o aulas especiales, para determinados alumnos, configurando lo que se ha venido en llamar "*sistemas educativos de dos o múltiples vías*" (Meijer, Pijl y Hegarty, 1997; EADSEN, 2003).

Con objeto de hacer el mensaje de la Conferencia, respecto a las directrices para la acción, más visible y comprensible, en ocasiones se ha dicho que lo que se derivaba de la nueva perspectiva que se debía asumir y de la visión de futuro hacia la que se caminaba, era la necesidad de *emprender reformas educativas profundas*:

"27. La mayoría de los cambios necesarios no se limitan a la integración de los niños con discapacidades. Estos cambios forman parte de una reforma de la enseñanza necesaria para mejorar su calidad y pertinencia y la promoción de un mejor aprovechamiento escolar por parte de todos los alumnos..." (Ob. Cit.: 67).

Dicho en otros términos, que la tarea a realizar no es cuestión de algunas reformas puntuales o aisladas, sino de tal calibre que afecta a la esencia misma de los propios sistemas educativos y al conjunto de sus elementos en interacción, de ahí que sin una reforma o transformación profunda de éstos, no podrían esperarse progresos significativos. Aunque más adelante volveré sobre estas cuestiones, no está de más adelantar algunos de los elementos más significativos a reformar, a la luz de los propios textos de la Conferencia, y que resaltan esa necesidad de *cambios sistémicos*.

En primer lugar, habría que destacar que los sistemas educativos deberían asumir como meta indiscutible el desarrollo de formas de enseñanza que acepten y respondan positivamente a la diversidad y que asuman la necesidad de individualizar la enseñanza como algo valioso y deseable profesionalmente (Wang, 1995; Gimeno, 1999 a,b). Ello conduce a opciones por modelos comprensivos de la enseñanza y el abandono de planteamientos elitistas o excluyentes.

"16. La legislación debe reconocer el principio de igualdad de oportunidades de los niños, jóvenes y adultos con discapacidades en la enseñanza primaria, secundaria y superior, enseñanza impartida en la medida de lo posible, en centros integrados".

"18. Las políticas de educación en todos los niveles, del nacional al local, deben estipular que todo niño o niña con discapacidad asista a la escuela más cercana: es decir, a la escuela a la que debería asistir si no tuviera esa discapacidad" (Ob. Cit.: 65).

Desde otro punto de vista, y en tanto en cuanto el referente obligado para dirigir la intervención educativa hacia todos los alumnos, no debe ser otro que el *currículo escolar*, éstos deberían revisarse para que tanto sus objetivos como los contenidos que incluyan sean lo suficientemente amplios, relevantes y flexibles como para facilitar precisamente que un número igualmente amplio y diverso de alumnos encuentre en ellos oportunidades significativas y variadas para aprender. Si los propios currícula escolares son restringidos y estrechos (en términos de primar, por ejemplo, los contenidos de carácter conceptual/factual, en detrimento de los de carácter procedimental y actitudinal), difícilmente podríamos esperar que a partir de ellos puedan planificarse actividades de enseñanza y aprendizaje en las que pudieran tener cabida alumnos o alumnas con determinadas limitaciones.

Pero por mucho que el currículo pueda ser amplio y relevante para la mayoría de alumnos que aprenden, éste debe ser susceptible de ser adaptado (Puigdellivol, 1998; Blanco, 1999; Ruiz, 1999), hasta donde sea preciso para atender a las necesidades especiales de determinados alumnos.

"28. Los programas de estudios deben adaptarse a las necesidades de los niños y no al revés. Por consiguiente, las escuelas deberán ofrecer opciones curriculares que se adapten a los niños con capacidades e intereses diferentes". (Ob. Cit.: 67).

Pero si entendemos por currículo lo que responde a la preguntas de *"qué, cómo y cuándo enseñar y evaluar"*, resultaría imposible compatibilizar atención a la diversidad con modelos de evaluación que se preocuparan sólo de los resultados del aprendizaje (función sumativa o acreditativa) y descuidaran la función formativa. Lo mismo cabría argumentar respecto a los criterios o normas de promoción escolar. Vincular la promoción de un curso a otro a la superación de criterios fijos e iguales para todos, llevaría –como de hecho ocurre en algunos países– a mantener en los grados más elementales a los alumnos con mayores dificultades, separándolos de sus grupos de iguales, e impidiendo una integración social imprescindible para su crecimiento y estabilidad emocional.

> "31. Para seguir los progresos de cada niño, habrá que revisar los procedimientos de evaluación. La evaluación formativa deberá integrarse en el proceso educativo ordinario para mantener al alumnado y al profesor informados del dominio del aprendizaje alcanzado, determinar las dificultades y ayudar a los alumnos a superarlas" (Ob. Cit.: 68).

Si las directrices del currículo en todas sus dimensiones (*qué, cómo y cuándo enseñar y evaluar*) son centrales a los efectos de propiciar o, en su defecto, inhibir la participación del alumnado en desventaja, con idéntica rotundidad habría que mencionar los elementos relativos a la *organización y el funcionamiento escolar*. A este respecto, entre los elementos determinantes, desde un punto de vista organizativo y funcional, para estar en disposición de promover y mantener una cultura de participación e integración escolar habría que mencionar los siguientes:

• La existencia de un proyecto educativo compartido y al servicio, principalmente, de las necesidades del alumnado.

• La actitud de disponibilidad para someter a revisión y mejora las propias medidas organizativas (por ejemplo, desde los horarios a la asignación de grupos o espacios, pasando por la asignación de los apoyos), así como la propia práctica docente.

• La existencia de equipos directivos con liderazgo y capacidad para promover la participación de toda la comunidad educativa –profesorado, alumnos, familias, administrativos– en el complejo proceso de llevar adelante una enseñanza atenta a la diversidad.

> "35. Los administradores locales y los directores de centros escolares pueden contribuir en gran medida a que las escuelas atiendan a más niños con necesidades educativas especiales, si se les da la autoridad necesaria y la capacitación adecuada para ello" (Ob. Cit.: 68).

Por otra parte se resaltaban dos cuestiones de suma importancia a los efectos del análisis que estoy realizando: en primer lugar *que los profesores deben tomar la responsabilidad del progreso de todos los alumnos*. Esto es, la educación de todos los alumnos, incluidos los que experimentan dificultades, es responsabilidad del profesor regular de aula. Depositar la responsabilidad de la educación de los *"alumnos especiales"* en un *"profesorado especial"* es una vía que no hace sino mermar la confianza de los profesores en sí mismos. Por supuesto que esta nueva responsabilidad no puede tomarse manteniendo las mismas condiciones actuales. Si ahora se pide al profesorado que asuma estas dificultades, ha de proporcionársele la ayuda y los apoyos necesarios para realizar su trabajo con éxito. Por lo tanto, *deben organizarse amplios y consistentes sistemas de apoyo al profesorado para que éste pueda asumir sus responsabilidades con todos los alumnos.*

Esto es, en lugar de solicitar exclusivamente la presencia de *expertos* que tomen parte de las responsabilidades del profesorado regular, se propone organizar la enseñanza de todos los alumnos de forma colaborativa, y buscar formas organizativas de ésta que permitan reforzar la capacidad del profesorado tutor por la vía de poder compartir las experiencias, energías, conocimientos y recursos con todos aquellos que pueden y deben colaborar con él; compañeros, alumnos, apoyos externos e internos, personal auxiliar, familias, etc. (Balshaw, 1991; UNESCO, 2001b; AAVV, 2004a):

> "37. Cada escuela debe ser una comunidad colectivamente responsable del éxito o el fracaso de cada alumno. El equipo docente, y no cada profesor, deberá compartir la responsabilidad de la enseñanza impartida a los niños con necesidades educativas especiales. Se deberá invitar a padres y voluntarios a participar de forma activa en la labor de la escuela. Los maestros, sin embargo, desempeñan un papel decisivo como encargados de la gestión del proceso educativo, al prestar apoyo a los niños mediante la utilización de los recursos disponibles tanto en el aula como fuera de ella" (Ob. Cit.: 69).

Además *los sistemas de ayuda y apoyo deben estar disponibles para todos los alumnos que lo precisen.* No se deben organizar los sistemas de ayuda y apoyo pensando que sólo existe un grupo bien diferenciado de alumnos que los requieran, sino desde la premisa de que puede haber muchos que los necesiten y en momentos muy diferentes de su escolarización. La flexibilidad y versatilidad de los apoyos debe ser entonces, la principal característica de tales sistemas.

Por último resulta determinante resaltar que una reforma de tal magnitud que tiene, en último término, en el profesorado su eslabón más decisivo, sólo puede tener expectativas de éxito si se vincula a una gran inversión, sostenida en el tiempo, en la formación inicial y permanente de ese profesorado para que cambie sus actitudes y adopte las estrategias y métodos de enseñanza que va a necesitar en el nuevo escenario escolar que se está proponiendo. Merece la pena resaltar que en paralelo con los preparativos y el desarrollo de la Conferencia, UNESCO había puesto en marcha un importante paquete de recursos para la formación del profesorado (UNESCO, 1993; Ainscow, Echeita y Duck, 1994; Echeita, Duck y Blanco, 1995; Echeita, 1999) de gran aceptación e impacto en multitud de países y contextos educativos diferentes y en los cuales continúa trabajando (UNESCO, 2001a).

> "45. La dificultad principal estriba en impartir formación permanente a todos los profesores en servicio, teniendo en cuenta las variadas y muchas veces difíciles condiciones en las que desarrollan su profesión. La formación en el servicio, cuando sea posible, se deberá desarrollar en cada escuela mediante

la interacción con formadores y recurriendo a la enseñanza a distancia y a otras técnicas de autoaprendizaje" (Ob. Cit.: 70).

Parafraseando a T.S. Khun (1986), quien decía que "...*la transición de un paradigma científico a otro se produce por el cambio de formulación de las preguntas y respuestas, mucho más que por los descubrimientos empíricos nuevos...*", podríamos decir que la *Conferencia de Salamanca*, "apunta" ,y tal vez sea un punto de inflexión, hacia un cambio de perspectiva o paradigma en nuestra comprensión de la *educación especial*, al hacernos reflexionar sobre la necesidad de formularnos nuevas preguntas respecto a la educación de los alumnos con necesidades especiales, en la siguiente dirección:

- En lugar de preguntarnos qué problemas, dificultades o déficits tiene este alumnado, nos preguntemos *cuáles son sus necesidades educativas.*

- En lugar de preguntarnos, cómo o cuándo organizar el diagnóstico de las deficiencias, nos preguntemos *cómo organizar una evaluación global psicopedagógica para determinar dónde se encuentran los alumnos respecto a los contenidos educativos y qué factores del contexto escolar facilitan o dificultan su aprendizaje y participación.*

- En lugar de preguntarnos y preocuparnos básicamente por las prácticas rehabilitadoras o por el "tratamiento" que requiere ese alumnado, nos preguntemos y preocupemos por *la determinación de las ayudas educativas o apoyos de distinto tipo, grado y duración que van a necesitar* para satisfacer sus necesidades de aprendizaje.

- En lugar de preguntarnos quién debe hacerse cargo de estos alumnos y alumnas, nos preguntemos por las mejores *estrategias de colaboración y ayuda* que deban desplegarse entre todos los implicados en su educación.

- En lugar de preguntarnos cómo deben ser las escuelas especiales para estos alumnos, nos preguntemos *cómo hacer para que la enseñanza regular pueda ofrecer una respuesta educativa de calidad para todos, sin exclusiones.*

Iniciaba este capítulo argumentando que el reconocimiento del *fracaso de la educación especial* –entendida sobre todo desde la que hemos llamado *perspectiva individual*–, para contribuir a una mejora significativa de la calidad de vida de las personas con discapacidad, podría aglutinar una parte importante de las razones para promover el cambio que posteriormente se ha ido fraguando en ella hacia *una perspectiva más educativa* y que, en buena medida, ha quedado plasmado en los trabajos de la Conferencia de Salamanca. Pero quisiera señalar también que no son sólo razones de tipo ético o funcional las que deben movernos para iniciar el trabajo de reconceptualización que se ha venido planteando. En el último apartado de este capítulo quiero hacerme eco de los análisis que han vinculado este cambio en la *educación especial* con la posibilidad de contribuir a la consecución de sistemas de mayor calidad para todos, algo que de confirmarse situaría estas cuestiones relativas a la preocupación por el alumnado en desventaja y tradicionalmente marginales y de poco interés para la mayoría, en el corazón del dinamismo de los sistemas educativos ordinarios.

## CONSECUENCIAS ESPERADAS.
## ¿POR LA EQUIDAD A LA CALIDAD DE LA ENSEÑANZA?

Mejorar la *calidad de la enseñanza* es y ha sido de forma permanente uno de los objetivos básicos de todas las reformas educativas. Sin embargo, lo que en todas las ocasiones ha variado ha sido el propio concepto de calidad y, desde el punto de vista de lo que estamos tratando en este libro, quiénes debían ser los destinatarios principales de tales mejoras.

No procede entrar a realizar un análisis exhaustivo de lo que supone mejorar la calidad de la enseñanza, tarea que, por otra parte, está continuamente en el centro de múltiples estudios y que sería complejo y fuera de mi alcance tratar de resumir o replicar aquí, cuando además esto se ha hecho, entre nosotros, en otros textos (Marchesi y Martín, 1998; FUHEM, 2002; Gairín y Casas, 2003; Santos Guerra, 2003). No obstante, sí quiero hacer mía una premisa básica y compartida por muchos; la tarea de mejorar la calidad de la enseñanza debe hacerse con la perspectiva en mente de *todo el alumnado*, y no sólo pensando en mejorar la enseñanza que reciben algunos de esos alumnos.

*"Mi definición ampliada de la calidad en la enseñanza es: planificar, proporcionar y evaluar el currículo óptimo para cada alumno, en el contexto de una diversidad de individuos que aprenden"* (Wilson, J.D., 1992: 34).

Muy a menudo, cuando se discute sobre educación, sobre todo cuando se hace con referencia a la educación básica y obligatoria, se hace en términos de un conflicto entre calidad y equidad, dicotomía que resulta a todas luces engañosa. Entiendo que las acciones en busca de una enseñanza de calidad no pueden desentenderse de aquellos que se incorporan al sistema educativo en situación de desventaja por razones que remiten a características sociales o personales, como es el caso del alumnado con necesidades educativas especiales. No cabe duda, por otra parte, que una enseñanza *en* y *para* la diversidad es la única vía para el aprendizaje de valores fundamentales para nuestra convivencia como son el respeto, la solidaridad o la tolerancia (Del Carmen, 2000).

Así mismo el peor lastre con el que las sociedades modernas pueden encarar el futuro es el que se deriva del hecho de que un porcentaje significativo de la población escolar quede al margen de una enseñanza de calidad y, por lo tanto, de alcanzar una formación básica igualmente de calidad que le capacite para incorporarse al cada vez más complejo mundo productivo y social.

Pero, como apuntaba anteriormente, quisiera dedicar este apartado no a reforzar las sobradas razones de tipo económico, social, o éticas que deberían de por sí hacer cambiar a los sistemas educativos hacia planteamientos más atentos a la diversidad. Si anteriormente he hecho referencia a la falsedad de la dicotomía "calidad *versus* equidad", quisiera ahora argumentar en favor de lo contrario; que la búsqueda de la equidad, entendida a estos efectos como *atención a la diversidad*, es una condición necesaria, aunque no suficiente, para alcanzar lo que la mayoría de las reformas educativas persiguen con afán: una *educación de calidad para todos*. A la defensa de ese argumento dedicaré estas últimas páginas de este primer capítulo.

Para que la equidad conduzca a la calidad, una condición previa por parte del profesorado es intentar no ver la diversidad entre el alumnado como una consecuencia indeseada y no buscada de un sistema educativo que intenta ser comprensivo y no elitista, sino vivir esa diversidad como un factor positivo y que *puede* ser muy enriquecedor profesionalmente hablando, lo cual no quiere decir exento de dificultades y dudas. Esa condición y su efecto motivador aparece una y otra vez en los centros que, por toda nuestra geografía, están embarcados en proyectos innovadores de *"atención a la diversidad del alumnado"* y que *si de muestra vale un botón*, aquí van algunos: Alonso, 2001; AAVV, 2002d; Arufe, Malvar y Seco, 2003; López y Zafra, 2003; Marín y Soler, 2004; Monereo, 2000; Pérez Cavan, et al. 2001.

"¿Y por qué la diversidad bien aceptada *puede* producir tales efectos positivos?". Porque la diversidad genera *incertidumbre* y *desafío*, y ambos son requisitos imprescindibles para la innovación y la creatividad (no sólo de los enseñantes sino de cualquier profesional); son la condición para la excelencia. Cuando uno se enfrenta a situaciones complejas e inciertas, con espíritu de superación, no sirven las rutinas preestablecidas (del tipo *la misma programación del año pasado*), los esquemas de razonamiento deductivo (como *todos los adolescentes son iguales*), las respuestas preconcebidas (*cuando los alumnos tienen dificultades en este contenido lo que hay que hacer es...*) o la propia capacidad (*me basto y me sobro para resolver esta situación*).

Si uno se enfrenta *con actitud positiva* a situaciones complejas e inciertas, como sin duda lo es la enseñanza de grupos de alumnos diversos en capacidad, motivación o condiciones personales (cuando se enfrentan, por ejemplo a "la integración"), se ve obligado a desarrollar un pensamiento divergente y creativo (*¿por qué no organizamos estos contenidos de forma que...?*) , a utilizar un razonamiento inductivo (*creo que las dificultades de Luis pueden tener relación con...*), a generar y mantener estructuras organizativas flexibles y dinámicas – *adhocráticas*– (*si organizáramos los grupos de esta forma, tal vez podríamos...*), y a propiciar situaciones *de colaboración, interdependencia positiva y cooperación* (*no se qué podríamos hacer; ¿tú qué opinas? ¿en qué podrías ayudarme? ¿quién podría echarnos una mano?*), que en último término refuerzan el sentido de responsabilidad compartida entre todos los implicados en la tarea.

Entiendo que las características subrayadas, *pensamiento divergente y creativo, razonamiento inductivo, estructuras organizativas flexibles y colaboración, interdependencia positiva y cooperación,* son aquellas que siempre aparecen asociadas a la innovación, la calidad y la excelencia, en todos los ámbitos del quehacer humano, y entre los cuales la educación escolar no es una excepción. De ahí que, aún a riesgo de ser tenido por reiterativo, vuelva a recordar el argumento de que un adecuado enfoque respecto a la *atención a la diversidad* puede ser la oportunidad de oro para aunar excelencia y equidad educativa (Skrtic, 1991).

Pero a lo largo de estos últimos comentarios he resaltado varias veces la palabra *"puede"* y en el titular del apartado he puesto entre interrogantes esta cuestión. Con ello quiero dar a entender que la incertidumbre ligada a la equidad como factor promotor de la calidad puede ser, de hecho, un arma de doble filo. Esa misma incertidumbre puede ser la razón para el retraimiento y el conservadurismo en la acción educativa, cuando la misma no va acompañada de condiciones favorables.

Entre esas condiciones veo como determinantes el refuerzo social y cultural de valores positivos hacia la diversidad humana y el empeño de los poderes públicos en asegurar que todos los *"centros sostenidos con fondos públicos"* sean solidarios con ellos. Sin lugar a dudas una educación atenta a la diversidad es muy costosa en términos de recursos económicos, de ahí que sin un giro radical en la concepción económica de la educación escolar –de ser considerada gasto a ser vista como inversión–, poco de lo planteado puede conseguirse. A este respecto cuesta entender lo fácil que se justifican las inversiones en infraestructura o transporte y lo *"imposible"* que resulta asegurar presupuestos educativos apropiados para asegurar una educación de calidad para todos. No son menos importantes, por último, las *condiciones internas* de los centros desde el punto de vista de su organización, funcionamiento y cultura escolar, pues sobre ellas se sustentan, con mayor o menor estabilidad, los proyectos de mejora e innovación que poco a poco deben ir poniéndose en marcha para progresar hacia la meta apuntada (Ainscow, Hopkins, Southworth y West, 2001). En definitiva no pretendo sino resaltar ese doble sentido de que "se puede" hacer de la atención a la diversidad el motor de un cambio positivo para todos y por todos deseado; que *"no es imposible"*, salvo que creamos que el futuro ya está escrito y que no podemos cambiar la realidad que hoy tenemos.

Me he referido anteriormente a la idea de que con la Conferencia de Salamanca se "apuntaba" un cambio de perspectiva de la *educación especial* que, en buena medida, suponía una ruptura con la mayoría de los presupuestos en los que se habían fundamentado las prácticas educativas que habíamos conocido en el último siglo con relación al alumnado en desventaja. Sin embargo, la realidad es mucho más compleja, *tozuda* y resistente al cambio de lo que algunos quisiéramos y por esa razón el alcance de las propuestas de la Conferencia de Salamanca sigue siendo en muchos contextos, incluido nuestro país, bastante limitado y su aplicación, cuanto menos, contradictoria (Arnáiz y De Haro, 1997; García Pastor, 1998; Giné, 1998; Carrión, 2001; Montiel, 2002, Marchesi, Martín, Echeita, Galán, Babío, Aguilera y Pérez, 2003; Echeita y Verdugo, 2004). En el capítulo siguiente quisiera analizar algunas de las situaciones que reflejan, a mi juicio, esas resistencias al cambio de la "perspectiva todavía dominante" en la educación especial.

# 2

# La "Educación Especial", un ámbito que se resiste a cambiar

EN LOS ANÁLISIS QUE SIGUEN voy a tomar como marco de referencia la situación que conozco bien por motivos de mi experiencia profesional y que es la relativa al estado de la educación especial en España y en particular en el llamado hasta hace unos años "territorio MEC"[1].

Desde la perspectiva de los objetivos de este libro, lo que me mueve ahora es la finalidad de resaltar aquellos aspectos que reflejan las dificultades para incorporar nuevos esquemas de pensamiento y de actuación en este ámbito o, dicho de otra forma, hacer ver que una vez más se confirma aquella sentencia que dice *"no es suficiente con imaginar una realidad distinta de la que tenemos para transformar ésta"*.

Los intentos de avance hacia una mejor respuesta educativa al alumnado considerado con necesidades educativas especiales se mueven constantemen-

---

[1] Como han señalado Sánchez y Torres (1997a) recordando a Aristóteles, *"comprende mejor las cosas quien las ha visto nacer desde el principio"*. En este sentido he de señalar que desde 1986 hasta 1996 fui "coordinador técnico" del Centro Nacional de Recursos para la Educación Especial, un Centro con competencias en materia de educación especial en todo el territorio MEC y dependiente de la Dirección General de Renovación Pedagógica, a la sazón una de las unidades centrales en el organigrama del MEC en lo tocante al diseño, desarrollo y evaluación de su política educativa. Desde el curso 96/97 hasta el 2001/2002 he trabajado como orientador en un IES de la Comunidad de Madrid primero y como Asesor de Formación en el área de atención a la diversidad en un Centro de Apoyo al Profesorado después, puestos ambos que me han permitido seguir "sobre el terreno" en estas cuestiones. En la actualidad soy profesor en la Facultad de Formación de Profesorado y Educación de la Universidad Autónoma de Madrid.

te entre los "dilemas" (Norwich, 1993; Marchesi, 1999) que esa loable intención suscita en un sistema educativo que, por naturaleza, es reacio a los cambios profundos como los que, en último término, reclama la política de la integración/inclusión escolar:

- ¿Cuánto de común y de específico debe haber en la respuesta educativa y en la organización escolar a la hora de escolarizar a alumnos diversos? ¿Es posible y adecuado que los alumnos que requieren apoyos generalizados y constantes para su desarrollo y aprendizaje se escolaricen con otros que no los precisan en tal grado? ¿En todas las etapas educativas?

- ¿Cómo asegurar que se dotan a los centros de recursos complementarios para hacer frente a una tarea compleja como la de escolarizar a alumnos con necesidades educativas especiales, sin tener que "etiquetarlos" para justificar la necesaria cuantificación de tales recursos?

- ¿Es la integración escolar un aspecto de la política educativa en la que deberían implicarse todos los centros escolares que cumplen un "servicio público", o en aras de la eficacia y eficiencia es mejor especializar o concentrar en unos pocos esta misión?

- ¿Cuánto mejor desarrollan su trabajo los centros de educación especial, facilitan el progreso de la integración escolar o por el contrario la obstaculizan en alguna medida?

La pervivencia de las etiquetas diagnósticas, los esquemas de provisión de recursos generalmente al uso, la desigual "red de centros" que se ha configurado en este asunto, la permanencia de una red de centros de educación especial que lejos de decrecer parece aumentar, o los "límites a la integración" son ejemplos paradigmáticos de cómo se están resolviendo, desafortunadamente, algunos de esos dilemas.

Soy consciente, por otra parte, de que en una realidad tan plural y diversa como es la que se establece en nuestro *estado de las autonomías* hay diferencias importantes entre ellas respecto a las cuestiones que quisiera analizar (García Pastor, 1998; Domenech y López, 2001; Gonzalo-Bilbao, 2001; Giné, 2001; Deaño, 2001, Orcasitas, 2003; Echeita y Verdugo, 2004). Pero tengo la creencia segura de que existen también enormes similitudes con respecto a las resistencias al cambio que he percibido en los contextos que me quedan más próximos y que he podido analizar y conocer mejor durante estos años, tanto directa como indirectamente (Marchesi, Echeita, Martín, 1990; Echeita, 1991; 1992; 1998; Marchesi, Martín, Echeita, Babío, Galán, Aguilera y Pérez, 2003).

## PERVIVENCIA DE LAS ETIQUETAS

Uno de los elementos más visibles del cambio de perspectiva que se pretendía impulsar era el relativo al abandono de las viejas etiquetas diagnósticas del tipo *"alumno subnormal, deficiente, minusválido o disminuido²"*, cuyos efectos sobre las actitudes de los compañeros y los profesores, así como sobre la propia vida de los alumnos con discapacidad ha recogido con precisión Vlachou (1997: 68), citando un trabajo de Karagiannis (1988):

> "Los niños no discapacitados han estereotipado a sus compañeros discapacitados como menos seguros de sí mismos, menos atractivos académicamente hablando y más problemáticos en lo que a su comportamiento se refiere, menos felices y conformistas, más retraídos, con una mayor necesidad de supervisión y peores compañeros. Etiquetar a las personas según la caracterización precedente tiene un serio impacto sobre sus vidas. Éstas se perciben a sí mismas como seres inútiles para la sociedad; y devaluándose socialmente por medio del uso de estigmas, reducimos sus posibilidades de participar en la comunidad y demostrar que no son tal y como sus estigmas los han caracterizado. Por lo tanto, se ven implicadas, sin querer, en un círculo vicioso, pues un cambio de actitudes en los otros no puede lograrse sin que se dé la interacción necesaria".

Se pensaba, como reflejaron en su momento y entre nosotros muchos autores (CNREE, 1990; Puigdellívol, 1993; Sánchez y Torres, 1997a; Prieto, 1999), que el concepto de *alumnos con necesidades educativas especiales* –uno de los elementos clave del informe Warnock (1981)– aportaría, en primer lugar, una visión menos estereotipada y peyorativa de este alumnado y que ayudaría, poco a poco, a que centráramos nuestros esfuerzos en las transformaciones y en las ayudas de tipo educativo que dieran satisfacción a sus necesidades. Por otra parte, en la medida que se señalaba que todos los alumnos tienen necesidades educativas y que el hecho de que algunas fueran *especiales* era una cuestión relativa (Wedell, 1989) (en tanto en cuanto dependían de las características del contexto de enseñanza), se propiciaría con ello la idea de un "continuo de necesidades" y la visión de unas fronteras permeables entre los alumnos con necesidades especiales y sin ellas. Incluso cabría pensar que, con el tiempo, podría prescindirse también de la propia categoría de *alumno con necesidades especiales*.

Ahora bien, una vez más, "las *buenas intenciones*" no condujeron a las grandes metas que de ellas se esperaban y, visto ahora con el paso del tiempo, parece que podemos afirmar que la profundidad de este cambio ha sido bastante menor de lo que se deseaba. Por último, hay que señalar también que en los últimos años, las distintas leyes educativas que se han sucedido en España, lejos de avanzar hacia aquellas expectativas, no ha hecho sino complicar aún más el progreso en esa dirección introduciendo nuevos términos, como el de "alumnos con necesidades de apoyo específicas", que resultan confusos, inoportunos y contraproducentes –a mi juicio–, respecto a los objetivos a los que

---

² Y que tan frecuentemente seguimos encontrando todavía en la prensa y en otros medios de comunicación.

supuestamente debe servir. En este sentido hay que decir que Mary Warnock (1982: 372. Citado en Slee, 1998: 137), apenas cuatro años después de la publicación de su famoso informe, volvió con actitud crítica sobre la idea de *necesidades educativas especiales*:

> "Tal vez la razón principal de la actual pobreza evidente de las necesidades especiales está en su definición..., o mejor dicho en su falta de definición... El concepto de "necesidad especial" encierra una falsa objetividad. Porque una de las dificultades principales y desde luego casi abrumadora, es decir quién es el que tiene necesidades especiales, o qué significa especial".

Lo abierto del concepto de *n.e.e.* chocaba (y lo sigue haciendo), con la idea, fuertemente arraigada, de que la educación de este alumnado –máxime si nos ubicamos en un contexto de integración escolar– precisa de recursos humanos adicionales (profesorado de apoyo, logopedas, etc.), para cuya justa provisión parece necesario un esquema de identificación/etiquetación. Y como las etiquetas reflejan, sobre todo, las necesidades institucionales y las presiones externas, el término de *alumno con necesidades especiales* o el muy popular de *alumno de integración*, sigue siendo, para muchos, sinónimo de alumno con discapacidad, con un efecto negativo muy similar, me temo, sobre las actitudes y las expectativas del profesorado, los iguales y los propios alumnos afectados, al que antaño tuvieron las viejas etiquetas diagnósticas.

A esta situación ha contribuido de manera sustancial el esquema adoptado para la provisión de los nuevos *recursos humanos* que se han ido incorporando a los *centros de integración*, uno de cuyos ejemplos más notorios es el recogido en la *Orden de 18 de Septiembre de 1990 por la que se establecen las proporciones de profesionales/alumnos en la atención educativa de alumnos con n.e.e.* (BOE de 2 de octubre de 1990) y que, en lo fundamental, sigue aplicándose en la actualidad en varias Comunidades Autónomas.

Su esquema responde, una vez más, a una propuesta "bien intencionada" que sin embargo acarrea a la larga efectos perversos sobre la realidad que se pretendía mejorar. En efecto, parece razonable y sensato pensar que una forma segura de comprometer a la administración educativa con la dotación del profesorado de apoyo que se precisa para una mejor educación de los alumnos con *n.e.e.* es establecer, con rango de norma de obligado cumplimiento, una relación que fije la dotación de dicho profesorado en función de un determinado número de alumnos con *n.e.e.* y de sus necesidades específicas. Con esa norma es cierto que se ha conseguido ampliar sustancialmente el número de profesionales dedicados a la atención educativa de ese alumnado. Pero no es menos cierto también que ese esquema ha venido *a reforzar* aspectos de los esquemas tradicionales de la educación especial que pretendíamos superar, a saber:

1. La tendencia inequívoca por parte del profesorado a buscar entre su alumnado a aquellos que satisfagan en número y criterio (categoriza-

ción) lo establecido por la norma administrativa y, con ello, a aumentar el número de alumnos considerados con discapacidad. Si para tener un profesor de apoyo en un centro ordinario es necesario que se tengan escolarizados en el centro a 9/12 alumnos *"con deficiencia psíquica"* (criterio establecido en la Orden citada), que a nadie le quepa la menor duda que muchos centros terminarán encontrando el número de alumnos requeridos con esa deficiencia para no perder *el recurso.*

2. Hacer perder de vista a los implicados (profesorado, profesionales de la orientación, técnicos de la administración, etc.) la importancia capital de los *factores contextuales* en la educación de los alumnos con *n.e.e.* (currículo ofertado, organización escolar, implicación de la comunidad, etc.), volviendo a sobrevalorar las limitaciones personales como principal condicionante de su progreso educativo y la existencia de recursos adicionales (apoyos, especialistas,...) vinculados a tales *déficits personales* como condición casi exclusiva para hacer viable su integración escolar.

3. Consolidar el viejo esquema de provisión de recursos del tipo *todo o nada,* esto es, el hecho de adscribir los recursos sólo para aquellos alumnos *diagnosticados* dejando fuera de cualquier posibilidad de apoyo a aquellos otros cuyos necesidades educativas se perciben como menos graves. En este sentido he presenciado personalmente significativas disputas entre profesores de apoyo y sus respectivos *"jefes"* por no querer ocuparse aquellos de otros alumnos que no sean los que estrictamente llegan al centro con el *dictamen* correspondiente de *alumno con necesidades especiales.* Todo ello, además, en el marco de un funcionamiento de la administración muy poco flexible ante el dinamismo de la realidad, puesto que la provisión final que se concede a los centros se basa en evaluaciones que han de hacerse con un año de anticipación y sobre los casos conocidos, lo cual difícilmente permite atender los casos de escolarizaciones tardías o fuera de plazo que puedan darse a lo largo de un curso escolar.

4. Mantener, en definitiva, las mismas etiquetas que decíamos querer superar (*deficiencia mental, deficiencia sensorial, "motóricos",* etc.) con sus conocidos efectos negativos (Vlachou, 1997, Ainscow, 1991, Calderón, 2014).

Lo cierto es que *existen otros esquemas de financiación* que tratan de evitar estas consecuencias (Porter, 1995; 2001; Porter y Stone, 2001), que podrían servirnos de estímulo para buscar fórmulas propias que nos condujeran acertadamente hacia la meta apuntada en la *Declaración de Salamanca,* pero que probablemente no se experimentan por las resistencias al cambio de los viejos esquemas conceptuales sobre la *educación especial.*

© narcea, s. a. de ediciones

## SOBRE LA DOBLE RED DE CENTROS: DE INTEGRACIÓN Y DE NO-INTEGRACIÓN

Muy vinculada a la situación anterior se encuentra una cuestión que contribuye al mantenimiento de buena parte de la perspectiva individual o *esencialista* (Ridell, 1996) de la educación especial que aspirábamos a superar. Se trata de la configuración de una doble red de centros dentro del sistema ordinario: una conformada por los *centros de integración* y otra por el resto (de *no-integración*, se supone).

Parece razonable y sensato pensar que, dado que el número de alumnos con *n.e.e.* es reducido[3] y que las inversiones en recursos humanos e infraestructuras son difíciles de generalizar, una opción posibilista es concentrar a dicho alumnado en determinados centros (los *centros de integración*) y hacer lo propio con los recursos humanos necesarios (profesorado de apoyo, logopedas, etc.), y con las inversiones en ayudas técnicas y adaptaciones de espacios que también se precisan en algunos casos (por ejemplo, en los centros ordinarios que escolarizan a alumnos con *n.e.e.* asociadas a una discapacidad motora).

Es indudable que esta estrategia, que fue la seguida por el MEC durante la época de las gestión centralizada de la educación escolar y la heredada por las Comunidades Autónomas que han asumido en los últimos años las competencias en materia de educación no universitaria, sirvió para conseguir en un tiempo relativamente breve (para lo que son los tiempos de cambio en educación), que el proceso de integración se desarrollara en todas las poblaciones cubriendo, por lo general, las demandas de escolarización previstas. Ahora bien, también es posible que haya servido para reforzar en el conjunto del profesorado y de las familias con hijos con y sin *n.e.e.* actitudes contrarias a la meta *a largo plazo* a la que se aspiraba.

Entre esas actitudes contrarias habría que señalar como la primera que la integración escolar siga siendo vista, fundamentalmente, como una cuestión de recursos y de *especialistas* que son los que, por otra parte, se ubican precisamente en los *centros de integración*. El compromiso ético y social de una comunidad ante la situación de discriminación que sufre este alumnado, queda ensombrecido por la cuestión de *los recursos* necesarios para llevarlo a cabo, ciertamente necesarios pero que deben estar al servicio, en primera instancia, de un valor como la igualdad que es, en el fondo, la esencia de la democracia. "*Democracia es igualdad*" rezaba, en efecto el eslogan de una campaña institucional del Ministerio de Asuntos Sociales a favor de la plena equiparación de las personas sujetas a discriminación.

La segunda, que la cuestión de la *atención a la diversidad* –sea referida a las necesidades especiales o a la escolarización de los alumnos de origen extranje-

---

[3] Si hablamos solamente de aquellos cuyas necesidades están vinculadas a condiciones de discapacidad.

ro, por ejemplo– sólo atañe a unos pocos centros, quedando el resto *libre de los problemas* que supone la integración, con lo cual se hace un flaco servicio al objetivo de generalizar un valor y unas actitudes que se supone deberían ser patrimonio de todos los centros y, por tanto, deberían llegar a todos los alumnos. Si tenemos presente, además, que este programa ha sido escasamente asumido por los centros concertados y privados[4] el efecto negativo de esta estrategia queda no sólo ampliado sino que además refuerza una visión de *lo público* como subsidiario de lo privado/concertado a la hora de enfrentarse a estas cuestiones.

Soy de la opinión (Echeita, 1998) de que ese esquema resultó válido en su momento y muy particularmente en la fase de inicio del programa en la que era necesario mostrar que *la integración era posible*. En esas fechas la concentración de esfuerzos y sinergias era imprescindible para vencer las resistencias de las comunidades educativas frente a la integración, que para entonces era una situación desconocida y casi utópica.

Pero hace tiempo que debería haberse superado, asegurando que todos los centros sostenidos con fondos públicos escolarizaran de manera equilibrada a los alumnos con *n.e.e.* que naturalmente les correspondieran de acuerdo con los criterios establecidos para la escolarización del alumnado en general[5]. Ciertamente así lo estableció la *Ley orgánica de la participación, la evaluación y el gobierno de los centros docentes* (LOPEG, 1996), aunque, como bien es sabido, la mayor parte de su contenido durmió durante su vigencia el sueño de los justos. Esperemos que la nueva ley de educación (LOE) retorne este principio.

Pero el caso no es sólo que exista una *peligrosa doble red de centros* en este ámbito de la integración escolar, sino que también hay indicios más que preocupantes respecto a un serio replanteamiento del alcance de esta política educativa.

---

[4] En el informe elaborado por Marchesi *et al.* (2003) para el Defensor del Menor de la Comunidad de Madrid y según datos oficiales de la Consejería de Educación referidos al curso 2001/2002, de los 10.805 alumnos con *n.e.e.* escolarizados en centros ordinarios entre las etapas de educación infantil, primaria y secundaria, 8.871 (el 82%) está escolarizado en un centro público. Por su parte el Consejo Escolar del Estado en su informe del curso 1999/2000 (CEE, 2001) y para el conjunto del Estado daba a conocer que el 91´5% del alumnado gitano está escolarizado en centros públicos así como el 89´64% de los alumnos de origen extranjero. Seguramente también sea cierto que aunque los centros concertados se han implicado en menor proporción en esta tarea, cuando lo hacen suele ser en los contexto más difíciles y problemáticos. Se trata en cualquier caso de una cuestión que ciertamente debería suscitar un gran debate y un compromiso social y no una guerra entre dos redes que constitucionalmente están llamadas a compartir unas mismas finalidades y responsabilidades.

[5] En la Comunidad de Madrid, en el curso (2000/2001) se recibió en los I.E.S. una notificación de la Consejería de Educación indicando que, desde ese momento, cualquier centro podría ser considerado "centro de integración" de alumnos con necesidades educativas especiales, indicándose que, llegado el caso, la provisión de recursos se realizaría "a posteriori". Está por analizarse el alcance de esta medida (en cualquier caso positiva) y que se aplica también en Primaria, en un sistema muy poco flexible y ágil a la hora de proveer de recursos personales adicionales a los centros.

## "¿INTEGRACIÓN? ¡SÍ CLARO!
## PERO... NO PARA TODOS, NO EN TODAS LAS ETAPAS
## Y PREFERIBLEMENTE NI EN MI CENTRO NI EN MI AULA"

Al igual que ha ocurrido en otros países, en España y a cuenta, en buena medida, de la estrategia progresiva seguida para poner en marcha y desarrollar el programa de integración de alumnos con necesidades educativas especiales (Echeita, 1991) y de la opción, como han hecho también otros estados europeos, por un *sistema de varias vías* (EADSEN, 2003), se ha consolidado el esquema de que existen tres grupos de alumnos: los *"normales"*, los *"de integración"*, y los *"de educación especial"*. Seguimos, en buena medida, anclados en que hay un *"nosotros"*, los alumnos que están en el sistema ordinario, y un *"otros"*, los que están fuera y que, en algunos casos y sólo bajo determinadas circunstancias, podemos plantearnos si se integran, o no, al sistema escolar que tenemos establecido (Booth y Ainscow, 1998).

Es cierto que se ha producido un incremento de la integración escolar por cuanto, parece ser, que aproximadamente alrededor de un 75% del alumnado con necesidades educativas especiales estaría escolarizado en centros ordinarios (Jiménez, 1999; MECD, 2000; Marchesi *et al.* 2003), lo que debería ser valorado muy positivamente. Pero también deberíamos cuestionarnos, en primer lugar, nuestra fácil disposición a creer que ese 25% de alumnos restantes *no son integrables* o, dicho en los términos que estamos utilizando, a considerar que por sus características y *"por su bien"* deben de estar excluidos de nuestro sistema ordinario. Dura expectativa la que recae sobre ellos con vistas a su futura inclusión social, si ya en su etapa escolar se considera que no pueden compartir ninguna experiencia con aquellos que, en unos años, se espera que formen parte de la sociedad que ha de acogerlos y tratarlos con igualdad y respeto.

Volveré más adelante sobre el papel de los centros de educación especial en todo este proceso y sobre el alumnado que en ellos se escolariza, un debate, por cierto, que en buena medida está aún por hacer en España (Hegarty, 1993b; Giné, 1999; Echeita, 2003a), razón por la cual quisiera pararme ahora en una cuestión para mí crucial: *cómo* se está llevando a cabo la integración de esos alumnos y alumnas y bajo qué presupuestos. En este sentido, mi percepción y la de otros (López Melero, 2003; Carrión, 2001; Montiel, 2002; Arnáiz, 2003; Jiménez, 2004) es que pudiera estar *cristalizando* la idea de que *la integración* de la gran mayoría de este alumnado *está muy bien* (y es relativamente fácil) en Educación Infantil; *es posible* (con muchos apoyos y recursos) en Educación Primaria aunque ya no exactamente para todos los que se pudieron *"integrar"* en Educación Infantil, pero es *muy difícil* y debería ser un tanto *excepcional* en la Educación Secundaria Obligatoria donde parece, para muchos, un "sin sentido" que se complique éste complejo nivel con alumnos que tengan, por ejemplo, discapacidad intelectual. La siguiente opinión de un tutor de un Instituto de Educación Secundaria respecto a la pregunta de cuál es la modalidad de escolarización más adecuada para el alumnado con *n.e.e.* reflejaría esta idea:

> "Lo fundamental es una escuela especializada porque si no lo estamos perjudicando. Por ejemplo, el chico con Síndrome de Down ahí tendría el máximo desarrollo; aquí no está integrado, el niño está perdiendo el tiempo. Debería trabajarse con los padres para que acepten una escuela especial como lo mejor para sus hijos, para que puedan desarrollar su potencial. Aquí no se puede, no hay tiempo, ni materiales ni medios. Tenerlo aquí no les hace ningún favor" (Montiel, 2002: 231).

Los datos de que disponemos referidos a la Comunidad de Madrid (Marchesi *et al.*, 2003), y sin afirmar que los mismos sean generalizables a otra Comunidades, *apuntan* en esa dirección y, cuanto menos, deberían ser motivo suficiente para promover una reflexión que permitiera avanzar más allá de lo conseguido hasta ahora –so pena de aceptar sumirnos en la complacencia por los logros alcanzados–. En efecto, en este estudio y cuando se pregunta a los profesores de centros ordinarios sobre si creen que el profesorado comparte una actitud positiva hacia los alumnos con necesidades educativas especiales, la gran mayoría manifiesta una actitud positiva hacia ellos: el 87´8% está de acuerdo o muy de acuerdo con esa afirmación, frente al 12´2% que se manifiesta en desacuerdo o muy en desacuerdo con ella. Ahora bien, a medida que intentamos desmenuzar esta valoración global nos encontramos con datos a considerar. Así, si se comparan las respuestas de los profesores en función de la etapa educativa en la que trabajan, se encuentran diferencias significativas entre ellos: los maestros de Educación Infantil tienen la visión más positiva, mientras que el profesorado de los de secundaria son los más críticos con la existencia de esa actitud favorable.

Las respuestas de los profesores son más matizadas cuando se les pregunta si la mayoría de los alumnos con discapacidad debería estar en centros de educación especial. El 30´2% está de acuerdo o muy de acuerdo con esa afirmación, frente al 69´8% que se manifiesta contrarios a ella. De nuevo las diferencias entre las opiniones de los profesores en función de la etapa educativa en la que trabajan son significativas: son los profesores de secundaria los menos favorables a la integración, ya que un 42´7% está de acuerdo con que la mayoría de los alumnos con *n.e.e.* esté escolarizada en centros de educación especial. El contraste con esta tendencia es el que ofrecen los maestros y educadores de educación infantil, quienes en un 86´9% no consideran que el alumnado con *n.e.e.* debería estar en centros de educación especial. Cuando hemos preguntado a los profesores que valoren no tanto su actitud ante la integración, cuanto la de la *comunidad educativa* en general, para tratar de controlar en algún grado el sesgo de conformidad con los valores socialmente aceptados, los porcentajes de respuesta son similares a los encontrados con la primera pregunta: un 75% considera que la mayoría de la comunidad educativa valora positivamente *la integración*, frente al 28´5% que cree que la opi-

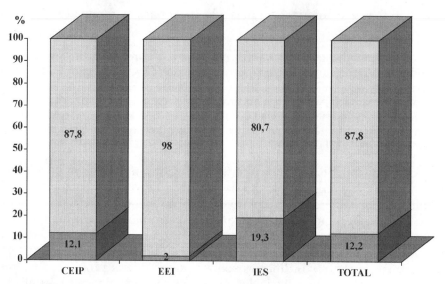

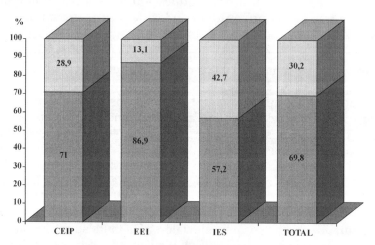

☐ Muy en desacuerdo-En desacuerdo        ☐ De acuerdo-Muy de acuerdo

CEIP = Colegio de Educación Infantil y Primaria (3-12 años de edad);
EEI  = Escuela de Educación Infantil (0-3, 3-6 años de edad);
IES  = Instituto de Educación Secundaria (13-18 años de edad)

*Gráfico 2.1. El profesorado comparte mayoritariamente*
*una actitud positiva hacia los Acnees*

*Gráfico 2.2. La mayoría de los alumnos con discapacidad*
*deberían estar en centros de educación especial*

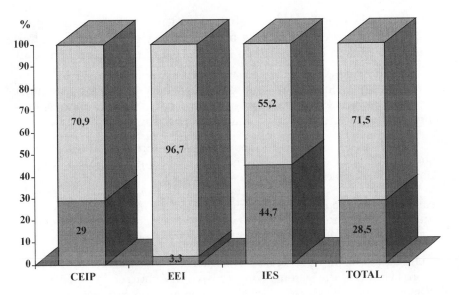

*Gráfico 2.3. La comunidad educativa valora positivamente
la escolarización de Acnees*

nión es negativa. Pero de nuevo el profesorado de secundaria y en una proporción incluso algo mayor a la anterior (un 44´7%), vuelve a considerar que *la comunidad educativa* no parece conforme con esa política.

A esta situación contribuyen, sin lugar a dudas, varios y complejos factores (Marchesi, 1999). Uno de ellos es el vinculado a las *cuestiones de quién depende y cómo se toman las decisiones de escolarización de este alumnado*. A este respecto, y a pesar de las buenas intenciones declaradas en las normas ante la necesidad de fundamentar esta decisión en una *evaluación psicopedagógica* (CIDE, 1996), esto es, sobre la base de un trabajo colaborativo con la amplia participación del profesorado y las familias, y en la que habría que tomarse en consideración no sólo las condiciones del alumno sino también las de los contextos de enseñanza, lo cierto es que son los orientadores y los servicios de inspección educativa quienes más influyen en este proceso (Echeita y Calderón, 2014) y los que mantienen el control de las decisiones sobre la ubicación final del alumno. Pero más allá de quien tiene el control de esta decisión, lo significativo e importante es que a la hora de la verdad y en muchas más ocasiones de las que todos los implicados quisieran reconocer, esas decisiones no parecen estar basadas en función de una *modelo interactivo* respecto a los procesos de enseñanza y aprendizaje sino, casi exclusivamente, en base a las aptitudes / discapacidades de los alumnos y al número limitado de centros disponibles (*los de integración*). Más lejos queda aún la posibilidad de incorporar a los análisis para tomar la decisión más adecuada de escolarización para cada alumno con necesidades especiales la posibilidad de sugerir cambios en la organización y el funcionamiento de las escuelas, colegios o institutos o en la *pedagogía* que siguen muchos profesores y profesoras.

Y el hecho es que, en nuestro contexto, los análisis realizados últimamente (Fernández Enguita, 1999; 2000: 255) sobre la capacidad de cambio de nuestros centros escolares, no son muy halagüeños precisamente:

> "La tesis que voy a argumentar es simple: la complejidad del entorno al que se enfrentan los centros de enseñanza requiere una organización y un funcionamiento complejos, pero los intereses particulares –sobre todo del profesorado– hacen que esa complejidad se reduzca al nivel mínimo imprescindible para la conservación de la organización en sí y de los nichos que los individuos ocupan en ella, pero insuficiente para el buen desempeño de las funciones que tiene el sistema escolar para con el sistema social".

Si a ello sumamos la falta de convencimiento de las autoridades ministeriales sobre la bondad del sistema comprensivo diseñado en la LOGSE, sobre todo en la etapa de la educación secundaria y la opinión mayoritaria del profesorado que trabaja en aquella (que a este respecto, se muestra incluso más *conservador* que el propio ministerio)[6], sólo cabe señalar, parafraseando al poeta, que éstos son *"malos tiempos para la lírica"*, si entendemos por tal, para una política de atención a la diversidad basada en un sistema fuertemente comprensivo e *"integrador"* desde el principio al final de su tramo obligatorio. Estaríamos más bien, como analiza Coll (2004), en sintonía con la *modernización conservadora* que según Apple (2002) afecta a buena parte de los sistemas educativos de los países desarrollados o en vías de desarrollo.

Con todo ello es evidente que está en entredicho la culminación de un proceso integrador para muchos alumnos con necesidades especiales que deben encontrar en la etapa de la Secundaria Obligatoria, el último escalón escolar hacia su inserción en la vida adulta y activa:

> "La integración en la etapa secundaria constituye la culminación normal y también la piedra de toque de la integración educativa en etapas anteriores. No es que la integración en secundaria sea más importante que en primaria, o en la etapa infantil. En realidad, es precisamente la integración –o, lo que es igual, la educación integradora– en las primeras etapas la más significativa, la que establece las bases para toda futura integración. Es más, sólo en la medida en que haya podido llevarse a cabo con éxito una educación integrada en la pri-

---

[6] Según un estudio del Instituto de Evaluación y Asesoramiento Educativo (IDEA) (Marchesi y Martín, 2002), realizado sobre una muestra representativa del profesorado, éste ha señalado como primer cambio a introducir en la ESO, la "introducción de tres itinerarios diferenciados a partir de los 14 años" y, en cuarto lugar "la existencia de doble titulación al terminar la ESO", esto es, ¡volver a los planteamientos anteriores a la LOGSE!

mera infancia, en edades tempranas, será posible, luego, mantenerla y desarrollarla en la edad adolescente (...).

La secundaria, de algún modo, es la hora de la verdad de la integración, o mejor: la hora de la verdad está en la integración social, en la inserción de las personas con minusvalía en un puesto de trabajo. Pero esta inserción, a su vez, sólo es posible sobre el fundamento de una escolaridad completa, integrada, y también de una formación profesional adecuada, que complete esta escolarización y facilite la transición a la vida activa" (Fierro, 1991: 22).

Hasta aquí he pretendido hacer ver que algunos de los elementos más fundamentales del paradigma conceptual de la *educación especial tradicional*, permanecen en buena medida inalterables bajo la política y la práctica de la *integración escolar* que en los últimos años se ha desarrollado en España, al igual que en otros países. Parafraseando a Oliver (1998) se sigue viendo al alumnado con necesidades educativas especiales como *culpable* del hecho de que pueda, o no, *estar integrado*, en lugar de percibirlo como la *víctima* de un sistema que, sobre todo en su tramo final, se muestra incapaz de transformarse para responder adecuadamente a la diversidad de alumnos que llegan a él.

Durante todo este tiempo los Centros de Educación Especial han seguido funcionando para determinados alumnos con necesidades especiales. En efecto, como ya había apuntado, un elemento común en la política sobre *educación especial* de la inmensa mayoría de los países europeos (con la excepción conocida de Italia) es el mantenimiento de lo que se ha llamado un sistema de *varias vías* (EADSEN, 2003), esto es: un sistema en el que conviven centros ordinarios *sin integración*; centros ordinarios *con integración* y *colegios de educación especial*. Un análisis, aunque sea breve, con relación a estos centros también puede arrojarnos luz sobre el cariz y el alcance de las transformaciones que tendrían que acometer los sistemas educativos en el futuro para avanzar hacia una educación más inclusiva.

## SOBRE LOS CENTROS DE EDUCACIÓN ESPECIAL

A este respecto tal vez sea oportuno empezar por recordar lo que se señalaba en la *Declaración de Salamanca*:

"3. El principio rector de este **Marco de Acción** es que las escuelas deben acoger **a todos los niños,** independientemente de sus condiciones físicas, intelectuales, emocionales, lingüísticas u otras... Las escuelas tienen que encontrar la manera de educar con éxito a todos los niños, incluidos aquellos con discapacidades graves..." (Ob. Cit.: 59).

Por esta razón es importante que la excepción no se convierta en regla y, donde existan centros de educación especial, comprometerse en la búsqueda de nuevas funciones y tareas más acordes con la meta señalada:

"8. (...) La escolarización de niños en escuelas especiales –o clases especiales en la escuela con carácter permanente– debiera ser una excepción, que sólo sería recomendable aplicar a aquellos casos, muy poco frecuentes, en los que se demuestre que la educación en las clases ordinarias no puede satisfacer las necesidades educativas o sociales del niño, o cuando sea necesario para el bienestar del niño o de los otros niños"... (donde existan) "Esas escuelas especiales pueden suponer un recurso muy valioso para la creación de escuelas integradoras. El personal de estas instituciones especiales posee los conocimientos necesarios para la pronta identificación de los niños con discapacidades. Las escuelas especiales pueden servir también como centros de formación para el personal de las escuelas ordinarias. Finalmente las escuelas especiales – o los departamentos dentro de las escuelas ordinarias – pueden continuar ofreciendo una mejor educación a los relativamente pocos alumnos que no pueden ser atendidos en las escuelas o clases ordinarias" (Ob. Cit.: 60- 61).

Pero las políticas generales no deben hacerse de espaldas al reconocimiento de algunas situaciones singulares:

"21. Las políticas educativas deberán tener en cuenta las diferencias individuales y las distintas situaciones. Debe tenerse en cuenta la importancia de la lengua de signos como medio de comunicación para los sordos, por ejemplo, y se deberá garantizar que todos los sordos tengan acceso a la enseñanza en la lengua de signos de su país. Por las necesidades específicas de comunicación de los sordos y los sordo/ciegos, sería más conveniente que se les impartiera una educación en escuelas especiales o clases o unidades especiales dentro de las escuelas ordinarias" (Ob. Cit.: 66).

Un primer análisis de estos textos revela el hecho de que la *Declaración de Salamanca* refleja, en esta cuestión, la situación política y social predominante, esto es, la existencia en los sistemas educativos de muchos países de una red de centros de educación especial que están ahí y de la cual no se puede (ni se debe) prescindir *"de la noche a la mañana"*. Un segundo análisis nos permite vislumbrar *un mensaje positivo hacia estos centros*: su papel no debe ser el de entrar en disputa contra la integración, sino en apoyarla decididamente, aprovechando para ello sus conocimientos y su experiencia en el trabajo con este alumnado, así como adoptando nuevos roles y funciones de asesoramiento y apoyo (Hegarty, 1993b; Giné, 1999; Font, 2004).

Por otra parte hay que evitar reforzar el *estigma*, que ya de por sí pesa en muchas ocasiones sobre los centros específicos, como centros olvidados, apartados, o poco importantes, a tenor del auge y consideración dada o que pueda darse a *"la integración"*. En no pocas ocasiones la concentración de esfuerzos por parte de las administraciones en las políticas de integración ha tenido el perverso efecto de ahondar más aún en la discriminación y exclusión de los alumnos más vulnerables, esto es, aquellos que al no poder *integrarse* a cuenta de la situación de los centros ordinarios y de sus condiciones personales, se han tenido que quedar en los centros de educación especial. No dejaría de ser tremendamente contradictorio e injusto, sentirse satisfecho de avances en *"la integración"* a costa del olvido de lo que pueda estar ocurriendo con los alumnos escolarizados en centros específicos[7].

Un tercer análisis que cabe realizar es el relativo al reconocimiento del carácter procesual de todos los cambios; los centros de educación especial están ahí y hay que contar con ellos como apoyo y como alternativa necesaria a la escolarización de algunos alumnos mientras se van generando los cambios y asentando logros en el sistema ordinario que, de otra forma o de no conseguirse, podrían generar fuertes resistencias a *"la integración"*.

Por otra parte no podemos dejar de reconocer el enorme y positivo trabajo que realizan algunos centros de educación especial que en muchas ocasiones se sitúan a la vanguardia de la innovación educativa y son los primeros en promover cambios hacia planteamientos cada vez más integradores/inclusivos (Torredemer, 2003). Una situación que, por otra parte, no hace sino acrecentar las contradicciones y los fuertes *dilemas* a los que debemos hacer frente cuando nos referimos a la educación especial.

En efecto, el papel que los centros de educación especial están desempeñando en la actualidad es, cuanto menos, ciertamente contradictorio y digno de ser analizado con mucho cuidado (Echeita, 2003). Por una parte, su existencia garantiza una escolarización a unos alumnos sin cuyo concurso su calidad de vida, presente y futura, sería muy negativa. Por otra parte, también puede decirse que, en cierta medida, no dejan de servir sino para *"recalibrar"* (Dyson, 2001b) o *"hacer el juego"* a un sistema educativo, renuente y resistente al cambio, que encuentra en ellos un clara *válvula de escape* para aliviar la tensión que se originaría en él, de verse obligado a cumplir con la tarea de incluir a ese alumnado como se pide en la *Declaración de Salamanca*. José Saramago (Arias, 1998) expresaba la esencia de esta misma idea a su manera:

> "En una escuela masificada, que impide la creatividad, los diferentes son un factor de perturbación. El sistema tiene que funcionar sin que se introduzca nada que lo contradiga. El sistema no admite excepciones[8] y, si las encuentra, las elimina. Porque si consideras la excepción como algo positivo, estás obligado a la revisión del sistema" (Ob. Cit.: 148).

Ese *dilema moral* de difícil solución, lo viven las familias con hijos con necesidades especiales en muy primera persona ya que si, por un lado, perci-

---

[7] "En los últimos años están llegando a nuestro centro de educación especial alumnos con necesidades educativas especiales que han estado integrados en colegios de primaria, pero que no siguen en secundaria. Algunos de ellos están avergonzados de sus compañeros y se cubren la cabeza con su ropa para que no les reconozcan cuando salimos juntos. Otros están bien". (Comentario de una directora de un colegio de Educación Especial en Madrid. Marchesi, Martín, Echeita y Pérez, 2005).

[8] No deja de ser curioso que muchas veces se ha utilizado el término de alumnos "excepcionales" para referirse a los alumnos con *n.e.e.*

ben como imprescindible la inclusión en los centros ordinarios para avanzar hacia una sociedad más acogedora y respetuosa con la faceta de la diversidad humana que representan precisamente sus hijos, por otra, constatan con harta frecuencia que esos mismos centros ordinarios difícilmente pueden conseguir, *al menos a corto plazo*, los cambios de cultura, de organización y de funcionamiento escolar, capaces de acoger y favorecer el aprendizaje y la participación, entre otros, del alumnado que hoy está escolarizado en los centros de educación especial. Y aunque algunos están dispuestos a pelear por la profunda transformación de esos centros ordinarios tratando de mostrar que, en efecto, es posible hacerlo (véase el caso del *Proyecto Roma*, López Melero, 2003; AAVV, 2005), a otros les resulta difícil renunciar a la felicidad de *hoy* que para sus hijos representa un buen centro de educación especial, aunque sobre todo ello se cierne la duda de su impacto sobre su futura inclusión social. Éste era el caso de unos amigos quienes, después de llevar a su hijo con síndrome de Down a un centro ordinario durante cuatro años, tomaron la decisión de cambiarlo a uno de educación especial, (Echeita, 2004):

> "Mi mujer y yo apoyamos y optamos por "la integración" de todo corazón para nuestro hijo, pero para nosotros ha sido un fraude en términos del apoyo que le han brindado y de cómo han llevado su escolarización; así que después de cuatro años de ansiedad y preocupación tomamos la decisión de cambiarlo y este año es la primera vez que estamos tranquilos y felices porque vemos bien a nuestro hijo. No sabemos que pasará dentro de unos años pero, hoy por hoy, nos basta con verle contento y progresar".

Lo cierto es que sin *presión* para cambiar, no se produce el cambio, pero cualquier transformación o innovación, por pequeña que fuera lleva tiempo –y la que estamos planteando no lo es para nada; avanzar hacia centros capaces de ofrecer una enseñanza de calidad a una amplia diversidad de alumnos–. Durante *este tiempo de transición* los alumnos más vulnerables serán, con gran probabilidad, los que más sufran.

¿Cuáles son, entonces, las alternativas a esta situación? ¿Replegar, como parece que empieza a ocurrir, las políticas de integración/inclusión escolar para aplicar estos principios solamente a un pequeño grupo de alumnos con *n.e.e.* que sean *integrable*s y llegado el caso solamente en los niveles educativos iniciales? ¿Aceptar resignadamente que muchos alumnos con necesidades especiales estén siendo *"los corderos ofrecidos en sacrificio en el altar de la inclusión"* (Wedell, 2002) para gloria de ésta y de sus defensores, aun siendo plenamente conscientes de que las condiciones de organización y funcionamiento de los centros militan en contra de la capacidad del profesorado para atender a la diversidad del alumnado en condiciones de igualdad?

No me cabe la menor duda de que con relación a la cuestión de avanzar hacia una educación más integradora/inclusiva, con todo lo que ello significa, las transformaciones más importante tiene que acontecer en los centros ordinarios, pero al mismo tiempo los centros de educación especial tienen que plantearse si quieren *"ser parte del problema o parte de la solución"*.

*El problema, en cualquier caso, no son los centros de educación especial* (Echeita, 2003). *El problema* es el de un sistema educativo que se muestra hasta la fecha, y a pesar de tener los conocimientos y la capacidad para hacerlo, incapaz de promover el aprendizaje y la participación de todos los alumnos sin recurrir a la exclusión de algunos de ellos, sea en forma *visible* a través de apoyos, grupos o centros especiales, o de forma *invisible* cuando se trata de alumnos que aun estando escolarizados en centros ordinarios, no participan, no son valorados por sus iguales y no aprenden lo que podrían aprender si existieran otros modos de enseñar y de organizar la enseñanza. La *solución* no puede ser otra que la de remover los obstáculos que impiden a los centros, de uno y otro tipo, ponerse en marcha para imaginar e implementar nuevos esquemas de trabajo que promuevan esa capacidad. Quiero insistir en la idea de *"ponerse en marcha"*, de dar los primeros pasos (después vendrán los segundos y los terceros y los...), esto es, en empezar un camino cuya meta ciertamente está alejada, pero no es inalcanzable. Dice un proverbio que *"la única fruta que no se recoge es la que no se siembra"*. Hasta hace poco llegar a Marte nos parecía ciencia ficción y hoy, cuando tenemos dos reporteros mecánicos que nos están enviando fotos de primera mano, ya se está hablando de vuelos tripulados al planeta rojo. ¿Alguien se atreve a decir que es más difícil conseguir la escolarización de alumnos diversos en un mismo *proyecto educativo*, que la tarea de atravesar un buen trecho del universo para explorar un planeta lejano?

Por otra parte, y como insistiré de nuevo en el próximo capítulo, la esencia de los cambios que se están proponiendo no está en los emplazamientos *per se* (centro ordinario *versus* centro específico), sino en las actitudes de las comunidades educativas y en nuestra forma de enfocar y organizar la educación escolar. Esto es, a lo que ciertamente *no se aspira* es a la mera *integración física*, como se decía hace algunos años (Söder, 1980), o a la simple presencia de todos los alumnos con necesidades especiales en centros ordinarios que, por otra parte, pueden no estar cambiando casi nada su forma de trabajar y sus actitudes hacia la diversidad. A este respecto bien puede decirse que otra de las virtudes destacables del concepto de *calidad de vida* (*CDV*) en estos momentos, estriba en el hecho de que nos obliga a repensar el trabajo actual que se pueda estar llevando, tanto en los *"centros de integración"* como en los colegios de educación especial, en términos de su incidencia sobre algunas de esas dimensiones e indicadores tan nucleares a la percepción de una adecuada *CDV*, como pueden ser *"la participación"*, la *"autodeterminación"*, las *"relaciones interpersonales"* o el *"estatus comunitario"* del alumnado considerado con necesidades especiales.

Se trata en todo caso de darse cuenta, por otra parte, de que *"la entrada"* al trabajo educativo con el alumnado con necesidades especiales por la vía de las áreas del currículo establecidas puede ser, a todas luces, más que insuficiente para garantizar una buena *calidad de vida* de los estudiantes, presente y futura. Y no está de más llamar la atención sobre el hecho de que si esas dimensiones *"no académicas"* son importantes en todo el ciclo vital (Peetsman, 2002) resultan cruciales en la etapa de la educación secundaria (Gómez, Vela y Verdugo, 2004).

Como decía anteriormente, de lo que se trata es de si seremos capaces de encontrar vías y fórmulas novedosas para promover proyectos educativos en los que se respeten las diferencias y se creen cauces de participación de todos los alumnos y alumnas en actividades socialmente valoradas, sin perder de vista el objetivo de que se promueva también el mejor aprendizaje de cada cual en función de sus capacidades.

Y la luz para guiar nuestra imaginación creativa en búsqueda de nuevos esquemas de trabajo para promover una educación de calidad para todos los alumnos, está viniendo de muchas fuentes distintas y tanto de centros ordinarios como de colegios de educación especial. Por ejemplo, algunos de los cambios que últimamente se están proponiendo respecto a la educación de los alumnos sordos tienen, a mi modo de ver, esa potencialidad.

En efecto, un ejemplo positivo en esta dirección y vinculado a la educación del alumnado sordo, es el que se está desarrollando en los últimos años en torno a lo que se han venido en llamar *"modelos de educación compartida o bilingües"* (APANSCE, 1999; CNSE, 2002; Piruetas, 2002; Domínguez y Alonso, 2004). En lo fundamental se trata, hasta la fecha, de escolarizar juntos a niños y niñas sordos y oyentes, con la participación en el aula de dos profesores simultáneamente (considerados ambos tutores del grupo), uno de los cuales es perfectamente competente en lengua de signos. Otra de las señas de identidad de estas iniciativas consiste en agrupar en el centro y en las aulas un número amplio de alumnado sordo, a diferencia de algunas experiencias de integración en contextos ordinarios en las que sólo se integraba a uno o dos alumnos, como máximo, por aula. Todo ello sin renunciar a la utilización de las ayudas técnicas, al uso en este ámbito, ni a las apoyos específicos (logopedia y otros) que los alumnos puedan necesitar. En otros casos, esa misma estrategia de *"dos profesores por aula"* se está utilizando en un centro específico de sordos para tratar de garantizar la doble competencia lingüística de su alumnado; en lengua de signos y en lengua oral/escrita (Alonso y Rodríguez, 2004).

Tal vez esta situación ilustra con claridad uno de los sentidos profundos de esta meta de *la inclusión* a la que vengo aludiendo y que analizaré con más detalle en el capítulo siguiente. En efecto, en el caso de estos niños se considera que es importante que estén juntos, que se conozcan y que perciban y respeten sus mutuas diferencias. Pero que ese *"estar juntos, convivir y participar"* no lo sea a costa del nivel o la calidad del aprendizaje de unos u otros. Si para que todos avancen es preciso que dos profesores trabajen juntos en el aula coordinadamente, ¿qué impide que eso sea así? Seguramente sólo nues-

© narcea, s. a. de ediciones

tras actitudes previas y unos esquemas de organización educativa pensadas para otros tiempos que precisamente queremos dejar atrás.

A la situación del alumnado con necesidades educativas especiales asociadas a las condiciones de discapacidad más complejas y difíciles, y escolarizado, hoy por hoy, en centros específicos, debemos aplicarle el mismo aprendizaje que sacamos de las experiencias de "escolarización combinada" en el ámbito del alumnado sordo; *"pensemos con otros esquemas"*. No será fácil, pero no es imposible. Por último no deja de ser simbólico que este aprendizaje, tan central en el proceso hacia la inclusión, proceda del mundo de los centros de educación especial, en una muestra más de que, seguramente, todos llevamos dentro de nosotros lo peor y lo mejor que podemos dar.

## DE LA EDUCACIÓN ESPECIAL A LA EDUCACIÓN INCLUSIVA

En los últimos veinte años el mundo de *la educación especial* ha sido, seguramente, uno de los ámbitos que más haya contribuido a la transformación de los sistemas educativos ordinarios. El énfasis en una visión más interactiva y contextual sobre los procesos de enseñanza y aprendizaje que se desprendía de todo el planteamiento sobre *las necesidades educativas especiales*, la presencia, *de facto*, en los centros de un importantísimo número de alumnos con *n.e.e.* anteriormente excluidos y que, poco o mucho, han forzado a éstos a un replanteamiento de sus proyectos y sus prácticas educativas, y la contribución a un importante cambio de *actitudes sociales hacia la diversidad* son activos indiscutibles que proceden de ese mundo. Ciertamente que ello se ha producido al mismo tiempo que han aparecido múltiples resistencias al cambio, que en no pocas ocasiones han conseguido mantener los *viejos esquemas* aunque bajo terminologías y fachadas *políticamente correctas.*

Por otra parte, y en paralelo con estas transformaciones en *la educación especial*, se habían ido fraguando otras no menos importantes vinculadas a otros ámbitos escolares y con frecuencia agrupadas bajo el epígrafe de *educación compensatoria* (diferencias de género, procedencia, condición social o rendimiento escolar) que sin embargo tenían con aquélla múltiples similitudes (Parrilla, 2002). A este respecto debemos referirnos, sobre todo, a los movimientos educativos de muy distinta índole que intentan hacer frente a las situaciones de *fracaso escolar* (AAVV, 2000) y a una imprescindible *educación intercultural* a cuenta de la creciente diversidad cultural producida, sobre todo, por los movimientos migratorios (AAVV, 2002 c; de la Dehesa, 2002; AAVV, 2003a). Lo que hoy percibimos es que los destinatarios de aquella política sobre educación especial y de éstas tienen en común ser las *"víctimas"* de un sistema educativo pensado y desarrollado para una sociedad del siglo XIX y tal vez del XX, pero totalmente inadecuado para la sociedad de la información del siglo XXI en la que ya estamos instalados (Castell, 1997).

En 1999 Mary Warnock volvió a mostrar el talante propio de una persona comprometida y que, por ello, está dispuesta a ser crítica con aquello mismo que ha defendido anteriormente:

> "Mirando atrás, hacia los días de trabajo del comité, cuando todo el mundo sentía que un nuevo mundo se estaba abriendo para los niños en situación de desventaja, el hecho más llamativamente absurdo fue que el comité se había olvidado de considerar la deprivación social, como si ésta no contribuyera a la configuración de las necesidades educativas... La simple idea de tal separación me parece ahora descabellada". (Warnock, 1999, citado en Clough y Corbett, 2001: 4).

Esta separación entre perspectivas educativas –teóricas, investigadoras y prácticas– es la que muchos consideramos que debe superarse, integrando lo mejor de cada una de ellas en un nuevo planteamiento que sirva para poner freno a los múltiples, a veces sutiles, otras veces manifiestos, procesos de exclusión que operan en los sistemas educativos y que sufren millones de niños y jóvenes en todo el mundo por razones de capacidad, económicas, étnicas o sociales (Gentile, 2001). Y lo proponemos porque estamos convencidos de que la *exclusión educativa* es el antecedente más claro de los procesos de fractura social, violencia y exclusión que viven muchas personas en nuestras sociedades (UNESCO, 1996; Imbermon, 1999; Velaz de Medrano, 2002; AAVV, 2003b; UNESCO, 2003).

Ese nuevo enfoque o perspectiva educativa es la que muchos denominan *educación inclusiva, educación para la inclusión,* o por simplificación *inclusión* y a cuyo análisis voy a dedicar el siguiente capítulo de este libro.

# 3

# ¿Por qué hablamos
# de Educación Inclusiva?
# La inclusión educativa como
# prevención para la exclusión social

A LO LARGO DE ESTE CAPÍTULO[1] espero poder presentar argumentos y análisis sobre las razones que a mi modo de ver justifican un cambio de términos (de la *integración* a la *inclusión*) que pudiera no entenderse y lo que es más, verse simplemente como una de esas disquisiciones a las que los académicos solemos dedicar, a veces, tanto esfuerzo. Intentaré hacer ver al lector que, por encima de las disputas o discrepancias nominales, creo que existen razones de peso que justifican seguir avanzando y profundizando en la tarea de hacer la educación escolar más abierta a la diversidad de alumnos que aprenden, una tarea que queda más allá de la mera "integración" de algunos alumnos que anteriormente estaban fuera del sistema o en sus márgenes. Si ello es así estaría justificada, entonces, la búsqueda de otros términos que reflejen con mayor precisión esta expectativa.

En este sentido, la importancia de seguir aunando esfuerzos para tratar de progresar en esa dirección que se acaba de apuntar, no lo es tanto por la bondad intrínseca de esa iniciativa, sino como prevención y freno a los fortísimos procesos de exclusión social a los que, cada vez capas más amplias de nuestros conciudadanos y tristemente países enteros, están abocados a no producir un importante cambio hacia una sociedad más tolerante, respetuosa con la diversidad, pacífica y próspera, esto es, más democrática y si se me permite, más inclusiva.

---

[1] Algunas de cuyas ideas también pueden encontrarse en el trabajo de Echeita y Sandoval (2002).

Para ello, en un primer momento, me hago eco de los análisis que nos permiten trazar (y comprender) el camino que la aspiración a una educación más inclusiva está recorriendo, historia que es compartida por diversos grupos sociales *minoritarios* o en situación de desventaja (como ha sido el caso de las mujeres, hasta no hace mucho, en algunos países y que sigue siéndolo en otros). A este respecto, no sólo presto atención a la descripción de las propuestas educativas que han ido dándose, sino también a los modelos y factores que más han influido en nuestra forma de pensar y actuar a la hora de dar respuesta a la diversidad del alumnado.

Más adelante me detengo en analizar las distintas *perspectivas* o enfoques que hoy coexisten cuando se habla de *inclusión*, lo que pone de manifiesto el carácter polisémico y multifacético de esta aspiración. Con todo ello trato de poner de manifiesto que *la inclusión no es lugar*, sino sobre todo una actitud y un valor que debe iluminar políticas y prácticas que den cobertura a un derecho tan fundamental como olvidado para muchos excluidos del planeta –el derecho a una educación de calidad–, y a unas prácticas escolares en las que debe primar la necesidad de aprender en el marco de una cultura escolar de aceptación y respeto por las diferencias.

No obstante la diversidad de perspectivas existentes, considero que todas ellas –algunas explícitamente planteadas bajo la denominación de *educación inclusiva*, pero otras muchas no–, comparten una serie de lo que he llamado *denominadores comunes* que nos deben servir como plataforma teórica y práctica para desarrollar proyectos educativos con una orientación cada vez más inclusiva.

## INCLUSIÓN Y EXCLUSIÓN ESCOLAR. INCLUSIÓN Y EXCLUSIÓN SOCIAL

¿Cuál es el fondo de la cuestión que nos ocupa? La respuesta más sencilla y directa sería que si nos motiva la tarea de construir un sistema educativo más inclusivo, lo hacemos con el objetivo de intentar frenar y cambiar la orientación de unas sociedades en la que los procesos de *exclusión social* son cada vez más fuertes y, por esa razón, empujan a un número cada vez mayor de ciudadanos (y a países enteros) a vivir su vida por debajo de los niveles de dignidad e igualdad a los que todos tenemos derecho y degradándose con ello su propio rol de ciudadanos (Etxebarria, 2002). Con ello lo que está en juego es, en último término, la cohesión de la propia sociedad que hoy, más que nunca, parece estar seriamente amenazada:

> "En todas las épocas, las sociedades humanas han experimentado conflictos capaces, en los casos extremos, de poner en peligro su cohesión. Sin embargo, no se puede dejar de observar hoy día en la mayoría de los países del mundo una serie de fenómenos que denotan una crisis aguda del vínculo social... No se trata

sólo de las disparidades ya mencionadas que existen entre las naciones o entre las regiones del mundo, sino de fracturas profundas entre los grupos sociales, tanto en los países desarrollados como en los países en desarrollo... El desarraigo provocado por las migraciones o el éxodo rural, la dispersión de las familias, la urbanización desordenada, la ruptura de las solidaridades tradicionales de proximidad, aíslan y marginan a muchos grupos e individuos... La crisis social que vive el mundo actual se combina (además) con una crisis moral y va acompañada del recrudecimiento de la violencia y la delincuencia. La ruptura de los vínculos de proximidad se manifiesta en el aumento dramático del número de conflictos interétnicos, que parece ser uno de los rasgos característicos del final del siglo XX. En términos generales, se asiste a una impugnación, que adopta diversas formas, de los valores integradores" (UNESCO, 1996: 56-57).

En efecto, el fenómeno de la *exclusión social*, no siendo nuevo, está adoptando en las últimas décadas características y dimensiones cada vez más preocupantes, no sólo en los países en desarrollo, como indicaba el citado *Informe Delors*, sino en nuestras prósperas sociedades occidentales y es, además, un proceso que parece ir en aumento. Ocurre que la sociedad de la información nos está recibiendo con una triple diferencia: por un lado, la seguridad de los privilegiados con trabajo fijo y pleno disfrute de sus derechos individuales y sociales; por otro, la inseguridad de los que tienen trabajos eventuales y viven en permanente estado de ansiedad y escepticismo y, por último, el desarraigo y la exclusión del mercado laboral de amplias capas de la población, lo cual conduce, por otra parte, a la *dualización de la sociedad*. Así ocurre en España, donde alrededor de un 18´5% de personas viven en la pobreza: es decir, con ingresos por debajo del 60% de la media, lo que hace una cantidad de entre 1´5 y 1´7 millones de ciudadanos. En Europa la tasa es de un 17% lo que equivale a 50 millones de pobres, según estudios recientes (Manzano, 2002); en EEUU son 32 millones de personas y en todo el mundo más de 1.000 millones.

Pero el fenómeno de la *exclusión social* es más amplio y no sólo implica pobreza económica, sino también falta de participación y problemas de acceso a la vivienda, a la salud, a la educación, al empleo... A este respecto García (2003: 3) nos proporciona una imagen muy elocuente de lo que hoy significa exclusión:

> "El concepto de pobreza se ha construido desde la metáfora espacial de «arriba y abajo», es decir desde la estructuración del espacio social. Los pobres son los que están debajo de la escala social y la medición de la pobreza se hace con indicadores económicos... La exclusión, por el contrario, se construye sobre la metáfora de «dentro y fuera»; los excluidos son los que no cuentan, son insignificantes y sobran... La exclusión añade a la pobreza la impotencia, la fragilidad de los dinamismos vitales, los contextos inhabilitantes. Mientras los pobres iban en la última fila del autobús, los excluidos no llegaron a subir a él, son poblaciones sobrantes".

En esta situación podemos estimar que están envueltos, de manera más o menos constante, 18 millones de personas que no tienen trabajo en Europa y de los cuales un 50% son desempleados de larga duración; 1 millón de toxi-cómanos, 2´5 millones de personas sin techo más 5 millones que viven en infraviviendas; 13 millones de inmigrantes (de los cuales al menos 1´5 millo-nes carecen de permiso de trabajo y residencia) y 2 millones de refugiados... Personas con discapacidad y sin ella, y entre todos ellos cada vez hay mas jóvenes, mujeres y niños[2].

Tal y como recoge Vélaz de Medrano (2002: 291), y según la propuesta de la Fundación Europea para la Mejora de las Condiciones de Vida y del Tra-bajo (FITS, 1997), la exclusión quedaría, entonces, bien definida como:

> "Proceso de apartamiento de los ámbitos sociales propios de la comunidad en la que se vive, que conduce a una pérdida de autonomía para conseguir los recursos necesarios para vivir, integrarse y participar en la sociedad de la que se forma parte".

Y junto a los riesgos de procesos excluyentes vinculados especialmente a factores económicos, hay que añadir también el avance indiscutible y triste-mente cotidiano, de la intolerancia de origen étnico, cultural o religioso, capaz de levantar, por sí sola, muros de separación (*apartheid*) y exclusión perma-nente entre personas y comunidades, más fuertes, incluso, que los vinculados a los factores económicos anteriormente señalados. Por otra parte, resulta evi-dente que tanto estas situaciones de intolerancia como los procesos de exclu-sión descritos son una de las primeras causas de los conflictos y las guerras que asolan nuestro planeta y que, como tristemente apreciamos todos en estos días, lejos de aminorar, aumentan y adquieren un carácter global:

> "El sentimiento de marginación y desesperanza lleva a muchos habitantes del planeta a pensar que no hay otra salida que la de la fuerza. Es preciso, por tanto, tener en cuenta no sólo los síntomas, sino las causas del problema, de tal manera que nos permita identificar los orígenes del conflicto en la inseguridad y falta de estabilidad a escala o planetaria: exclusión, miseria, radicalización y violencia constituyen un círculo vicioso que es preciso romper con lucidez y solidaridad" (Mayor Zaragoza, 1999: 72).

De ahí que, frente a los dramas de la *exclusión* creciente y *la guerra* se alcen voces reclamando la necesidad y la aspiración de la *inclusión* como valor emer-gente (y urgente), necesario para construir, en primer lugar, *una cultura de la paz* que permita a la humanidad reencontrarse con sus valores más esenciales:

> "El día en que logremos desplazar la cultura de la fuerza, de la imposición, de la violencia, de la guerra, por la cultura de la tolerancia, del diálogo y de la paz, entraremos en una nueva época, en la que los seres humanos habrán alcanzado la altura de su grandeza" (Mayor Zaragoza, 1999: 169).

---

[2] Unos 160.000 menores madrileños, un 14% del total, viven en la pobreza, según el estudio *Menores en guetos de infraviviendas*, realizado por el equipo Edis de investigaciones sociológicas, para el Defensor del Menor de la Comunidad de Madrid.

La semilla de esa aspiración y del desafío que ello supone para nuestros esquemas habituales de pensamiento y para las prácticas instauradas en tantos ámbitos de nuestra vida social y política, tiene que plantarse en la mente de los niños y jóvenes a través de la educación escolar y particularmente en su tramo obligatorio. En efecto, como señala el texto fundacional de la UNESCO: *"Puesto que las guerras nacen en la mente de los hombres, es en la mente de los hombres donde deben erigirse los baluartes de la paz".* De ahí que somos muchos los que creemos que sólo un sistema escolar que incluya las diferencias y se comprometa con la mejora del logro de todos sus estudiantes, estará en disposición de prevenir las desigualdades y de favorecer la convivencia en paz. Ciertamente que no es una condición suficiente por sí sola, pero no cabe duda de que es absolutamente necesaria:

> "La educación puede ser un factor de cohesión social si procura transformar la diversidad en un factor positivo de entendimiento mutuo entre los individuos y los grupos humanos y al mismo tiempo evita ser (ella misma) un factor de exclusión social" (UNESCO, Ob. Cit.: 59).

En efecto, ocurre que los sistemas educativos son en sí mismos la primera fuente de exclusión social a través de distintas situaciones que, además con harta frecuencia, multiplican sus efectos negativos. Así tenemos en primer lugar la situación de aquellos países cuyos sistemas educativos, por su propia debilidad, no pueden ofrecer una educación básica a su población escolar. Cuando millones de niños en todo el mundo (UNICEF, 2014) no tienen acceso a la educación escolar, la idea de *inclusión* debe significar para ellos primeramente la oportunidad de acudir a un centro escolar donde empezar a aprender las competencias básicas que aseguren una vida adulta con dignidad.

Pero ocurre que, seguramente en todos los sistemas educativos, también hay otros mecanismos (unas veces explícitos –por ejemplo, la segregación de los alumnos con discapacidad en centros especiales–, y otras implícitos u ocultos –como la sobrevaloración de las capacidades de tipo intelectual, las prácticas de selección y evaluación del alumnado, la falta de formación del profesorado para atender a la diversidad o la existencia de un currículo rígido y centralizado–) que han sido y en muchos casos siguen siendo los primeros factores en generar fuertes contingentes de alumnos en riesgo de exclusión social.

Así ha ocurrido y ocurre, en primer lugar, con los alumnos que se engloban en el llamado, entre nosotros, *fracaso escolar* (AAVV, 2000) un porcentaje que en España se sitúa en un promedio del ¡25%!, y en el que mayoritariamente parecen encontrarse jóvenes procedentes de los grupos socialmente más desfavorecidos. Con ellos se produce además una situación paradójica por cuanto pareciera que la prolongación de la escolaridad ha agravado, más que mejorado, la situación de esos jóvenes, que al enfrentarse a un sistema educativo incapaz de ofrecerles una enseñanza adaptada a sus intereses, motivaciones y capacidades, fracasan y abandonan los centros escolares sin las capacidades necesarias para insertarse, con garantías de éxito, en la vida adulta y activa. Generador de exclusión social, no cabe duda que el fracaso escolar está en el origen de algunas formas de violencia, de delincuencia y de marginación que hoy observamos con creciente preocupación tanto en el propio sistema educativo como en la sociedad adulta[3] (UNESCO, 1996).

Por último hay también otras formas de exclusión, que tal vez podríamos llamar *encubiertas*, y que surgen a través de las barreras u obstáculos de todo tipo que en nuestro sistema escolar impiden la participación o inhiben el aprendizaje de algunos alumnos, barreras como las que experimentan aquellos cuyas culturas (minoritarias) son ignoradas o despreciadas, quienes aprenden a un ritmo más lento que los demás y no reciben el apoyo que necesitan, quienes son objeto de maltrato por sus iguales (AAVV, 1999a; Del Barrio, Martín, Almeida y Barroso, 2003) o quienes por su orientación sexual son objeto de discriminación y rechazo. Procesos de exclusión, todos ellos, cuyos efectos sociales y personales, sin embargo, es probable que no sean menores que los anteriormente comentados.

Pero ciertamente la paradoja mayor se produce, a este respecto, por el hecho de que al mismo tiempo que se denuncia a la escuela como factor de exclusión social, se le reconoce y se le solicita con insistencia como institución clave para la *inclusión*. Por lo tanto, lo que nos compete, a quienes trabajamos en y para la educación escolar, es someter a crítica los principios y las prácticas que han configurado la capacidad de generar exclusión desde el propio sistema educativo y apostar por aquellos otros que la investigación educativa y la experiencia han mostrado que promueven realmente la inclusión y la participación de todo el alumnado en la vida escolar, el aprendizaje de todos ellos hasta el máximo de sus posibilidades y la resolución pacífica de conflictos en un marco que favorece el progreso de todos los alumnos.

En lo que sigue me haré eco, en primer lugar, de la historia de cómo han respondido los sistemas educativos a la diversidad del alumnado, entreverando el análisis de Parrilla (2002), en el que se pone de manifiesto el camino educativo común que han seguido grandes colectivos humanos en situación de desigualdad educativa, con el análisis de Clough y Corbett (2000), a través del cual podemos distinguir los distintos modelos en base a los cuales se ha entendido y se ha dado respuesta a la diversidad.

En los apartados posteriores revisaré con mayor detalle las distintas perspectivas que cabe diferenciar, en estos momentos, con relación a la inclusión,

---

[3] En el trabajo de la profesora Vélaz de Medrano (2002) se da cuenta de que, según el estudio de Martínez y Miquel (1998: 43), la delincuencia de menores aparece muy vinculada con el fracaso escolar; la mitad de los detenidos en 1995 tenía únicamente estudios primarios, pasando después de los 14 a la desescolarización. Asimismo, un 72% de los desempleados menores de 25 años provienen del abandono temprano de la escuela y del fracaso escolar.

así como algunas respuestas e iniciativas que, no estando articuladas y teniendo entre sí diferencias en cuanto a su origen, ámbito de aplicación u orientación general, comparten un número destacado de denominadores comunes que configuran las señas de identidad de la educación inclusiva.

## DE LA EXCLUSIÓN ESCOLAR A LA INCLUSIÓN EDUCATIVA: UN CAMINO COMPARTIDO

Como nos hace ver Parrilla (2002), una mirada hacia atrás de los distintos grupos en situación de exclusión social puede ayudarnos a construir, comprensivamente, un marco de análisis para entender la situación y los retos más actuales del planteamiento en pro de una educación más inclusiva. Es importante destacar esa idea de tomar en consideración la historia de distintos grupos, y no sólo la de las personas con discapacidad, porque no parece coherente seguir manteniendo esquemas separados para unos u otros (*educación especial, educación compensatoria, educación intercultural...*), cuando todos ellos comparten importantes denominadores comunes en lo referente a los modelos en los que se ha fundamentado la respuesta que los sistemas educativos han planteado para ellos. Como también resulta incoherente la separación disciplinar que durante mucho tiempo ha primado en los estudios sobre exclusión/inclusión. También hay que dejar sentada la idea de que, por supuesto, hay otras formas de analizar esta "historia", como de hecho lo hacen Lipsky y Gartner (1997) respecto a la situación en Estados Unidos.

En la Tabla 3.1, reproducida del trabajo de Parrilla (2002), que a su vez retoma el de Fernández Enguita (1998), se resumen las cuatro grandes fases que, a su juicio, cabe distinguir en la historia que transcurre desde la más clara y rotunda exclusión de todos aquellos considerados como *especiales*, hasta los actuales avances hacia una educación inclusiva.

|  | Clase Social | Grupo Cultural | Género | Discapacidad |
|---|---|---|---|---|
| 1. Exclusión | No escolarización | No escolarización | No escolarización | Infanticidio/ Internamiento |
| 2. Segregación | Escuela graduada | Escuela puente | Esc. separadas: Niños-Niñas | Esc. especiales |
| 3. Integración | Comprensividad (50-60 años) | E. compensatoria E. multicultural | Coeducación (70 años) | Integración escolar (80 años) |
| 4. Reestructuración | E. inclusiva | E. inclusiva (E. Intercultural) | E. inclusiva | E. inclusiva |

*Tabla 3.1. De la exclusión a la inclusión: un camino compartido (Ob. Cit.: 15)*

En una primera etapa educativa se puede hablar de exclusión de la escuela, de hecho o de derecho, de todos aquellos grupos no pertenecientes a la población específica a la que se dirigía la misma en sus inicios: una población urbana, burguesa, sana y con intereses en los ámbitos burocrático o militar (Fernández Enguita, 1998). En ese momento social, en el que la escuela cumple la función social de preparar a las élites, los campesinos, las personas de las clases trabajadoras, las mujeres o los grupos sociales marginales, así como las personas identificadas como *improductivas* o *anormales* no tenían derecho a la escolarización. Hay que señalar que cuando hablamos de esta primera etapa no nos estamos yendo mucho más allá de los inicios del siglo pasado. Como ejemplo del ámbito de la discapacidad, baste señalar que el primer colegio de educación especial público para alumnos con discapacidad intelectual, la llamada entonces *Escuela Central de Anormales* (Cabadas, 1992) no empezó a funcionar hasta el año 1922. La primera ley de instrucción pública, la *Ley Moyano*, data de 1857, aunque no se empieza a desarrollar hasta años más tarde.

El paso de los colectivos señalados a la escolaridad se produce en condiciones que hoy calificaríamos de segregadoras y con un modelo muy similar en los distintos países: a través de un *sistema dual*, que mantiene un tronco general y en paralelo al mismo, las alternativas *especiales*. El derecho a la educación se compatibiliza, entonces, con las políticas llamadas de la diferencia, esto es, políticas específicas (bien sociales, bien educativas) para cada grupo de personas en situación de desigualdad. Así ocurrió con la *escuela graduada*, que servía para incorporar a la educación al alumnado procedente de las clases sociales populares; las escuelas separadas para personas pertenecientes a grupos culturales y minorías étnicas –como el caso de las *escuelas puente* para alumnos gitanos en España– cumplieron el mismo papel que las primeras en relación a las diferencias culturales; *las escuelas para niñas* hicieron lo propio en el momento de buscar la incorporación de la mujer al sistema educativo, como *las escuelas de educación especial* cumplieron un papel idéntico en el caso de los alumnos con discapacidad. Las actitudes de *racismo*, *clasismo* o *sexismo* que se apreciaban crudamente en esa época no eran sino el substrato de las propuestas educativas mencionadas.

Desde el punto de vista de los modelos explicativos de Clough y Corbett (2000) estaríamos de lleno en el período en el que predomina el *enfoque psicomédico* respecto a la intervención educativa con los alumnos considerados especiales, por una u otra razón.

*Comprensividad, coeducación, educación compensatoria e integración escolar* son los nombres que reflejan las distintas opciones a través de las cuales se consigue, desde mediados de los años sesenta en adelante, el primer gran paso para reestructurar la atención a la diversidad en la escuela ordinaria y para romper con la estandarización excluyente del período anterior. Ciertamente hay que resaltar que estos procesos no se producen al unísono y algunos de ellos, como el referido a la integración escolar de los alumnos con necesidades educativas especiales, no se consolida hasta la década de los ochenta. En cualquier caso, estas reformas suponen realmente una fuerte conmoción y la búsqueda de respuestas –curriculares y organizativas– que permitan corregir las fuertes desigualdades que se iban produciendo como consecuencia de los procesos de segregación anteriores.

En términos de los modelos de Clough y Corbett (2000), que más adelante explicaré con algo más de detalle, esta fase se nutre, sobre todo, de los avances en los estudios sobre el currículo y la eficacia escolar, así como de las críticas procedentes de los análisis sociológicos.

Sin embargo todas estas respuestas tienen en común que el proceso de integración se hace siempre desde un modelo básicamente *asimilacionista* (Carbonell i París, 1995, 2003), según el cual, los que están *fuera* tienen que adaptarse a la nueva situación, asumir los patrones, valores y pautas culturales propios de los que acogen: los alumnos negros deben *integrarse* en las escuelas para la población blanca; los gitanos en las escuelas de payos, las niñas en las escuelas para niños y los alumnos con necesidades especiales en las escuelas *normales*. Visto ahora con perspectiva, lo problemático de todos estos cambios –necesarios pero insuficientes– era que el sistema educativo no cambiaba sustancialmente, de forma que podríamos hablar de una mera integración física, de un estar, pero no de participar y ser apreciado. Como señala muy acertadamente Parrillas (2002: 17):

> "En esta fase de reformas integradoras, las políticas educativas que se mantienen sectorizadas por grupos de población comparten el reconocimiento de la igualdad ante la educación, pero limitando esa igualdad únicamente al acceso a la educación. En ningún modo se garantiza el derecho a recibir respuestas a las propias necesidades desde la igualdad y, mucho menos, la igualdad de metas... Las reformas integradoras consisten más en un proceso de adición que de transformación profunda de la escuelas".

¡Cómo me gustaría decir que esta fase descrita es historia y que estamos de lleno en la de una educación más inclusiva! A pesar de los cambios parciales de tipo curricular, organizativo y hasta profesional, nuestro sistema educativo tiene serias dificultades para acoger la idea misma de diversidad, dificultades que son máximas en su tramo de educación secundaria (Martín y Mauri, 1997; Gimeno, 1999 a,b, 2001; AAVV, 2002b; Echeita, 1999; 2002). Apoyándose en normativas explícitas o en sofisticados procesos de categorización, selección y competición, las exclusiones encubiertas en la *escuela de la integración* continúan, aquí y fuera de nuestras fronteras (Blyth y Milner, 1996), por no hablar de la exclusión de millones de niños y jóvenes del mundo que, de tan *natural* que nos termina resultando su situación, se han hecho *invisibles* (Gentile, 2001).

Como intentaré reflejar en el apartado siguiente, estamos más bien en el inicio de esa fase de *reestructuración* que dibuja Parrillas[4] y, en el mejor de los

---

[4] Pero que podría verse frenada por esa *modernización conservadora* que describe Apple (2002).

casos, en el comienzo de un proceso de cambio que, sin lugar a dudas, será muy largo y costoso, porque como ya se ha indicado, de lo que estamos hablando es de un proceso de transformación profunda de nuestros actuales sistemas educativos:

> "Inclusión es un proceso. La educación inclusiva no es algo que tenga que ver meramente con facilitar el acceso a las escuelas ordinarias a los alumnos que han sido previamente excluidos. No es algo que tenga que ver con terminar con un inaceptable sistema de segregación y con lanzar a todo ese alumnado hacia un sistema ordinario que no ha cambiado. El sistema escolar que conocemos –en términos de factores físicos, aspectos curriculares, expectativas y estilos del profesorado, roles directivos– tendrá que cambiar. Y ello porque la educación inclusiva es participación de todos los niños y jóvenes y remover, para conseguirlo, todas las prácticas excluyentes" (Barton, 1998: 85).

## Para entender la realidad que nos preocupa. Perspectivas o enfoques educativos a la hora de atender a la diversidad del alumnado

Antes de entrar a analizar los movimientos actuales que están dando sustento y credibilidad a esta meta de una educación más inclusiva, me parece oportuno revisar también, aunque de forma somera, algunas de las perspectivas educativas en torno a las cuales se han ido articulando nuestros pensamientos y nuestras actuaciones educativas respecto a los alumnos que experimentan dificultades, siguiendo para ello la propuesta de Clough y Corbett (2000), pero tomando en consideración también e incorporando otras aportaciones traídas desde lo *psicopedagógico* (Coll y Miras, 2001), lo *organizativo* (Sckrtic, 1991; Fernández Enguita, 1999) y lo *cultural* (López Melero, 2001; Torres, 2002) que, a mi modo de ver, enriquecen nuestra comprensión de la realidad que nos preocupa y nos ayudan a reconocer distintos modelos de respuesta a la tarea de atender a la diversidad del alumnado (Echeita, 2005).

En su análisis Clough y Corbett (2000) identifican cinco grandes perspectivas que han ido influyendo en nuestra comprensión de los procesos educativos a los efectos de avanzar hacia una educación más inclusiva a las que he incorporado algunas otras variables (psicopedagógicas, organizativas, etc.). Dichas perspectivas se identifican y caracterizan como sigue:

### 1. El legado psicomédico

Las *preguntas tipo* de quien se ubica en este modelo vendrían a ser: "¿De qué naturaleza y grado es el déficit del alumno? ¿Podría estar escolarizado en una escuela "normal"?

Hablar de un *"modelo médico"* en el contexto de las dificultades de aprendizaje sería, sobre todo, hablar de prácticas que descansan en una *visión patológica de la diferencia*, la cual se apoya en un diagnóstico médico y, posteriormente en el tiempo, psicológico/psicométrico. Preocupan, sobre todo, las diferencias relativas a lo cognitivo/intelectual y las intervenciones son puntuales, dirigidas a *remediar* los déficits. Los alumnos con necesidades especiales son vistos como *deficientes* cuya dificultad es intrínseca y para nada se toma en consideración el contexto de instrucción. Cuando el déficit es evidente y significativo, la escolarización adecuada debe ser un centro especializado. En todo ello se aprecia una *concepción estática* respecto a la naturaleza de las diferencias individuales y su evolución, al tiempo que el proceso de ajuste entre la diferencias del alumnado y la respuesta educativa se realiza por la vía de acomodar o dirigir a los alumnos a los distintos centros o modalidades formativas existentes. Por su parte, los centros escolares en tanto que organizaciones se configuran como *burocracias profesionales* poco o nada adaptables a las demandas plurales de los alumnos.

## 2. La respuesta sociológica

Las *preguntas tipo* que surgen de este modelo vendrían a ser: ¿A quién beneficia la escolarización de los alumnos con discapacidad en centros especiales? ¿Qué función social cumple ésta y que factores sociales y políticos explican su existencia?

Si la perspectiva psicomédica ve las necesidades educativas especiales como algo que surge desde las propias características del alumno, por contraste la perspectiva sociológica pone el acento en resaltar que tales necesidades son el resultado de un proceso social. Aquí hay que resaltar el papel destacado que desde la década de los ochenta tiene en el afianzamiento de esta perspectiva, un grupo de sociólogos anglosajones de la educación, vinculados a la perspectiva sociocrítica, como Tomlinson, Fulcher, o Barton[5]. Las respuestas a estas preguntas nos hicieron ver la influencia de la clase social, el género o la procedencia étnica para ser categorizados como *subnormal*, y permitieron desvelar los mecanismos de *reproducción* de la desventaja. Una aportación adicional de estos trabajos fue la de atemperar la dominación de los discursos y análisis meramente psicológicos en el ámbito educativo. Su limitación más evidente es que siendo muy acertados los análisis que nos ofrece sobre la sociedad y la enseñanza, no nos proporcionan ayudas prácticas para el profesorado a la hora de que éste se enfrente a su tarea cotidiana.

## 3. La aproximación curricular

Las *preguntas tipo* que surgen de este modelo vendrían a ser: ¿Cuáles son las necesidades educativas de mis alumnos? ¿Qué cambios o adaptaciones en el currículo –entendido en su acepción más amplia y no sólo como las materias y los contenidos de la enseñanza– se deben realizar para compensar las dificultades de aprendizaje de los alumnos?

---

[5] Un papel similar es el que realiza Mariano Fernández Enguita (1998, 2000).

Una concepción interaccionista del desarrollo y del aprendizaje, junto con toda la revolución curricular que se produce a partir de los años setenta, tiene como consecuencia un cambio de visión en el ámbito de las dificultades de aprendizaje y las necesidades especiales. Ya no es el alumno el que debe ser rehabilitado para adecuarse a un currículum prescrito, sino que es el currículo –para ello más abierto, relevante y flexible– el que debe adaptarse o diversificar en función de las necesidades individuales de cada alumno. Se toman en consideración otros ámbitos de diversidad más allá de lo meramente cognitivo, en particular todo lo referido a la motivación e intereses del alumnado, y seguramente pueda decirse que se inicia un proceso de *valoración de la diferencia*, que empieza a dejar de ser vista como algo negativo o rechazable y puede ser vista como un elemento de identidad[6]. El concepto de *interacción compensatoria* de Wedell (1989) es, a este respecto, ilustrativo de un optimismo pedagógico consustancial con la implantación de sistemas *comprensivos* de educación y con las políticas de *integración escolar*[7]. Por lo que respecta a la dimensión organizativa se apunta hacia la necesidad de organizaciones más *adhocráticas*, esto es, con mayor flexibilidad y capacidad de innovación y adaptación a una pluralidad de necesidades educativas del alumnado y al reconocimiento de la complejidad y dificultad de una acción educativa que busca atender a la diversidad del alumnado en el contexto de una enseñanza comprensiva.

## 4. Las estrategias de mejora escolar

*Las preguntas tipo* que surgen de este modelo vendrían a ser: si los centros tienen que asumir la escolarización de alumnos diversos, entonces deben estar organizados y funcionar adecuadamente para conseguir esa meta, por lo tanto, ¿cuáles son las características de los buenos centros, aquellos que consiguen un mejor rendimiento de sus alumnos? ¿cuáles son las condiciones que aseguran un funcionamiento eficaz de los centros? ¿cómo facilitar los procesos de mejora desde las condiciones actuales hacia aquellas que se consideran idóneas?

La preocupación por los factores organizativos en el ámbito escolar contribuye decididamente a resituar el análisis de cómo atender a la diversidad del alumnado, en un marco más global y sistémico de los que hasta entonces habían predominado (centrado en lo individual primero y en lo curricular después). En efecto, la aparición en los años noventa de la tradición investigadora sobre *el cambio*, las *escuelas eficaces* y los *planes de mejora* (Murillo y

---

[6] El movimiento asociativo de las personas sordas alrededor de la defensa de su "identidad cultural" vendría a ser un ejemplo prototípico de lo que se señala.

[7] Estimo que en buena medida éste es el modelo que inspira el proceso de integración escolar que se inicia en España a mediados de los años ochenta y veo claramente su influencia en los trabajos del entonces recién creado Centro Nacional de Recursos para la Educación Especial del MEC y en el posterior Centro de Desarrollo Curricular.

Muñoz Repiso, 2002; Stoll y Fink, 1999; AAVV, 2004 d) hace que la preocupación por la mejora de la enseñanza salga de los límites un tanto estrechos del currículo, para situarse en un plano en el que las cuestiones de organización, funcionamiento y cultura de los centros adquieren, junto a las anteriores, un protagonismo singular. Junto con estos aspectos hay que destacar también la reconsideración del papel del profesorado como profesionales reflexivos (Schön, 1992), con poder y capacidad para cambiar su práctica a través de proyectos colaborativos.

## 5. Los estudios críticos sobre la discapacidad

Las *preguntas tipo* que surgen de este modelo vendrían a ser: ¿Tienen algo que aportarnos otras disciplinas no educativas para ayudarnos a una mejor comprensión de lo que puede significar la educación inclusiva? ¿Cómo relacionamos en un análisis global las cuestiones de inclusión social en el empleo o en cuestiones de vivienda, por ejemplo, con la preocupación educativa?

Si Clough y Corbett denominan a esta última perspectiva *estudios críticos sobre la discapacidad* es porque siguen siendo los sociólogos de la discapacidad como Oliver (2000) los que continúan haciendo análisis muy críticos con relación a los *progresos* (más bien limitados progresos), que todavía se observan en el ámbito educativo y, en este sentido, su vigor es seguramente el mejor antídoto contra la complacencia que siempre estará sentada a la vera de este largo camino:

> "Tal vez haya marginalmente unos cuantos alumnos más con problemas físicos en la educación ordinaria... y unos cuantos menos con problemas conductuales y educativos en esos mismos centros, pero al final del día esas son cuestiones marginales porque las estructuras de poder permanecen virtualmente inamovibles e intocables, y yo pienso que, sin lugar a dudas, hay un número importante de barreras: hay barreras políticas, económicas..., profesionales. Los profesores, incluso los más brillantes y "de derechas", que no tendrían duda en reconocer la opresión que se ejerce sobre la base de la clase, el género o la raza, se muestran felices diciendo: "no me voy a hacer cargo de ese chico ciego" o "no voy a aceptar un chico sordo en mi clase, y ésta no es una cuestión política, sino de recursos"... y yo pienso que esos tipos de actitudes opresivas han cambiado extremadamente poco en los últimos 20 años o así" (Respuesta de Oliver a una entrevista en 1998. Citado en Clough y Corbett, 2000: 28).

Conviene dejar claro, como hacen Clough y Corbett, que los cambios en nuestra forma de pensar y responder a cuestiones como las que ahora nos ocupan, no son nunca ni tan lineales ni tan claros como cuando se presentan para su análisis. De hecho, frecuentemente las ideas y las prácticas de una determinada perspectiva permanecen en el tiempo; en otras ocasiones convergen con las siguientes en planteamientos y propuestas que tienen algo de todas ellas, en buena medida, porque tampoco se trata de posiciones que sean totalmente excluyentes. Por otra parte, aunque hay algo distinto en cada una de ellas, también es cierto que entre sí se solapan en ciertos aspectos. Por lo tanto, hay que resaltar que existe una relación dinámica entre varias perspectivas y que lo realista tal vez sea reconocer que las cinco ocupan –como ocurre en la actualidad– el mismo territorio, aunque cada una de ellas con diferente énfasis en unas cuestiones u otras, en parte compitiendo entre sí y, por tanto, con distinta popularidad y capacidad para dirigir las políticas educativas, sea a niveles *macro*, esto es, desde el punto de vista de la administración educativa competente, a niveles *meso* o de centro escolar, o a niveles *micro* de práctica de aula.

## EDUCACIÓN INCLUSIVA.
## ALGO MÁS QUE UN DERECHO Y UN LUGAR

Como ha señalado Dyson (2001a), cuyo esquema de análisis respecto a la educación inclusiva va a servirme de guía en el desarrollo de este apartado, la inclusión es un concepto muy resbaladizo en el contexto internacional y, de hecho, existe una amplia gama de discursos sobre la inclusión que interactúan de forma compleja, por lo que sería incluso más sensato hablar de *inclusiones* en plural para resaltar que no se trata de un concepto singular o monolítico. Por ello, tal vez sería más adecuado hablar de variedades o perspectivas sobre la inclusión, cada una de las cuales tiende a poner el énfasis en algún aspecto concreto que resaltaré en el análisis que sigue. Aunque también puede afirmarse que todas ellas tienen elementos en común que están desembocando en prácticas y proyectos orientados a conseguir que la educación escolar contribuya firmemente a la reducción de los procesos de exclusión social en los que se ven envueltos amplios colectivos de alumnos en situación de desventaja y, con ello, a equiparar sus oportunidades para favorecer su bienestar personal y social.

No es fácil, pero sobre todo tampoco me parece ahora muy relevante, establecer una cronología u orden en este proceso de avance hacia un educación más inclusiva, razón por la cual el orden en la presentación de estas perspectivas no debe identificarse con mayor o menor importancia de unas respecto a las otras.

Si hay un colectivo de alumnos y alumnas que, durante mucho tiempo, ha sido directa y llanamente excluido, *de entrada*, del sistema educativo ordinario ese es el alumnado con discapacidad. Como he señalado en el capítulo 1, la perspectiva dominante en la educación especial, durante muchas décadas, ha sido la que Fulcher (1989) ha llamado *individual* o Riddell (1996) *esencialista*, entendiendo por tal la creencia de que el déficit o los problemas de aprendizaje pertenecen al ámbito individual y son, por tanto, independientes del contexto social. A efectos educativos la labor de los profesionales es identificar y proveer los servicios que cubran las necesidades de los individuos que tienen determinadas categorías de dificultad. Desde esa concepción los servicios y las ayudas necesarias se prestan mejor en grupos homogéneos de alumnos con similares dificultades, pues con ello es más fácil rentabilizar los esfuerzos de especialización requeridos, tanto de personal como de medios y espacios. En consecuencia, la segregación en centros o unidades especiales y la adopción de un modelo psicomédico respecto a las intervenciones educativas han sido, como acabo de explicar en el apartado anterior, la tónica en la educación de la mayoría de este alumnado hasta más allá de la mitad del siglo XX.

Sin embargo *las buenas intenciones*[8] de estos planteamientos no han conducido, en absoluto, a los efectos deseados de emancipación, integración social y calidad de vida que, supuestamente, deberían haberse conseguido:

> "Las políticas económicas y sociales de la última década han hecho poco por mejorar la vida de los discapacitados, y mucho por empeorarla. A pesar de la retórica de "proteger" a los que más lo "merecen", a los "vulnerables" o "necesitados", gran parte de esa protección ha sido ilusoria" (Glendinning, 1991: 16).

La lucha y el esfuerzo de las personas con discapacidad y de las organizaciones que las representan por variar este panorama se remonta a la década de los años setenta y desde entonces y hasta hoy ha sido clave el concepto de *integración* (social, laboral, educativa,...), del que con suma frecuencia lo que más se ha resaltado es su dimensión ética, el *derecho* a ser admitido, a estar en los mismos espacios o a disfrutar de los mismos servicios que el resto de la población sin discapacidad. En los últimos años lo que se ha puesto de manifiesto, sin embargo, es que con frecuencia, ese derecho ha sido llevado a la práctica de manera restrictiva, entendiéndose que las personas (en este caso con discapacidad) debían luchar, casi de modo individual, por conseguir *integrarse* en la sociedad tal y como es, y al hacerlo capacitarse ellas mismas:

> "Es como si se quisiera que cambiasen las reglas del juego, de manera que pudieran jugar con los demás, más que cambiar el juego. Naturalmente, el problema es que, si el juego consiste en un individualismo posesivo en una sociedad que se rige por la competición y la desigualdad, las personas con discapacidades estarán inevitablemente en posición de desventaja, sin que importe cómo cambien las reglas del juego" (Oliver, 1996: 51).

Llevado al ámbito particular de la integración escolar, que como veíamos en el capítulo 1 había sido la pieza angular de la transformación ocurrida en la educación especial desde finales de los años ochenta, los análisis realizados han ido mostrando que no podemos darnos por satisfechos o sentirnos complacientes, en primer lugar, con el hecho de *integrar a algunos alumnos* en centros ordinarios

---

[8] Una interpretación alternativa a la de las "buenas intenciones" es la apuntada por Tomlinson (1982) para quien la extensión de la educación especial, lejos de reflejar una *"preocupación ilustrada"* por las necesidades individuales, estaba impulsada por un deseo de control y de dominio.

–que antes estaban en centros específicos–, como si el resto, que todavía permanece escolarizado en centros especiales, no tuviera ese mismo derecho básico[9] (Mittler, 2000).

Por otra parte, en muchos *centros de integración*, a la hora de la verdad, se han producido escasos o, a veces, nulos cambios respecto a su proyecto educativo, su organización y funcionamiento o sus prácticas de enseñanza (Ainscow, 2001; Jiménez y Vilá 1999; Carrión, 2001; Montiel, 2002; Jiménez, 2004), haciéndonos dudar seriamente sobre el efecto que para el progreso social, emocional y académico de muchos alumnos con *n.e.e.* habrá tenido o estará teniendo el hecho de *estar integrados*.

De ahí es que se ha ido fraguando la necesidad de ir cambiando el discurso de la integración por otro nuevo, *la inclusión*, que nos haga pensar que la mejora en la educación del alumnado con necesidades educativas especiales no es una mera cuestión de *localización* (siendo ésta necesaria), ni de mera proclamación de un derecho a no ser segregado (que es inalienable para todos), sino de un proceso de transformación profunda de los centros escolares y, lo que es más importante, del sistema educativo en su conjunto, que termine por crear *"un juego nuevo"*, por seguir con un símil de Oliver.

El hecho de que estos análisis procedan, en buena medida, del mundo de la *educación especial* ha tenido el inconveniente de que algunos tal vez estén pensando que esta cuestión de la educación inclusiva es una nueva etiqueta de los académicos para referirnos a la *educación especial de siempre* y que, por lo tanto, sólo tiene que ver con el alumnado con necesidades educativas especiales, al igual que la inclusión no sería sino un sinónimo *postmoderno* para la integración.

Es evidente que estamos ante unas propuestas que van mucho más allá de un simple cambio de términos y que bien puede decirse que afectan, de un modo u otro a todos los alumnos y alumnas, como queda de manifiesto si analizamos esta cuestión desde otra perspectiva.

## LA EDUCACIÓN INCLUSIVA COMO EDUCACIÓN PARA TODOS

Con mucha frecuencia se habla y se lee que la educación es un derecho y una necesidad para *todos* y que todos los alumnos y alumnas deben disfrutarlo en igualdad de condiciones. Pero cuando se profundiza en las explicaciones que se ofrecen al respecto, lo que se observa es que ese *"todos"* es, para algunos de sus defensores, un eufemismo que viene a significar *"para la mayoría"* o *"para muchos"*, en el sentido de que habría *"algunos"* alumnos que, por un motivo u otro, van a quedar fuera de esa aspiración universal.

---

[9] Es muy significativo a este respecto el lenguaje cotidiano que se utiliza en estos ámbitos, según el cual determinados alumnos con *n.e.e.* "son" de integración y otros no. Como si estar o no integrado fuera algo que dependiera en esencia de una condición personal.

Sin embargo quien sin ambigüedades y desde hace más de 15 años se viene preocupando especialmente porque ese *todos* represente realmente a todos los alumnos y alumnas *sin exclusiones* es la UNESCO, bien por sí misma o en cooperación con otras agencias internacionales (UNESCO, 1994, 1997, 2003; ICFEfA, 2000). Y ese énfasis en el *todos* tiene que ver, en primer lugar, con la idea de intentar no desvincular de los procesos globales de ampliación y mejora de la educación escolar (que la UNESCO trata de promover como mecanismo de emancipación y progreso de todos los pueblos del planeta), con la preocupación por el alumnado más vulnerable (y no sólo por razones de discapacidad), que por ese motivo suelen sufrir una doble o triple discriminación[10]. Esta preocupación tiene su primer punto de apoyo en 1990 en la Conferencia de Jomtien, Tailandia, y en la puesta en marcha del proyecto conocido como *Educación para Todos (EPT)* (Torres, 2000). Ha de señalarse que los presupuestos de dicho proyecto fueron revisados en Dakar, Senegal, en el año 2000, así como sus logros e incumplimientos y que sus principales objetivos han vuelto a ser planteados como metas para el año 2015.

La segunda razón para enfatizar la idea de que los sistemas educativos deben *incluir* a todos los alumnos, estriba en la necesidad de dar la bienvenida y respetar las diferencias entre ellos, bien sea por razones de género, procedencia, etnia, capacidad o cualquier otra. La inclusión, entendida como respeto por la diversidad del alumnado en los centros escolares, vendría a ser una base necesaria para una sociedad igualmente incluyente y respetuosa con la diversidad de sus ciudadanos y, por ello, seguramente mucho más cohesionada y democrática.

La tercera razón para impulsar una educación para todos con una *orientación inclusiva* estaría vinculada a una cuestión de recursos: las escuelas inclusivas vendrían a ser no sólo una opción ética y socialmente deseable, al tiempo que eficaces pedagógicamente hablando, sino también rentables y útiles para promover la educación de todos y con ello promover el desarrollo sostenido y la estabilidad de las naciones que más lo necesitan. Desde esta perspectiva la prioridad sería la de asegurar que existiesen escuelas suficientes para acoger a toda la población, que todos los grupos tuvieran acceso a dichas escuelas y que la calidad de éstas fuera adecuada para ofrecer una educación básica.

"El desarrollo de escuelas inclusivas –escuelas capaces de educar a todos los niños– no es por lo tanto únicamente una forma de asegurar el respeto de los derechos de los niños discapacitados de forma que accedan a uno u otro tipo de escuela, sino que constituye una estrategia esencial para garantizar que una amplia gama de grupos tenga acceso a cualquier forma de escolaridad" (Dyson, 2001a: 150).

---

[10] Véase el caso de las niñas en regiones remotas de países con menor desarrollo que, a la falta de infraestructura escolar que limita su acceso y permanencia en el sistema escolar, deben añadir la discriminación de género que padecen y que les lleva a tener que abandonar tempranamente la escuela para cumplir tareas domésticas o de otro tipo.

En este contexto es importante resaltar de nuevo que la *Conferencia Mundial de Salamanca sobre Necesidades Educativas Especiales. Acceso y Calidad* (UNESCO, 1994) se sitúa a caballo entre los planteamientos renovadores de la educación especial y el *alumbramiento* de este nuevo paradigma que estamos llamando educación inclusiva. Algunos de los principios establecidos en el Marco de Acción son, a estos efectos, muy ilustrativos, como el que hace referencia a los alumnos por los que se estaba trabajando:

> "3. El principio rector de este Marco de Acción es que las escuelas deben acoger a todos los niños, independientemente de sus condiciones físicas, intelectuales, sociales, emocionales, lingüísticas u otras. Deben acoger a niños discapacitados y niños bien dotados, a niños que viven en la calle y que trabajan, niños de poblaciones nómadas o remotas, niños de minorías lingüísticas, étnicas o culturales y niños de otros grupos o zonas desfavorecidas o marginados... Las escuelas tienen que encontrar la manera de educar con éxito a todos los niños, incluidos aquellos con discapacidades graves... El mérito de estas escuelas no es sólo que sean capaces de dar una educación de calidad a todos los niños; con su creación se da un paso muy importante para intentar cambiar actitudes de discriminación, crear comunidades que acojan a todos y sociedades integradoras" (UNESCO, 1994: 59-60).

Si de la primera perspectiva respecto a la inclusión cabría resaltar, sobre todo, su énfasis en *el derecho* que asiste a determinados alumnos a una educación no segregada, de ésta cabría enfatizar su dimensión de *estrategia*, de *política educativa* para los países, a los efectos de tratar de garantizar un amplio conjunto de objetivos educativos y sociales. Pero con todo y con ello cualquier estrategia es ineficaz si finalmente no consigue mejorar cualitativamente la respuesta educativa que se oferta a los alumnos. Esto es, *la educación inclusiva* no puede dejar de hacer preguntas del tipo: ¿cómo son educados los niños?, ¿aprenden o no aquello que consideramos necesario?, ¿hasta que punto participan en los procesos educativos?, ¿qué condiciones están favoreciendo o perjudicando sus logros? Estas preocupaciones son las que han llevado, especialmente a algunos autores, a la consideración de la inclusión como *participación*.

## LA EDUCACIÓN INCLUSIVA COMO PARTICIPACIÓN

Han sido Tony Booth y Mel Ainscow (1998:2), dos de los académicos con mayor relevancia en este ámbito, quienes han visto necesario presentar la inclusión como:

> "El proceso de aumentar la participación de los alumnos en el currículo, en las comunidades escolares y en la cultura, a la vez que se reduce su exclusión en los mismos".

Su definición nos hace prestar atención a varios aspectos de suma importancia. En primer lugar, a que la inclusión o la exclusión *no son estados* o situaciones definitivas, sino un *proceso* en el que ambos extremos, inclusión-exclusión, están en continua tensión, de forma que el avance hacia uno, sólo se puede producir por la reducción significativa del otro. Eso nos hace, en segundo lugar, situarnos ante la perspectiva de que **no hay un patrón o modelo fijo para una educación inclusiva,** sino que estamos frente a *"escuelas en movimiento"* (Ainscow, 1999b), que tienen ante sí *un viaje* hacia la mejora de su capacidad de responder a la diversidad, viaje que, en cierta medida, nunca termina. En tercer lugar, existe una preocupación explícita respecto al aprendizaje (en su definición en términos de *participación en el currículo*), en el sentido de que los alumnos más vulnerables o sujetos a presiones excluyentes no sólo deben estar en las escuelas ordinarias, sino que *deben aprender* lo máximo posible mientras están allí. Por último su definición deja entrever el *carácter sistémico* de un proceso que afecta tanto a la comunidad, en su más amplio sentido, como a los centros escolares con los que aquélla cuenta. Al mismo tiempo el avance hacia una mayor inclusión de todo el alumnado es un proceso con implicaciones en su *"cultura"*, en sus *"políticas"* y en sus *"prácticas de aula"*. Por tanto se trata de un planteamiento que va mucho más allá de una mera cuestión de apoyos puntuales a determinados alumnos, y que tiene mucho más que ver con un proceso de reestructuración profunda de los centros escolares.

En sintonía con el papel central de *la participación* en esta perspectiva, un concepto nuclear en todo su planteamiento, está el que la labor de transformación de los centros escolares pasa por detectar y tratar de eliminar o minimizar las *"barreras para el aprendizaje y la participación"* existentes en los distintos planos de la acción educativa. Con ello buscan enfatizar la perspectiva social o contextual que se debiera adoptar respecto a las dificultades de aprendizaje, un enfoque que no queda resaltado en el concepto de *"necesidades educativas especiales"*, razón por la cual estos autores abogan por que no se siga utilizando:

> "La "inclusión" o la "educación inclusiva" no es otro nombre para referirse a la integración de los alumnos con necesidades educativas especiales. Implica un enfoque diferente para identificar e intentar resolver las dificultades que aparecen en los centros. El concepto necesidades educativas especiales no se utiliza en este documento debido a que consideramos que el enfoque con que se asocia tiene limitaciones como modelo para resolver las dificultades educativas y puede ser una barrera para el desarrollo de prácticas inclusivas en los centros educativos. Ya que, al "etiquetar" a un alumno con *n.e.e,* puede generar expectativas más bajas por parte de los docentes, y además esta práctica se centra en las dificultades que experimentan los alumnos que están "etiquetados". Lo que puede desviar la atención de las dificultades experimentadas por otros alumnos. Es decir, algunos docentes piensan que la educación de los estudiantes clasificados como con necesidades educativas especiales son fundamentalmente responsabilidad de un especialista...

El uso del concepto "barreras al aprendizaje y la participación" para definir las dificultades que los estudiantes encuentran, en vez del término "necesidades educativas especiales", implica un modelo social frente a las dificultades de aprendizaje y la discapacidad. ...De acuerdo al modelo social, las barreras al aprendizaje y a la participación aparecen a través de una interacción entre los estudiantes y sus contextos; la gente, las políticas, las instituciones, las culturas, y las circunstancias sociales y económicas que afectan sus vidas" (Booth y Ainscow, 2000: 18-20).

Merece la pena indicar que en los últimos años, estos autores han centrado buena parte de su trabajo en facilitar a los centros escolares herramientas conceptuales y prácticas para evaluar las barreras de todo tipo y a todos los niveles que impiden esa participación, y en proponerles estrategias de cambio e innovación que les acerquen a esa meta (Ainscow *et al,.* 2001). Ese es el contenido, precisamente, de uno de sus trabajos más recientes y de más amplia difusión: *Index for Inclusion* (Booth y Ainscow, 2000). En el capítulo 5 haré una presentación detallada de la estructura  y utilización de este instrumento, que un grupo de profesores y profesoras hemos traducido y adaptado para su utilización entre nosotros (Sandoval, López, Miquel, Durán, Giné y Echeita, 2002[11]).

La inclusión como participación entronca, en último término, con la creciente importancia que para el aprendizaje y, en última instancia, para la *calidad de vida* de las personas tienen las dimensiones relacionales y afectivas o de equilibrio personal. En efecto, así lo han reconocido los estudios dedicados a analizar los procesos que contribuyen a dar *sentido* al aprendizaje (Miras, 2001), y que se encuentran vinculados al *sistema del yo* (autoestima, "yo posibles", motivación, atribuciones,...), tanto como los que han reconocido el papel que el bienestar personal, la autodeterminación y el sentido de pertenencia o inclusión tienen para la calidad de vida de las personas (Schalock y Verdugo, 2003). No está de más recordar, por otra parte, que una de las principales novedades que aporta la nueva clasificación del funcionamiento de la discapacidad y la salud, la CIF (OMS, 2001) es precisamente la toma en consideración de la participación de la persona en su contexto social como uno de los ámbitos prioritarios a valorar cuando se habla de discapacidad y que ha ocurrido exactamente lo mismo cuando se ha revisado la conceptualización sobre la discapacidad intelectual en la nueva definición de la AAMR (2004), en esta ocasión bajo el punto de vista del *estatus comunitario* de tales personas.

Entre las acepciones que la palabra "participar" tiene en el diccionario de la RAE se encuentran la de *"tomar uno parte en una cosa"* y la de *"recibir una parte de algo"*. Se trata, por lo tanto, de un sinónimo de *estar, dar* y *recibir,* tres

---

[11] Ya hay disponibles traducciones al catalán y al euskera. Ver http://www.consorcio-educacion-inclusiva.es/ (Consulta 10 julio 2014).

dimensiones que la aspiración por una educación más inclusiva quiere conseguir para todo el alumnado: *estar* con otros compartiendo experiencias educativas enriquecedoras para todos; *dar* u *ofrecer,* entre muchas posibles cosas, el testimonio y la riqueza de su singularidad, y *recibir* de aquellos con los que se comparte un espacio y un tiempo en común, apoyo, comprensión y estima.

## LA EDUCACIÓN INCLUSIVA COMO VALOR

La educación inclusiva es además de todo lo anterior, o tal vez en primer lugar, una cuestión de *valores,* una opción sobre la educación que queremos para nuestros hijos y sobre el tipo de sociedad en la que nos gustaría vivir:

"Yo preferiría que mis hijos estuvieran en una escuela en la que desearan las diferencias, en las que se les prestara atención y se celebraran como buenas noticias, como oportunidades de aprendizaje. La cuestión que preocupa a mucha gente es: ¿cuáles son los limites de la diversidad (en el ámbito escolar) a partir de los cuales una conducta es inaceptable?... Pero la pregunta que me gustaría que se planteara más a menudo es: ¿cómo podemos hacer un uso consciente y deliberado de las diferencias de clase social, género, edad, capacidad, raza, e interés como recursos para el aprendizaje?... Las diferencias encierran grandes oportunidades de aprendizaje. Las diferencias constituyen un recurso gratuito, abundante y renovable. Me gustaría que nuestra necesidad compulsiva de eliminar las diferencias se sustituyese por un interés igualmente obsesivo por hacer uso de ellas para mejorar la enseñanza. Lo importante de las personas -y de las escuelas-, es lo diferente, no lo igual" (Robert Barth, 1990, citado por Stainback, 2001a).

"Para nosotros inclusión no es una cuestión simplemente de localización o de cambios en el currículo; no es algo que uno hace solamente de 8'30 a 16'00. Inclusión es más que un método, una filosofía o una agenda de investigación. Es una forma de vida. Es acerca de "vivir juntos". Es acerca de "dar la bienvenida al extranjero que regresa" y hacernos partícipes de nuevo de la totalidad. Simplemente creemos que inclusión es una forma mejor de vivir. Es lo contrario a segregación y apartheid. "Inclusión" determina donde vivimos, recibimos educación, trabajo y diversión. Es cambiar nuestros corazones y nuestros valores. Si incluimos a todos no es una cuestión de ciencia o investigación. Inclusión es un juicio de valor. Nuestros valores están claros. Los educadores tienen que demandar y pelear por un sistema educativo público que proporcione una educación con calidad y equidad para todos. El reto tiene que ser alcanzado. No debería "suavizarse" por más tiempo este tema". Pearpoint y Forest (1992), prólogo en Stainback y Stainback (1994).

"Nuestra hija Shawntell no se levantará un día con todas las competencias y habilidades que necesita para vivir independientemente. La realidad es que durante los últimos nueve años hemos estado enseñando a Shawntell a utilizar el cuarto de baño. Se puede decir que en estos momentos es competente a un 58%. Esto representa un progreso muy significativo en su capacidad, pero ella nunca alcanzará un éxito completo. Lo mismo ocurre con muchas otras áreas como comer independientemente, caminar y comunicarse. Aunque ha aprendido cosas importantes, y lo continuará haciendo, la cuestión que nos planteamos es la siguiente: ¿será capaz nuestra hija de mantenerse en la comunidad con las cosas que ha aprendido? La respuesta, mucho nos tememos, es no. Imagina ahora que hubiera adquirido todas esas competencias, ¿haría esto que todo fuera perfecto? De nuevo la respuesta es no. La capacidad de uno para saber cosas o mostrar destrezas no es el papel de tornasol que mide la capacidad para ser un miembro activo de la comunidad y tener amigos. Nosotros creemos que lo que importa, es intentar ser la mejor persona que puedas ser y tener gente que te acepte tal cual eres, con tus fortalezas y debilidades. Si tú puedes aceptar a la gente por lo que son y no por lo que queremos que sean, nuestras comunidades se habrán movido a una considerable distancia. En el análisis final que hacemos, resulta insignificante si Shawntell desarrolla o no todas las competencias y destrezas del mundo. Lo que es importante es que sea cuidada por otro ser humano. Si Shawntell va a ser un miembro integral de su comunidad, necesitará apoyarse en aquellos amigos que quieran implicarse con ella, porque simplemente sean sus amigos". Strully y Strully (1985), citado en Stainback y Stainback (1994: 66).

El ideal de la escuela inclusiva desde esta perspectiva –si por un momento pudiéramos detener el proceso al que antes aludíamos– sería el de un lugar en el que todos sus miembros, tanto los alumnos como los adultos, se sintieran acogidos y miembros de pleno derecho, valorados e importantes para su comunidad, donde nadie, por aprender de una forma distinta o porque tuviera características singulares de uno u otro tipo, se situara por encima o por debajo de los demás y donde todos estuvieran llamados a aprender lo máximo posible en relación a sus intereses, capacidades y motivaciones. La pequeña comunidad escolar así construida vendría a ser el sustento de los atributos de una sociedad verdaderamente humana y democrática.

## LA EDUCACIÓN INCLUSIVA COMO GARANTÍA SOCIAL

Como apuntaba al inicio de este capítulo, la inclusión social (y, por lo tanto, la exclusión) son conceptos que en los últimos años se han situado en la primera línea de los debates sobre pobreza y personas desfavorecidas en gran parte de la UE. Los trabajos del sociólogo Anthony Giddens al respecto son bien conocidos y Dyson (2001a) recoge la definición que él hace de estos conceptos:

"La nueva política define la igualdad como inclusión y la desigualdad como exclusión, a pesar de que ambos conceptos necesiten de alguna explicación adicional. La inclusión se refiere, en su sentido más amplio, a la ciudadanía, a los derechos civiles y políticos, como una realidad en sus vidas. También se refiere a las oportunidades y a la participación en el espacio público. En una sociedad en la que el trabajo sigue siendo vital para la autoestima y el nivel de vida, el acceso al trabajo es un contexto importante para tales oportunidades" (Giddens, 1998: 102-3).

Ahora bien, desde mediados de los años noventa el sistema productivo ha venido culminando su reorganización saliendo de la crisis de su modelo industrial y emergiendo el nuevo modelo de *desarrollo informacional* (AAVV, 2002a). Los acelerados cambios tecnológicos y sociales han acabado transformando y sustituyendo la vieja economía de base industrial, en la que muchos podían tener una escasa cualificación, por una nueva economía basada en el conocimiento, la flexibilización del trabajo y la innovación continua. Del año 1994 al año 2000, los llamados empleos informacionales, que requieren una alta cualificación y una buena base profesional, crecen en la UE a un ritmo tres veces superior que el resto. En definitiva, están en declive todos los empleos manuales y los poco cualificados, y por ello los jóvenes que no completen una titulación profesional (no digamos los que no tengan siquiera la titulación básica) se hallarán expuestos a un mayor riesgo de precariedad laboral y, por tanto, estarán en mayor riesgo de exclusión social. En esa situación parece que se encuentran ya un 20% de los jóvenes europeos, que sólo tienen estudios básicos, un 8% de los cuales se siente completamente excluidos. Un núcleo duro de tres millones de jóvenes que puede ir en aumento y contribuyendo –bien a su pesar– al riesgo de fractura social si la educación obligatoria, en lugar de tratar de remediar esta situación, la confirma actuando como se apuntaba al inicio de este capítulo, como generadora de más exclusión.

Pero la complejidad social creciente también reclama ciudadanos capaces de comprender y evaluar problemas y alternativas, así como gestionar asuntos sociales complicados. A este respecto Darling-Hammond (2001: 71) dice:

> "La educación pública, que no es otra cosa que el desarrollo de una población inteligente y de una inteligencia popular, requiere que todos los individuos tengan acceso a una buena educación, que los prepare para debatir y decidir entre diferentes ideas, sopesar el bien común y el individual y elaborar juicios que contribuyan a sostener las instituciones e ideales democráticos".

En definitiva una sociedad, como la nuestra, no debería permitirse el hecho de que más de un 25% de sus jóvenes se incorpore, en precario, al mundo laboral desde las filas del fracaso escolar. En este sentido hablar de educación inclusiva es hablar de un mecanismo de *garantía social* para todos. Para ello, una vez más surge la evidencia y la urgencia de la necesidad de *repensar* la educación básica (y la postobligatoria también) para facilitar la formación de la inmensa mayoría de los jóvenes en aquellas competencias de orden intelectual, social y moral, que van a ser determinantes en la nueva sociedad de la información y para convertirla en un mecanismo igualador e inclusivo a largo plazo.

Desde esta perspectiva es interesante resaltar que la inclusión se debe ver como algo que va más allá del cumplimiento de un derecho a estar y participar en la vida escolar, para llegar a preocuparse intensamente por el *logro*. Los estudiantes no pueden considerarse incluidos hasta que no adquieran las aptitudes necesarias para ejercer sus derechos de ciudadanía y para tener acceso a un empleo digno. En este contexto Dyson (2001b) nos plantea, con la honestidad intelectual que le caracteriza, si por ello no debiéramos repensar el peso que en el concepto de inclusión que estamos manejando se atribuye al hecho de *estar y participar* –con el efecto de un más que posible detrimento de los logros y resultados académicos de los alumnos–, frente a la capacidad de *reenganchar* en el aprendizaje a los grupos de alumnos más marginados y vulnerables, e independientemente de si este reenganche ocurre en el contexto del currículo, la clase o el centro *ordinario*.

Parece claro, en definitiva, que la educación inclusiva significa cosas distintas, para distintas personas en distintos contextos. En cualquier caso no se trata de perspectivas incompatibles o alternativas, sino más bien lo contrario. Entre todas configuran, sobre todo, una clara *orientación* respecto al cambio de rumbo que debieran seguir los sistemas educativos en el siglo que estamos y con el aporte de todas ellas se pueden establecer algunos principios y criterios que, sin duda alguna, facilitarán el inicio y el desarrollo sostenible de proyectos de innovación educativa con dicha orientación.

Hasta aquí y de la mano del esquema propuesto por Dyson (2001a), he pretendido dejar constancia de algunas perspectivas o dimensiones que conviene no olvidar cuando se habla de educación inclusiva. En último término parece claro ahora que en estos momentos no existe una definición unívoca y compartida de lo que ello significa y en mi opinión se trata de un constructo que cumple, más bien, un papel de aglutinador de muchos aspectos diferentes (aunque complementarios entre sí), vinculados a la tarea de cómo (y por qué) tratar de alcanzar en los sistemas educativos el equilibrio entre lo que debe ser común (*comprensividad*) para todos los alumnos y la necesaria *atención a la diversidad* de necesidades educativas derivadas de la singularidad de cada alumno, sin generar con ello desigualdad ni exclusión. Es cierto, no obstante, que en la literatura al respecto[12] y tanto en el ámbito anglosajón como entre nosotros, buena parte de esas propuestas han aparecido y siguen apareciendo, no obstante, bajo la referencia explícita de educación inclusiva o similares (Amstrong, Amstrong y Barton, 2000; Ainscow, 2001; Arnáiz, 2003; Carrión, 2001; Daniels y Gartner, 2001; Dyson 1999; Dyson y Millward, 2000; Frederickson y Cline, 2002; Moriñas, 2004; López Melero, 2004; Marchesi, 1999; Mittler, 2000; Ortiz, 2000; Porter, 2001; Stainback y Stainback, 1996, 2001 a,b; UNESCO, 2001 a,b; Wang y Reynolds, 1996; Wedell, 1995).

Ahora bien, opino que también podrían ampararse bajo esta denominación de *educación inclusiva* otras iniciativas que en las últimas dos décadas han centrado su interés y sus esfuerzos en mejorar la educación del alumnado en desventaja y la convivencia en los centros, aportando propuestas creativas – pero con el apoyo de la investigación educativa más rigurosa– a ese complejo dilema entre comprensividad y diversidad anteriormente aludido. No

---

[12] Puede consultarse la revista electrónica *International Journal of Inclusive Education*.

estoy proponiendo, ni mucho menos, que cada una de ellas pierda su identidad y sus referencias bajo una denominación única. Lo que quiero es resaltar lo que de común y positivo hay en las mismas para dotarnos de esquemas y principios que dirijan nuestro pensamiento y nuestras prácticas hacia las metas apuntadas.

## ALIADOS PARA UN MISMO FIN

Si la *educación especial* ha sido concebida como la educación del alumnado con discapacidad, la *educación compensatoria* se ha entendido durante mucho tiempo como la educación de otros alumnos también especiales, en este caso por razones de su procedencia (de origen extranjero), de su etnia (gitanos), de su situación social/familiar (marginación, pobreza) o por la peculiar situación laboral de sus progenitores (temporeros, feriantes). De ahí que, más allá de su denominación, en ambos casos la respuesta educativa haya sido semejante, esto es, acudiendo a un profesorado supuestamente especializado en el que depositar el trabajo con estos alumnos (*profesorado de compensatoria*), recurriendo con frecuencia a prácticas excluyentes (véase en nuestro contexto las llamadas, hasta hace bien poco, *aulas taller* y las recientes *aulas de enlace*[13]), utilizando currículos reducidos, centrados supuestamente en lo *básico o elemental* y, todo ello, con el triste logro de mantener, finalmente, el *statu quo* del sistema escolar establecido y, a la larga, reproducir las desigualdades que se pretendían compensar.

De las múltiples críticas a estos planteamientos han surgido iniciativas que han planteado la educación de este alumnado bajo otras premisas y que han conseguido resultados más alentadores. Tal es el caso, en primer lugar, del *Programa de Desarrollo Escolar (School Development Program)*, diseñado por James Comer de la Universidad de Yale (Comer, 1968, 1998, 2001), fruto de la demanda de colaboración de esa universidad con dos escuelas primarias de New Haven, que tenían muy bajo rendimiento escolar y muchos problemas de convivencia. Los esfuerzos de este programa se dirigen a promover un clima escolar positivo estableciendo, por una parte, vínculos adecuados entre los padres, profesores y alumnos, y ajustando el aprendizaje de cada alumno con sus expectativas futuras. Este programa se ha configurado como una alternativa estimulante para las escuelas en contextos sociales desfavorecidos hasta el extremo de que ha sido implantado en más de 250 centros escolares de Primaria y Secundaria en EEUU.

Con un origen similar se encuentra el programa de las *Escuelas Aceleradas (Accelerated schools)*, surgidas también en EEUU en el año 1986 por iniciativa de Henry Levin, profesor de la Universidad de Stanford, como respuesta a la insatisfacción que le producían los esquemas educativos vigentes y en espe-

---

[13] En la Comunidad Autónoma de Madrid.

cial para los alumnos procedentes de grupos sociales desfavorecidos (Levin, 1994). Según nos indican Bernal y Gil (1999), las *escuelas aceleradas* fundamentan su propuesta en tres principios básicos:

- Conjugar los esfuerzos de padres, profesores, directores, alumnos, administradores y la comunidad local en un esfuerzo común.

- Implicar a todos los miembros en las principales decisiones que se tomen en el centro y compartir la responsabilidad de desarrollarlas y de evaluar sus resultados.

- Construir la escuela compartiendo y utilizando los recursos de la comunidad.

En "lo práctico" se apuesta por metodologías participativas y activas (tipo proyectos), en las que se valora especialmente la autonomía de los alumnos; por la presencia de varios adultos en el aula, aunque siempre hay un tutor de referencia, lo que permite reducir la ratio profesor-alumno a valores de 1/10; por la opción por centros pequeños con una gestión democrática y participativa, o la cooperación de las familias –a través de una especie de contrato–, con lo cual se refuerza, entre otras cosas, la capacidad de la propia escuela para atender a sus iniciativas y necesidades.

El conjunto de proyectos denominados *Educación para Todos* (*Education For All)* impulsado por los profesores Robert Slavin y Wade Boykin (Slavin, 1996; Slavin y Madden, 2001 a,b) desde el *"Centro de investigación para la educación del alumnado en riesgo"*, en la Universidad Johns Hopkins de EEUU, es otro ejemplo de iniciativas volcadas en la educación del alumnado en desventaja de cuyos logros cabe decir, entre otras muchas cosas positivas, que se encuentran fundamentados en una rigurosa y extensa investigación educativa que se prolonga ya por más de tres décadas.

"Se está produciendo una revolución silenciosa respecto a la forma de entender y llevar a la práctica la educación. Desde sus inicios, la educación ha buscado clasificar a los alumnos en diferentes categorías –en grupos de alto, medio y bajo rendimiento, como superdotados, como alumnos de educación especial, etc.–. Este paradigma clasificador todavía sigue presente, pero está empezando a ser cuestionado desde los frentes de la investigación, la política y la práctica... Una alternativa a este paradigma es el basado en la creencia de que todos los alumnos pueden aprender hasta llegar a altos niveles. Desde este punto de vista, la responsabilidad de las instituciones educativas es la de mantener para todos sus alumnos altas expectativas de rendimiento y proporcionarles instrucción de alta calidad diseñada para satisfacer las necesidades de diversos grupos de alumnos, secundada con servicios de apoyo adecuados que propicien alcanzar el éxito. Un nombre para este paradigma alternativo es el de "desarrollo del talento" ("talent development")... pero otra forma de expresar la misma idea es la de "éxito para todos" ("success for all"), que es el nombre de un programa de reestructuración escolar que mis colegas y yo hemos desarrollado e investigado, pero que es también una declaración filosófica respecto a nuestro trabajo: la idea de que las escuelas tienen que estar organizadas no tanto para el simple avance de todos los alumnos desde su punto de partida, sino para elevar al máximo el rendimiento de todos los alumnos, incluidos aquellos que están en situación de riesgo por factores sociales, institucionales, familiares o personales" (Slavin, 1996: 1).

El programa ha sido el resultado del progreso tanto en la investigación psicopedagógica sobre los factores y condiciones que inciden en los procesos instruccionales, como en la evolución de la comprensión sobre los niveles o ámbitos en los que se ha de incidir, pasando por ello de unas propuestas centradas en cuestiones como el aprendizaje cooperativo (Slavin, 1985), esto es, centradas básicamente en el trabajo de aula, a propuestas de carácter sistémico y globales como es el caso de los programas de *La escuela cooperativa* (*Cooperative School*) (Slavin, 1987), *Éxito para todos* (*Success for all*), centrada en la mejora de la lectura, o *Raíces y Alas* (*Roots and Wings*), en el que se trabajan también las áreas de sociales, matemáticas y ciencias, (Slavin y Maden, 2001a). El resultado de esta evolución es una propuesta compleja y ambiciosa en la que, junto al trabajo sobre contenidos curriculares específicos, se incide en las siguientes dimensiones y niveles:

- Un amplio uso del aprendizaje cooperativo para todas las actividades académicas.

- Utilización de programas altamente estructurados para la enseñanza y el aprendizaje de la lectura (por el carácter central que se concede a este aprendizaje para el futuro éxito de todos los alumnos).

- Utilización de estrategias de enseñanza colaborativa (*peer coaching*) entre el profesorado.

- Reestructuración de los servicios y profesores de "educación especial" de forma que se potencie la inclusión y participación del alumnado con mayores dificultades en las aulas y en las actividades ordinarias.

- Promoción de estrategias de dirección y gestión escolar de carácter colaborativo y participativo.

- Implicación de las familias en la vida de los centros y en los procesos de planificación y desarrollo educativo.

A los efectos de los análisis que estoy haciendo en este capítulo, lo destacable de este programa, sujeto por otra parte a un riguroso plan de investigación de sus resultados, es el hecho de que (al igual que los anteriormente descritos) han puesto la preocupación por el alumnado en desventaja (sea por razones sociales, de capacidad o étnicas) en *el centro* de sus objetivos y han demostrado, suficientemente, que al actuar así han conseguido no sólo el progreso de éstos, sino el del conjunto de los alumnos; esto es, han venido a confirmar aquello de que la *"búsqueda de la equidad puede ser el mejor camino para la calidad"* (Skrtic, 1991: 34).

Entre nosotros, y promovidas por Flecha (1997) el programa más directamente vinculado con estas cuestiones es el de las llamadas *Comunidades de Aprendizaje* (AAVV, 1998; 2002d; Elboj, Puigdellivol, Soler y Valls, 2002; Marín y Soler, 2004) que se ha nutrido, en buena medida, de las experiencias anteriores, pero que ha incorporado también elementos propios de gran importancia como es el relativo al énfasis en el *"aprendizaje dialógico"* como elemento central para la creación de un clima de convivencia, capaz de prevenir y de paliar, en su caso, las situaciones de conflicto/indisciplina/agresividad tan habituales en los centros (Vargas y Flecha, 2000). Las Comunidades de Aprendizaje se definen como:

> "Un proyecto de transformación social y cultural de un centro educativo y de su entorno para conseguir una sociedad de la información para todas las personas, basada en el aprendizaje dialógico, mediante una educación participativa de la comunidad, que se concreta en todos sus espacios, incluido el aula" (Elboj, Puigdellivol, Soler y Valls, 2002: 74).

y se fundamentan en una serie de propuestas y principios entre las que se incluyen las siguientes:

- La opción por el *diálogo igualitario* como procedimiento, frente a la imposición, para la resolución de los conflictos y las controversias, y para facilitar el cambio hacia los objetivos y prioridades de un centro. El diálogo igualitario se produce cuando se valora las aportaciones de cada participante en función de los argumentos de validez que expone y no de su estatus previo.

- El principio de que *entre todos podemos*, esto es, que la fuerza y el conocimiento necesario para la transformación de los centros escolares está dentro de ellos mismos y no fuera.

- La apuesta por la inclusión de las diferencias en clase y no por la separación, lo cual se consigue a través de *grupos interactivos* de aprendizaje en los que se busca *acelerar* y potenciar el aprendizaje de quienes están en desventaja, con la ayuda y participación de cuantas personas estén dispuestas a colaborar con el centro en la consecución de sus metas.

- El principio ético *de querer para todos los alumnos lo mismo y al mismo nivel que los académicos queremos para nuestros hijos.*

- El *énfasis en la comunidad* y, muy especialmente, en las familias, potenciándolas y enriqueciéndolas en sus capacidades y en sus saberes, por el efecto multiplicador que tienen sobre las posibilidades de aprendizaje de sus hijos.

- El *aprendizaje dialógico* en el que se aglutina buena parte de lo que se persigue en estos centros escolares.

"El aprendizaje dialógico incluye, en una misma dinámica, el desarrollo de las competencias instrumentales necesarias para subsistir en la sociedad informacional y de los valores requeridos para afrontar solidariamente la vida en ella... Cuando las niñas y niños trabajan en grupos interactivos aprenden al mismo tiempo matemáticas y solidaridad... Ayudándose unos a otros, teniendo como objetivo personal el aprendizaje de todas y todos, se está construyendo la base en la que pueden asentarse adecuadamente los discursos pacifistas y solidarios" (Vargas y Flecha, 2000: 85).

Hay que señalar que en absoluto se trata de una propuesta simplemente teórica, sino que a través del *CREA* (Centro de Investigación Social y Educativa de la Universidad de Barcelona) se ha desarrollado todo un procedimiento de asesoramiento e intervención en centros, para ayudarles en su transformación en *"comunidades de aprendizaje"*, trabajo que se extiende ya por varias Comunidades Autónomas de España con el distintivo común de haber hecho suya la invitación de Freire (1997) de *"transformar las dificultades en posibilidades"*.

## PARA AVANZAR HACIA UNA EDUCACIÓN MÁS INCLUSIVA

Cuando uno empieza a hacerse preguntas, es posible que ya no pueda parar de formularlas y, por esta razón, no es de extrañar que una vez que se iniciaron estas líneas de pensamiento a partir de las distintas perspectivas sobre la inclusión educativa, ya no sea posible seguir circunscribiendo nuestros análisis sobre *"el dilema de la diferencias en educación"*, que señala Dyson (2001b), solamente a unos alumnos en concreto, significados bien por su discapacidad o por sus características personales, salvo que estemos dispuestos a aceptar que algunas exclusiones se den por hecho y que sólo algunas sean examinadas y atacadas. Estamos, en definitiva, ante un razonamiento y una preocupación que, tarde o temprano, tiene que llegar a todos los alumnos y las alumnas, en primer lugar, porque el grupo de alumnos sometidos a presiones excluyentes es enorme (por bajo rendimiento académico o fracaso escolar, por cuestiones de salud o por razones de origen, género, clase social, orientación sexual...) y porque, en último término, todos los alumnos sin excepción, en un momento u otro, pueden llegar a vivir situaciones de exclusión, invisibles las más de las veces a los ojos de quienes no quieren repensar sus principios y sus prácticas escolares.

La educación escolar puede y debe jugar un papel decisivo para que la nueva *sociedad de la información* en la que estamos viviendo (Castell 1997) no se configure también como una sociedad de desigualdad, de guerra y de exclusión. Para ello, creo que haríamos bien en seguir los requerimientos de una *educación más inclusiva* que, a la vista de los análisis que he venido realizando, debería tener presente las siguientes propuestas:

- Si *otro mundo es posible,* como se señaló en Porto Alegre para indicar que podemos construir un mundo orientado con otros valores y otras prácticas más acordes con la dignidad de todos los seres humanos, debemos de asumir que **otra educación escolar es necesaria** y posible también.

• Esto es, no podemos seguir pensando que *con más de lo mismo* (respecto a la estructura, organización y funcionamiento de nuestros sistemas educativos y de nuestros centros) se puede hacer frente a los requerimientos de la nueva sociedad y de sus tensiones. Es necesario empezar a pensar en términos de un **cambio profundo**, sin duda arriesgado y complejo, pero tan necesario como la envergadura de los problemas que hoy observamos con mayor preocupación: fracaso escolar, desapego, violencia, desmotivación del profesorado,...

• Se trata de **un cambio cultural** relativo a principios en torno a los cuales quisiéramos articular nuestra convivencia y respeto al valor que atribuimos a la diversidad humana, cambio que debe encontrar, lógicamente, en la sociedad amplia y en la cercana o inmediata el respaldo a las pretendidas transformaciones. Las contradicciones entre ambos "sistemas" actuarán, sin lugar a dudas, en detrimento del ritmo y de la profundidad de los cambios deseados.

• La **visión sistémica de los cambios y de las intervenciones** es central al propósito planteado. No es factible esperar cambios significativos en el funcionamiento de los centros, sin el apoyo "en sintonía" de la sociedad. Pero es ilusorio esperar cambios profundos en el nivel de aprendizaje y el progreso de todos los alumnos, sin que existan centros escolares que los faciliten a través de sus políticas concretas en cuestiones de organización, funcionamiento, coordinación, participación de la comunidad educativa o política de formación permanente de sus miembros, entre otras. Afortunadamente tenemos los conocimientos suficientes para facilitar *el movimiento de mejora de los centros*, en esa dirección.

• **La preocupación por el alumnado en desventaja y, por lo tanto, en mayor riesgo de exclusión que el resto debe ser central en la política escolar** (a todos los niveles) y no una cuestión marginal que simplemente origina "problemas". A estos efectos, resulta imprescindible, en primer lugar, que ese alumnado "esté" en los centros y, en segundo término, abandonar la *perspectiva individual* que tanto ha condicionado las políticas de compensación desarrolladas hasta la fecha. Más bien se trata de **adoptar una perspectiva, social/interactiva**, bien representada por la propuesta de dejar de pensar en términos *de alumnos con necesidades especiales o con dificultades de aprendizaje* y empezar a hablar y pensar en términos de *obstáculos que impiden, a unos u otros, la participación y el aprendizaje*; ¿quiénes pueden experimentar tales barreras, de qué tipo? ¿en qué niveles y ámbitos de la vida escolar pueden surgir obstáculos? o ¿cómo eliminarlos o minimizarlos? son, todas ellas, preguntas que nos ayudarían, enormemente, a caminar en la dirección apropiada para la consecución de las metas propuestas.

- Adoptemos como máxima irrenunciable la de **desear para todos los niños y jóvenes, especialmente para aquellos que están en peor situación, lo que cualquiera de nosotros quisiera para sus hijos.** No pidamos para unos más conocimientos de idiomas, de informática, de ciencias o de dominio de la lengua, por ejemplo, y planteemos para *los otros* lo básico, lo mínimo o lo imprescindible para salir al paso. Busquemos, para ello, la transformación de los contextos escolares y usemos las estrategias y los **métodos que permitan el enriquecimiento y la aceleración** de aquellos que han iniciado su andadura escolar en desventaja, y no tanto la "adaptación" de las enseñanzas en todo lo que este término pueda tener de "reducción", "eliminación" o "disminución" de expectativas, objetivos y contenidos escolares.

- Ese enriquecimiento y aceleración puede conseguirse con el uso de métodos y estrategias de instrucción cuya eficacia, a estas alturas, está perfectamente validada y contrastada, como es el caso, entre otros, de los métodos de **aprendizaje cooperativo**. Pero ese enriquecimiento pasa también por la presencia de **más profesores/adultos en las aulas.** La complejidad de la tarea de atender a la diversidad, bajo la exigencia de que todos los alumnos logren un óptimo rendimiento, no puede descansar en el viejo esquema de *"un grupo un profesor"*, pero tampoco en el más moderno, pero igualmente ineficaz, de *"más profesores de apoyo"* si su trabajo básico consiste en hacerse cargo, en grupos específicos (cualquiera que sea su denominación) de los alumnos etiquetados como especiales. Hablamos también de más *"adultos"* porque esa tarea de enriquecimiento puede verse facilitada con la presencia de otras personas que, sin ser profesores, pueden colaborar eficazmente en ella: estudiantes en prácticas, familiares, *voluntarios*, etc. Todos ellos pueden tener un papel de gran ayuda si se crean las condiciones para su colaboración eficaz con el profesorado y si no se pierde de vista que el papel de tutor le corresponderá siempre a éste.

- Convertir las prácticas de **colaboración y ayuda** en foco de atención prioritaria en las políticas de desarrollo curricular (formación, documentación, investigación e innovación educativa, etc.). El sentimiento de apoyo y colaboración es básico para el fortalecimiento de los centros y para la mejora de la autoestima del profesorado; colaboración entre centros y de éstos con sus comunidades; colaboración y apoyo mutuo entre el profesorado; colaboración entre alumnos y profesores; colaboración de las familias y los agentes externos. Saber crear y mantener un entramado de estas características es el mejor requisito frente a los problemas y las tensiones y la principal garantía para conseguir el éxito para todos. Pero indudablemente se trata de una capacidad y de un logro (saber establecer y mantener relaciones de colaboración y cooperación), cuya dificultad es directamente proporcional a la facilidad con la que se invoca su necesidad. De ahí que resulte estratégico mejorar tanto nuestro conocimiento sobre los factores que la condicionan como asegurar la existencia de profesionales con capacidad para asesorar a los centros en su consecución.

- **Promover el sentimiento de pertenencia** de cada uno de los miembros de la comunidad educativa, como base para su cohesión, es el primer paso hacia sociedades acogedoras que busquen luchar seriamente contra la exclusión. Para ello es imprescindible redoblar las estrategias de participación en su más amplio sentido. La participación puede definirse desde distintos puntos de vista y todos ellos resultan complementarios. De modo genérico, participar es colaborar con los demás en la elaboración de unos objetivos comunes, comprometerse en la realización de los mismos o compartir métodos. Desde nuestro punto de vista, la participación en educación debe extenderse a tres dimensiones complementarias:

a) La participación de la escuela como institución social con otras entidades sociales formales y no formales como son los centros de salud, las Organizaciones No Gubernamentales, etc... La función educadora de la escuela debe ser compartida con otras instituciones, porque éstas configuran los apoyos más importantes para que la escuela pueda atender a las necesidades integrales de los alumnos (físicas, afectivas, sociales). Desde este nivel se puede afirmar que la calidad de la educación vendrá gracias a una calidad de las relaciones con otras entidades y organismos, configurando una red social que podrá responder con mayor eficacia a los "problemas escolares" actuales.

b) La participación de los miembros de la comunidad educativa en la decisiones que afectan a su centro. La dirección, el profesorado, las familias deben tener espacios y tiempos para consolidar su autonomía y para reflexionar sobre las estrategias educativas que proporcionen un mayor valor al proceso de enseñanza-aprendizaje. Esta participación se traduce en el principal motor de cambio, en el que los miembros educativos asuman las propuestas innovadoras como una filosofía propia.

c) La participación, en último término, de los alumnos en el centro, en el aula y en el currículo escolar. A estos efectos la participación de los alumnos no debería consistir sólo en que los profesores y demás profesionales del centro valorasen a cada alumno y le reconociesen sus derechos, sino también en dotar a los alumnos de las herramientas necesarias para que ellos mismos puedan valorar su diversidad, afianzar su "autodeterminación" y conquistar sus derechos a ser educados y acogidos.

- La educación inclusiva no tiene que ver, *de entrada*, con los lugares. Es, antes que nada, **un valor** y **una actitud personal** de profundo respeto por las diferencias y de compromiso con la tarea de no hacer de ellas obstácu-

© narcea, s. a. de ediciones

los sino oportunidades. En este sentido, por ejemplo, en algunos centros de educación especial o en grupos para alumnos con especiales dificultades en centros educativos ordinarios (véase en nuestro contexto el caso de los grupos de diversificación curricular en los Institutos de Educación Secundaria), he visto esa actitud en mayor grado y consistencia que la percibida en muchos centros o aulas "ordinarios" en los que, sin embargo, la más pequeña diferencia o separación de "lo normal" es vista como un gran problema para la enseñanza.

Los anteriores principios no son las tan denostadas *recetas* para una enseñanza más inclusiva pero, sin lugar a dudas, son algunos de los principales *ingredientes* que, como diría el profesor Ainscow (1999a), uno va a necesitar en la preparación de los proyectos educativos que aspiren a moverse hacia ese horizonte, tantas veces apuntado ya, de una educación de calidad para todos y con todos.

## LA EDUCACIÓN INCLUSIVA COMO "CHIVATO" DEL SISTEMA EDUCATIVO

Hasta aquí he llevado a cabo la explicitación del sentido polifacético que tiene para mí la propuesta de una educación más inclusiva. He señalado razones que nos han llevado hasta esa iniciativa, junto con el resumen de algunas características que encontramos en común en los movimientos educativos que más influencia parecen estar teniendo en este inicio de siglo en lo referente a la búsqueda de ese particular *grial* en el que seamos capaces de encontrar un acertado equilibrio entre comprensividad de la enseñanza y atención a la diversidad del alumnado. A este respecto una última acepción que puede darse a la educación inclusiva es, precisamente, la de su capacidad para poner en evidencia o hacer de "*chivato*" (Sapon-Shevin, 1996: 35), respecto a nuestras limitaciones para alcanzar esos objetivos:

> "Es posible mirar al movimiento por la inclusión como esas "disclosing tablets" que utilizan los dentistas[14]. Intentar integrar a alumnos con necesidades y conductas educativas desafiantes nos dice mucho acerca de nuestros centros escolares en términos de su falta de imaginación, de que están poco equipados, de que se sienten poco responsables de sus actuaciones y, en definitiva, de que son simplemente inadecuados. La plena inclusión ("full inclusion") no crea estos problemas, sino que muestra donde están los problemas. Los alumnos que se sitúan en los límites de este sistema nos hacen dolorosamente partícipes de lo limitado y constreñido de éstos. La plena inclusión no hace sino revelarnos la manera en la cual el sistema educativo debe crecer y mejorar para dar adecuada respuesta a las necesidades de tales alumnos".

---

[14] Se trata de unas tabletas que al ser chupadas colorean la boca del paciente resaltando los lugares en los que no se ha producido un buen cepillado y, por lo tanto, hay mayores riesgos de aparición de placa y de infecciones.

Desde hace tiempo nuestros sistemas educativos tienen *"el chivato"* encendido indicándonos que es necesaria un transformación profunda de los mismos. Algunos parece que han observado esa señal y han empezado a tomar medidas para *"crear buenas escuelas para todos"* (Darling-Hammond, 2001). En España, sin embargo a veces parece que esa luz de aviso, en lugar de hacernos conscientes de lo profundo de las reformas que se debieran acometer, actuará más bien como una llamada a perpetuar el *statu quo* de un sistema educativo renuente a ir más allá de donde ha llegado en esta materia. Sea como fuere, es necesario no dejarse vencer por las circunstancias y tratar de generar, allí donde uno se encuentre, las condiciones escolares para que, antes o después, se pueda seguir avanzando hacia una meta en la que muchos confían y para la que esperan de muchos de nosotros algo más que melancolía, escepticismo o resignación.

Entre los *nudos gordianos* de nuestra época (Mayor Zaragoza, 1999) están la exclusión y la discriminación con pretextos étnicos, culturales o ideológicos (y por capacidad, me atrevo a añadir). No parece sensato pensar que para desatarlos la ayuda que pueda prestar el sistema educativo sea igualmente la de la exclusión y la discriminación, sino la de la inclusión y la valoración de las diversidad. Nadie dice que ello sea una tarea sencilla, ni exenta de tensiones, pero creo que tenemos los medios, los conocimientos y, en último término, la creatividad suficiente como para saber que podemos enfrentarnos a ese desafío con garantías de éxito.

Tomando en consideración esta última premisa, en el capítulo siguiente intentaré plantear algunos ámbitos de trabajo o intervención educativa en los que estimo que se ha de concentrar buena parte del esfuerzo docente para tratar de avanzar hacia una educación más inclusiva. Finalmente dedicaré un breve espacio a revisar algunas *competencias profesionales* que, a tenor de esta demanda, será necesario enseñar a los que son o serán profesores y profesoras en ese complejo escenario profesional.

# 4

# Educación de calidad para todos. Ámbitos de intervención y competencias del profesorado para un desempeño profesional complejo

EN LOS DOS PRIMEROS CAPÍTULOS he analizado críticamente el sentido y los cambios más importantes que han ido acaeciendo en lo que todos conocemos como *educación especial*. En el tercero me he hecho eco de los planteamientos que están dando lugar a la necesidad de una educación escolar *más inclusiva*, y que englobaría los avances que se han ido produciendo en ese ámbito particular vinculado a la preocupación por el alumnado con necesidades educativas especiales, junto con propuestas e iniciativas relativas a otros alumnos y alumnas sin discapacidad pero que comparten con aquéllos idéntica situación de desventaja y de riesgo respecto a su futura inclusión en la sociedad.

Al hilo de unos y otros análisis se han mencionado diversos aspectos escolares que estarían muy directamente relacionados con el progreso o avance hacia esa meta. En este cuarto capítulo trato de reunir y sintetizar algunos de esos conocimientos. En este sentido no hago otra cosa que explicitar lo que considero que deben ser algunos **ámbitos de intervención educativa** en los que, entre otras razones, tendría sentido concentrar una parte importante de la formación de los futuros profesores con vistas a un desempeño de calidad y en el que, por ello, deberían aflorar una serie de competencias profesionales generales que me atrevo a resaltar como colofón de estos análisis.

## EL CONCEPTO DE "BARRERAS PARA EL APRENDIZAJE Y LA PARTICIPACIÓN". UNA PALANCA PARA MOVER EL MUNDO

Como ya se mencionaba en el capítulo anterior, el concepto de *"barreras para el aprendizaje y la participación"*, desarrollado por Booth y Ainscow (Booth,

2000; Ainscow y Booth, 2000), es un concepto nuclear respecto a la forma en la que los profesores deben enfocar su trabajo educativo con relación al alumnado en desventaja. Mientras que con el concepto de *necesidades educativas especiales* se sigue corriendo el riesgo de resaltar una visión educativa en la que se perciban las características de determinados alumnos como la causa principal de sus dificultades. Con el concepto de *barreras* se resalta, incluso de manera muy visual, *que es el contexto social*, con sus políticas, sus actitudes y sus prácticas concretas el que, en buena medida, crea las dificultades y los obstáculos que impiden o disminuyen las posibilidades de aprendizaje y participación de determinados alumnos.

Al igual que las personas con movilidad reducida saben que sus posibilidades de acceso y de participación a edificios y eventos no es algo que depende de ellos sino de las barreras físicas de todo tipo que existen a su alrededor (escaleras, bordillos, pasillos estrechos, etc.), resulta determinante para los futuros (y los actuales) maestros y profesores comprender que las posibilidades de aprendizaje y de participación de muchos alumnos no están determinadas exclusiva o fundamentalmente por "sus" condiciones personales (véase, por ejemplo, por su *discapacidad* o por su procedencia), sino, sobre todo, por cuestiones que pueden tener que ver con la cultura de centro imperante, la organización escolar o con la forma de plantear las actividades de enseñanza y aprendizaje. En efecto, cuando esas condiciones o factores escolares adquieren valores negativos (cuando, por ejemplo, no hay un proyecto educativo que guía las intenciones educativas, los distintos proyectos escolares son "papeles" que casi nadie sabe bien dónde están o cuando la metodología de aula es uniforme y transmisiva) su *interacción* con las condiciones personales también negativas de un alumnado en desventaja no pueden dar lugar sino a unas *dificultades para aprender* que las más de las veces se antojan insalvables.

Lo contrario ocurre cuando ese mismo alumno interactúa con un contexto social positivo, esto es, digamos con un centro escolar bien estructurado, con una clara cultura de atención a la diversidad, con prácticas docentes que buscan promover el aprendizaje y la participación de todos los alumnos y con los apoyos necesarios para aquéllos que los precisan. Entonces ocurre que esas *dificultades para aprender* se minimizan y nos encontramos solamente con "alumnos diversos" que progresan en función de sus capacidades, intereses o motivaciones (Puig Rovira, et al, 2012).

Lo importante de esta perspectiva interactiva o contextual es que nos ayuda a pensar que *tales condiciones sociales pueden cambiarse*. Al igual que hemos ido viendo cómo edificios y servicios se han ido haciendo físicamente más "accesibles" mediante rampas o ascensores, poco a poco, con un diseño pensado desde el inicio *para todos*, también pueden cambiarse muchas de las "barreras escolares". Es seguro que no será un proceso fácil, ni inmediato, ni exento de tensiones, pero "es posible" y la experiencia nos dice una y otra vez (y en el capítulo anterior me he referido a ejemplos de dentro y de fuera de nuestro país que avalan esta afirmación) que eso es lo que ha ocurrido en muchas escuelas, colegios e institutos que con determinación y "cabeza" han sabido poner en marcha procesos de innovación y mejora escolar que les han conducido a transformar sus centros escolares de forma que han ido desplegando una mayor capacidad para "atender a la diversidad" de su alumnado. Bien podría decirse que lo han hecho por la vía de eliminar algunas o muchas de las *barreras* actitudinales, organizativas o didácticas que en ellos existían.

*"Dadme un punto de apoyo y una palanca adecuada y moveré el mundo"*. La perspectiva educativa que subyace al concepto de *"barreras para el aprendizaje y la participación"* puede ser esa palanca que necesitamos para mover un mundo, unas prácticas escolares que en muy poco facilitan una interacción positiva con las necesidades y aspiraciones del alumnado en desventaja (Ainscow, 2003). Algunos de los "puntos de apoyo", de los "fulcros" en los que tenemos que aplicar esa palanca son los que analizaré más adelante y a los que me refiero cuando hablo de ámbitos de intervención para avanzar hacia una educación de calidad para todos.

Este concepto ha sido desarrollado y "operativizado" por sus autores, especialmente, en el trabajo conocido como *Index for Inclusion* (Vaughan, 2002). Se trata de un manual de evaluación que sirve a los centros docentes para dos tareas fundamentales. En primer lugar, para revisar el grado en el que sus proyectos educativos, sus políticas generales –lo que entre nosotros llamaríamos proyectos curriculares y programaciones–, y sus prácticas de aula más concretas, tienen una orientación inclusiva. Podría decirse que sirve para "detectar" dónde se encuentran en cada una de esas tres dimensiones las "barreras" que estuvieran limitando la participación y el aprendizaje de determinados alumnos. El documento en cuestión es también y en segundo lugar, una *"guía para iniciar y mantener un proceso continuo de mejora"*, en términos de eliminación o minimización de las barreras sobre las que el propio centro haya considerado prioritario intervenir:

> "El Índice es un conjunto de materiales diseñados para apoyar a los centros escolares en el proceso de desarrollo de escuelas inclusivas, teniendo en cuenta los puntos de vista del equipo docente, de los miembros del consejo escolar, de los estudiantes, de los padres o tutores y de otros miembros de la comunidad. Se plantea, en último término, mejorar los logros educativos de todos los alumnos a través de prácticas inclusivas. El propio proceso de trabajo con el Index se ha diseñado con el objetivo de contribuir al desarrollo inclusivo de las escuelas. Para ello se anima al equipo docente a compartir y construir alternativas sobre la base de sus conocimientos previos referentes a lo que obstaculiza el aprendizaje y la participación en sus centros. También les ayuda a realizar un análisis detallado de las posibilidades para mejorar el aprendizaje y la participación de todos sus estudiantes en todos los ámbitos escolares. No se trata de una iniciativa más entre las muchas que llegan a los centros sino de una forma sistemática de comprometerse con un plan de mejora del centro mediante las tareas de fijar prioridades de cambio, implementarlas y evaluar los progresos" (Ob. Cit.: 7).

Una de las principales virtudes de este trabajo estriba en hacernos partícipes de la idea, que se apuntaba más arriba, de que las barreras a las que se debe prestar atención son de muy diverso tipo y se localizan en planos o *dimensiones* distintas. Así se habla de que pueden existir múltiples barreras en torno a la *"cultura del centro"* y en tanto en cuanto éste no se percibiera como una comunidad segura, acogedora, colaboradora y estimulante en la que cada uno de sus miembros fuera valorado. A nadie que conozca los centros escolares se le escapa que también son múltiples las barreras que se localizan en las características y la dinámica de los propios *proyectos curriculares*, cuando éstos no responden a un proceso de explicitación compartida respecto a las intenciones educativas que se persiguen, cuando han sido elaborados de forma parcial, cuando cuestiones tan fundamentales como las medidas para atender a la diversidad del alumnado no impregnan el conjunto de decisiones que cabe tomar a este nivel o cuando, sencillamente, no se revisan con vistas a valorar su adecuación a las necesidades de los alumnos. Por último, es evidente que en torno a los propios *procesos de enseñanza y aprendizaje* pueden suscitarse múltiples barreras, por ejemplo, cuando no se tienen en cuenta los conocimientos y las experiencias previas de los alumnos o sus dificultades específicas, cuando prima un clima de relaciones interindividuales competitivo o cuando no hay variedad ni posibilidades para que los alumnos puedan elegir.

Desde esta perspectiva, las preguntas fundamentales que estamos llamados a hacernos serían, entonces, las siguientes:

- ¿Quiénes experimentan barreras al aprendizaje y la participación en este centro?

- ¿Cuáles son las barreras al aprendizaje y la participación en este centro?

- ¿Cómo se pueden minimizar las barreras al aprendizaje y la participación que hemos detectado?

- ¿Qué recursos están disponibles o cómo se pueden movilizar recursos adicionales para apoyar el aprendizaje y la participación de todo el alumnado?

Por otra parte, es muy importante resaltar que este concepto de "barreras" también está siendo nuclear a los efectos de la nueva *Clasificación Internacional del Funcionamiento de la Discapacidad y la Salud,* CIF (OMS, 2001: 9,18), en una clara demostración de la importancia que los modelos sociales deben tener en nuestra conceptualización tanto de la educación como de la discapacidad:

> "El funcionamiento y la discapacidad de una persona se concibe como una interacción dinámica entre los estados de salud (enfermedad, trastornos, lesiones medulares, traumas, etc.) y los factores contextuales. Como se ha indicado anteriormente, los Factores Contextuales incluyen tanto factores personales como ambientales.... El `constructo´ básico de los Factores Ambientales está

constituido por el efecto facilitador o de *barrera* de las características del mundo físico, social o actitudinal...

...A causa de esa interacción, los distintos ambientes pueden tener efectos distintos en un individuo con una condición de salud. Un entorno *con barreras*, o sin facilitadores, restringirá el desempeño/realización del individuo; mientras que otros entornos que sean facilitadores pueden incrementarlo. La sociedad puede dificultar el desempeño/realización de un individuo tanto porque cree *barreras* (ej. Edificios inaccesibles) o porque no proporcione elementos facilitadores (ej. Baja disponibilidad de dispositivos de ayuda)" (La cursiva es mía).

Retomando las cuestiones propiamente educativas, como puede apreciarse las barreras más importantes que hay que superar a juicio de Booth y Ainscow (2002) son las que se dificultan *el aprendizaje y la participación*, dos ámbitos fundamentales de intervención –dos *puntos de apoyo*–, que analizaré con más detalle en los apartados siguientes. No podría ser de otra forma por cuanto promover "el aprendizaje" de los alumnos, y parece una obviedad, es la tarea nuclear de la actividad docente, aunque no pocas veces muchos profesores y profesoras parecen más preocupados por cómo desarrollan su enseñanza, al margen de si consiguen, o no, que los alumnos aprendan lo que esté establecido.

A este respecto, entre las consideraciones que han contribuido a mejorar nuestra comprensión de los procesos de enseñanza y de aprendizaje, está el que este último difícilmente puede llegar a cobrar *significado* para los alumnos si al mismo tiempo éstos no son capaces de atribuirle un *sentido*, esto es, de elaborar alguna respuesta a preguntas del tipo, *¿tengo alguna razón personal por la que considere que valga la pena aprender esto que me propone el profesor?*, *¿me hace sentir bien esta tarea de aprender?*, *¿cómo me están considerando los demás compañeros?*(Miras, 2001). Entre las razones que, sin lugar a dudas, van a contribuir a que se considere que vale la pena aprender están las vinculadas a la creación de sentimientos de *valía* o *estima*, de relaciones de *pertenencia* y de *participación* en su grupo o en el centro. Lo contrario, esto es, todo aquello que, a través de cómo se organiza la enseñanza y el aprendizaje, contribuya al desarrollo en determinados alumnos de sentimientos y situaciones de *fracaso reiterado*, *aislamiento*, de *minusvalía* o de *exclusión* deben ser consideradas como barreras de primer orden para el aprendizaje, de ahí, como indicaba en el capítulo anterior, la importancia específica que para el desarrollo de una educación inclusiva se le atribuye a la **participación** como concepto aglutinador del papel que desempeñan los afectos, las emociones y las relaciones en la vida escolar de los alumnos.

Pero las *barreras* que debemos analizar no son sólo aquellas que puedan limitar el aprendizaje y la participación de los alumnos, sino también, las que afectan al profesorado y al resto de las personas que conviven y participan de la vida de un centro escolar. Incluso podríamos decir que si unos y otros no son los primeros en sentirse acogidos, valorados y respetados por los demás, difícilmente podrán desarrollar su trabajo en condiciones favorables para promover el aprendizaje y la participación de sus alumnos. La ausencia de una política de acogida a los nuevos miembros de un equipo docente, la descoordinación del trabajo, las relaciones de hostilidad o aislamiento o la falta de incentivos internos o externos son, entre otros, obstáculos o barreras que condicionan negativamente el trabajo docente.

En este capítulo no pretendo, ni está a mi alcance, profundizar en la comprensión pormenorizada de todos y cada uno de estos *ámbitos* o núcleos de intervención, cuanto revisarlos sucintamente y, sobre todo, *releerlos* pensando en qué medida lo que se hace o deja de hacer en términos de planificación, desarrollo y evaluación de la acción educativa a ellos vinculada es una barrera para el aprendizaje y la participación de los alumnos más vulnerables a los procesos excluyentes y, en su caso, para ayudar a pensar cómo podrían removerse. Por otra parte, en el siguiente capítulo analizaré con mas detalle las características, organización y uso del *Index for Inclusion*.

## ENSEÑAR Y APRENDER EN UNA ESCUELA PARA TODOS. ÁMBITOS DE INTERVENCIÓN

Aunque creo haberlo mencionado anteriormente, y para que no se piense que estoy simplificando la realidad, no está de más insistir que *enseñar y aprender en una escuela para todos* es, en sí misma, una tarea sujeta a fuertes dilemas, sumamente compleja y difícil, entre otras razones porque la naturaleza de los problemas educativos a los que esta empresa debe hacer frente no es tal que se resuelvan simplemente con la aplicación rigurosa de una determinada técnica (Schön, 1992). Los problemas educativos son multidimensionales (con derivaciones psicológicas, sociales y morales), inciertos (en cuanto a la respuesta más adecuada para resolverlos), sometidos frecuentemente a situaciones de *conflicto de valor* (lo que es bueno y deseable para unos alumnos puede no serlo para otros), imprevisibles en muchas ocasiones y simultáneos con otros problemas y, a la hora de la verdad, "casos únicos" y poco generalizables. Por lo tanto, de lo que estamos necesitados es, como nos recuerda Gimeno Sacristán (2002: 34), haciéndose eco de los análisis de Lotan (Cohen y Lotan, 1997), de una *pedagogía de la complejidad*, refiriéndose con este término a:

> "Una estructura educativa capaz de enseñar con un alto nivel intelectual en clases que son heterogéneas desde el punto de vista académico, lingüístico, racial, étnico y social, de forma que las tareas académicas puedan ser atractivas y retadoras".

Cierto es también que, aunque está por consolidarse esa *pedagogía de la complejidad*, disponemos ya de una sólida base de conocimientos e investigación para guiarnos con confianza en el camino hacia esa meta. En los apartados siguientes voy a referirme a algunos *puntos de apoyo* que, a mi juicio, deben considerarse básicos para el progreso hacia una educación de calidad para todos los alumnos, vista la tarea desde el punto de vista de las competencias que un buen maestro o profesor debiera dominar para un desempeño profesional de calidad. Son, en todo caso, necesarios aunque no suficientes para ese cometido. Por lo tanto, no estoy planteando que tales ámbitos sean todos en los que habría que intervenir y los únicos que el profesorado deba conocer. Por otra parte queda fuera del alcance de este libro tratarlos con pretensión de exhaustividad, cuando me estoy refiriendo a amplios ámbitos que aglutinan buena parte de nuestro conocimiento sobre psicología educativa, didáctica y organización escolar.

Al mismo tiempo tengo el convencimiento de que para pensar en cómo mejorar los procesos de enseñanza y aprendizaje relativos al alumnado en situación de desventaja, **no** debemos hacerlo bajo la premisa de que en su caso tales procesos vayan a ser *cualitativamente* distintos a los que siguen el resto de los alumnos, sino con el convencimiento de que, en uno y otro caso, son los mismos y que, en lo fundamental, y desde el punto de vista de los modelos que pueden guiar la práctica educativa, la concepción o el *modelo constructivista* va a ayudarnos igualmente (Solé, 1990; Coll, 2001):

> "La construcción del conocimiento en la escuela, es decir, la revisión, modificación, y enriquecimiento de los esquemas de conocimiento de los alumnos mediante la realización de aprendizajes significativos, es una construcción personal que toma cuerpo en el marco de las relaciones interactivas que se establecen entre los protagonistas de la enseñanza alrededor de un contenido o tarea. Es un proceso conjunto, cuya responsabilidad diferenciada recae en el profesor y en el alumno, y que requiere de la intervención de ambos para llegar a buen término. Tener en cuenta las aportaciones del niño, tanto al abordar la tarea como en su curso, ayudarle a encontrar sentido a lo que está haciendo, estructurar la actividad de modo que esas aportaciones tengan cabida, observarle, para que se pueda transferir de forma progresiva el dominio en relación al contenido, procurar situaciones en que deba actualizar y utilizar autónomamente los conocimientos construidos, son algunos de los parámetros que pueden orientar a los profesores para que a su vez puedan ayudar a sus alumnos en el proceso de aprender" (Solé, 1990: 85).

En este marco *y sin tratar de restar un ápice a la importancia de las condiciones o los déficits individuales en los procesos de aprendizaje*, la gran aportación de la concepción constructivista es que nos obliga a pensar que las dificultades que presenta un alumno determinado deben ser analizadas en el contexto amplio de la situación de enseñanza–aprendizaje, de las relaciones profesor/alumno/contenidos que dicha situación implica y de la ubicación general del niño o el joven en el centro escolar. Al mismo tiempo, y en la medida que conocemos los factores que intervienen en la realización de aprendizajes significativos, nos permite formular preguntas para guiar nuestra indagación sobre la situación de *no aprendizaje*:

> ".... el contenido que se presenta al alumno: ¿es lo suficientemente claro y preciso?, ¿dispone el niño de suficiente conocimiento previo relevante con que

poder abordar ese contenido?, ¿favorece la presentación que se hace del mismo su significatividad?, ¿tiende el alumno a abordar los contenidos de manera superficial o a memorizar mecánicamente lo que se le presenta?... ¿la actividad que se le presenta suscita su interés?..." (Solé, 1990: 68).

Una segunda cuestión sobre la que procede llevar la atención cuando hablamos de aprendizaje es, precisamente, la que apunta hacia *el papel del profesor* en un proceso de construcción mental que parece básicamente individual. A este respecto, resulta oportuno recordar el hecho de que, desde la perspectiva constructivista, la enseñanza se concibe como un proceso de *ayuda* a la actividad mental del alumno, pero una ayuda "imprescindible" sin la cual el alumno no llegaría a construir por sí solo los nuevos conocimientos que constituyen el currículo. Como nos recuerdan Marchesi y Martín (1998), esta función mediadora del profesor, entre el contenido y el alumno, se sitúa en el marco de los conceptos de *zona de desarrollo próximo* de Vygotsky (1934) y de *andamiaje* de Bruner y sus colaboradores (1966). Para hacerla efectiva son imprescindibles dos mecanismos básicos de influencia educativa: *la construcción de significados compartidos y el traspaso de control*. El primero supone facilitar una aproximación progresiva entre las representaciones intrasubjetivas del profesor y del alumno. Se trata de partir de una definición inicial mínimamente compartida entre los contenidos que le permitan al profesor ir *tirando* de estos primeros significados para llevar al alumno a otros más avanzados, en el sentido de más próximos a los saberes culturales establecidos en el currículo.

El segundo mecanismo de influencia educativa, *el traspaso progresivo del control*, se fundamenta en la necesidad de tener en cuenta el nivel de partida de los alumnos y de ir variando la ayuda en función del progreso de la competencia que éstos van adquiriendo a lo largo del proceso de enseñanza y aprendizaje, hasta un punto en que la ayuda desaparece y el alumno es capaz de realizar la tarea por sí mismo. La autonomía y la autorregulación del aprendizaje, en otras palabras, la famosa capacidad de *"aprender a aprender"* exige, precisamente, este traspaso del control y de la responsabilidad (Marchesi y Martín, 1998). Los profesores estamos llamados a repensar profundamente nuestras estrategias docentes a la vista de esos requerimientos, porque seguramente muchos de nosotros tenemos actitudes y prácticas que son auténticas barreras a la hora de llevar adelante los procesos descritos.

En la actualidad la concepción constructivista de la enseñanza y el aprendizaje está bien articulada como un conjunto de ideas integradas en un esquema de conjunto con una estructura jerárquica y con una fuerte coherencia interna que la convierte en un instrumento particularmente apropiado para derivar de ella tanto implicaciones para la práctica, como desafíos para la elaboración y la investigación (Coll, 2001). Dominar esta concepción, "profesionalmente hablando", es una tarea, sin lugar a dudas, compleja y difícil, a tenor de los múltiples procesos psicopedagógicos en juego (Coll, Palacios y

Marchesi, 2001), pero irrenunciable para quien quiera hacer de la enseñanza su profesión.

Por último, aunque vaya a singularizar algunos *puntos de apoyo* en particular, no por ello debemos olvidar que, antes o después, es preciso adoptar una perspectiva sistémica y global al hablar de una intervención que aspira a un cambio tan profundo como el que estamos manejando. Esto es, una intervención en la que se tomen en consideración tanto el sistema *macro* (el de las políticas educativas propiamente dichas y que abarcan cuestiones como la estructura del currículo, los procesos de financiación, la supervisión o la rendición de cuentas), como en el sistema *meso* (especialmente los relativos a la cultura del centro y a su organización y funcionamiento), como el sistema *micro* (vinculados a los métodos de instrucción y a los procesos básicos psicosociales de distinta índole que intervienen en la adquisición de capacidades específicas como la lectoescritura, el razonamiento o la resolución de problemas, por citar sólo algunas). En este sentido, no pretendo repetir análisis certeros que han realizado otros (Marchesi, 1999; Arnáiz, 2003), sino, sobre todo, hacer de altavoz para que estén de manera permanente en la *agenda para el desarrollo profesional* del profesorado y que, por esa misma razón, también estén lo más sólidamente establecidos desde su formación inicial.

### Inteligencias múltiples. Afectos, emociones y relaciones en la escuela

En las dos últimas décadas ha quedado firmemente asentada una crítica frontal a la concepción unitaria y unidimensional de la inteligencia concebida básicamente como un conjunto de habilidades, aptitudes o capacidades de carácter esencialmente lógico-matemático. Frente a esta visión uniforme, que tiene también su correspondencia en una concepción uniformizadora de la escuela, del currículo y de la medida del éxito escolar, se ha levantado la teoría de las *"inteligencias múltiples"* desarrollada por Gardner y sus colaboradores (Gardner, 2001), en la que se pretende resaltar que hay un número elevado (y no establecido "a priori") de capacidades de distinto tipo que las personas desarrollan para resolver problemas o crear productos que tienen un valor para una cultura y que, en último término, son relevantes para su modo de vida en los entornos reales en los que actúan. A este respecto se han identificado siete inteligencias distintas: *musical, cinético-corporal, lógico-matemática, lingüística, espacial, interpersonal e intrapersonal.* Al mismo tiempo, con dicha expresión se quiere subrayar que estas diversas capacidades son tan fundamentales como las que detectan los tests tradicionales de inteligencia y las medidas de CI ( Coll y Onrubia, 2001).

Dos son las razones por las que me parece importante resaltar esta cuestión de las *inteligencias múltiples.* En primer lugar, porque se refuerza el rechazo frontal a lo que podría denominarse una *"enseñanza uniforme"* cuya existencia ha sido, en buena medida, la razón principal de la exclusión abierta o encubierta de nuestro sistema educativo ordinario, de tantos alumnos y alumnas. La enseñanza uniforme, basada en la creencia de que todas las personas deben estudiar las mismas materias, con los mismos métodos y ser evaluadas de la misma manera, se apoya en el supuesto de que todas las personas son idénticas. Sin embargo, este supuesto es falso: no hay dos personas idénticas, puesto que cada una ensambla sus inteligencias de distintas maneras y con distintas configuraciones; no todos tenemos las mismas motivaciones e intereses ni aprendemos de la misma forma. La alternativa que resulta consustancial con la idea de una educación más inclusiva es una enseñanza que tome en serio y asuma como eje las diferencias individuales, desarrollando prácticas que se adapten a esta diversidad (Coll y Onrubia, 2001). Una enseñanza diversa, desde el punto de vista de que sea capaz de crear oportunidades para el desarrollo equilibrado de las distintas inteligencias es, además, la mejor estrategia para que puedan "incluirse" en los contextos ordinarios aquellos alumnos tradicionalmente excluidos a cuenta de su baja o limitada inteligencia.

La segunda razón por la que resulta de utilidad analizar esta perspectiva de las *inteligencias múltiples* tiene que ver con el papel que dos de ellas, *la inteligencia interpersonal y la inteligencia intrapersonal,* juegan en los procesos educativos a la hora de propiciar una educación inclusiva o, en su defecto, para generar dificultades para aprender y participar.

La *inteligencia interpersonal* ha sido definida como la capacidad para entender a las otras personas (qué las motiva, qué piensan, cómo se sienten, cuáles son sus intenciones, cómo relacionarse con ellas...); la operación nuclear de esta inteligencia es la sensibilidad a los estados de ánimo y pensamiento de los otros y se manifiesta habitualmente a través de sistemas simbólicos propios de otras inteligencias como el lenguaje corporal, gestual o verbal. A la vista de estas consideraciones es indudable que los profesores, como así suele ocurrir, deben cultivar esta inteligencia y ser los "primeros" en comprender cómo se pueden sentir aquéllos, sean niños, jóvenes o adultos, que sean excluidos, minusvalorados, rechazados o despreciados por razones de procedencia, género, capacidad o estado de salud, entre otros. Se trata, por lo tanto, de una inteligencia que los profesores han de cuidar para sí y que han de fomentar en sus alumnos si quieren apoyar sinceramente una educación inclusiva.

Por su parte, la *inteligencia intrapersonal* ha sido definida como la capacidad para formarse una imagen o modelo ajustado y verídico de uno mismo y para actuar de forma coherente con este modelo; su operación nuclear es el *sentido de uno mismo*, el acceso a los pensamientos, sentimientos y emociones propias (López, Etxebarría, Fuentes y Ortiz, 1999).

Desde el punto de vista del aprendizaje esta *inteligencia* se vincula especialmente a lo que varios autores han llamado *atribuir sentido* (Coll, 1988; Miras, 2001) y a la que me he referido al inicio de este capítulo, actividad que condiciona tanto como lo hacen los recursos cognitivos del alumno su capacidad para aprender. En este sentido, hoy sabemos, por ejemplo, que el *sistema del yo* (el autoconcepto, la autoestima y los *"yoes posibles"*), que refleja las representaciones que las personas construimos sobre nosotros mismos, se crea y evoluciona a lo largo de la vida de las personas y que en su construcción influyen primordialmente su historia personal de éxitos y de fracasos, su relación con otras personas y el nivel de aceptación y soporte emocional que éstas le proporcionan, en especial *los otros* significativos (padres, amigos, profesores).

¿Qué imagen de sí mismos tendrán aquellos alumnos que estén recibiendo de manera continuada el mensaje de que son *torpes, lentos* o *incapaces de aprender*? ¿Qué sentimiento de competencia puede tener un alumno si su historia escolar está repleta de fracasos? ¿Qué sentimientos de pertenencia puede albergar un alumno que cotidianamente se sienta excluido o apartado, más o menos sutilmente[1], de su grupo por uno u otro motivo? ¿Qué sentimiento de aceptación puede experimentar un alumno que no tenga oportunidades de ser reconocido con algo valioso que aportar o compartir con los demás si sólo se aprecian o valoran unas cualidades muy concretas?

A este respecto, algunas de las cosas más importantes que la investigación psicopedagógica nos está diciendo es que no parece posible soslayar las relaciones que se producen entre los factores de índole *intra* e interpersonal; por ejemplo, el impacto que puede tener las expectativas del profesor sobre el autoconcepto académico del alumno. Pero también se nos están haciendo visibles las relaciones entre las características emocionales y afectivas de los alumnos y los contextos educativos y los procesos de enseñanza y aprendizaje en los que se encuentran inmersos ellos y los profesores: la composición y organización social del grupo clase, los objetivos que se persiguen, los contenidos y tareas de aprendizaje, o las características de la metodología didáctica y de las actividades de evaluación que se proponen (Miras, 2001; Marchesi, 2004).

En efecto, a este respecto cabe señalar, por ejemplo, que en el proceso que conduce a la mayor o menor atribución de sentido personal a un aprendizaje, resulta determinante, entre otros factores, el sentimiento de competencia (Solé, 1993). El hecho de sentirse más o menos competente está relacionado con el autoconcepto general y académico del alumno, con su nivel de autoestima y con sus patrones atribucionales. Ahora bien, sentirse competente no quiere decir necesariamente sentirse capaz de llevar a cabo la tarea de manera autónoma o individual, sino también con ayuda de otros. En este sentido un alumno puede sentirse más competente si siente que puede contar con la ayuda del profesor o de sus compañeros, algo que, por otra parte, es la esencia del trabajo cooperativo. Los análisis realizados sobre las ventajas del tra-

---

[1] Para acudir a recibir "apoyo" en grupos especiales, por ejemplo, o si pasa buena parte del día en alguno de ellos.

bajo cooperativo sobre otras estructuras de aprendizaje (de tipo competitivo o individualista) revelan precisamente que ello es debido, en buena medida, a que las relaciones psicosociales que se producen en el contexto de los trabajos cooperativos generan un mayor sentimiento de competencia personal, facilitan las situaciones de conflicto cognitivo y de controversia, refuerzan la autonomía de los alumnos y contribuyen al mantenimiento de atribuciones causales positivas (Tapia y Montero, 1990; Echeita, 1995; Slavin, 1996; Pujolàs, 2001; Díaz-Aguado, 2003).

También merece la pena resaltar que las emociones que percibimos en los otros nos proporcionan una información de vital importancia para interpretar y regular nuestras relaciones:

> "Desde edades tempranas los alumnos entienden que la cólera o el enfado del profesor aparecen cuando el fracaso se atribuye a causas controlables y que, por tanto, pueden remediarse en un futuro, mientras que la compasión o la lástima tienden a aparecer ante un fracaso atribuido a causas incontrolables y difícilmente modificables. Las consecuencias de asumir estas atribuciones tienen que ver con el hecho de que, en el primer caso, el alumno experimenta una culpa que es posible reparar y, por tanto, no tienen por qué generarse sentimientos de evitación frente a nuevas situaciones de aprendizaje, mientras que el sentimiento de vergüenza que puede aparecer en el segundo caso provocaría consecuencias claramente inversas" (Harré y Parrot, 1996 en Miras, 2001: 328).

Los futuros profesores deben ser conscientes de la necesidad de trabajar con sus alumnos desde la conciencia de sus *múltiples inteligencias*, algo que de hacerse sólidamente permite crear muchos más espacios para la inclusión y la participación de la diversidad del alumnado. Por otra parte, no deben perder de vista que los afectos, las emociones y las relaciones juegan un papel determinante en la consecución de todos los aprendizajes escolares, y que cuidar de que unas y otras sean positivas es una tarea, no sólo muy necesaria, sino posible, por cuanto en buena medida pueden facilitarse a través de decisiones instruccionales que van a estar bajo su control (Pérez, Reyes y Juandó, 1999; Adam *et al.*, 2003).

## Diversidad, diferencia, enseñanza adaptativa y adaptaciones curriculares

La *educación especial* como disciplina ha estado sustentada de siempre en la premisa de que es posible y bueno para la enseña diferenciar a los alumnos *"normales"* de aquellos otros que tienen algún tipo de dificultad o necesidad especial. Con éste y otros presupuestos, como veíamos en el capítulo 1, se han desarrollado unas prácticas que, sin embargo y a la larga, no han conducido a las metas esperadas.

Es indudable que las diferencias individuales han de ser conocidas y tenidas en cuenta a la hora de planificar, desarrollar y evaluar una propuesta curricular que se adapte o ajuste a las mismas y que permita al alumno aprender, pero ello debe hacerse compatible con desarrollar en los alumnos y en los profesores una actitud positiva hacia la diversidad, siendo éste uno de los objetivos básicos que se persigue con la educación inclusiva.

A este respecto, una primera cuestión sobre la que merece la pena llamar la atención es la relativa al hecho de que la diversidad, que es una cualidad objetiva de los seres y objetos de nuestro entorno, puede tornarse en *diferencia*, connotada negativamente, a través de nuestra valoración de aquella diversidad. Esto es, en un aula todos los alumnos y alumnas son diversos y distintos. Pero algunos de ellos pueden ser considerados *diferentes,* no tanto por su diversidad específica, sino por la valoración, que suele estar cargada de connotaciones negativas, carenciales, que de esa diversidad hacemos. Y así ocurre cuando la diferencia se convierte en sinónimo de *resto*, cuando es *lo que le falta a esto para llegar a ser aquello,* cuando es *la deficiencia, la misnusvalía o la anormalidad que hace que no se sea eficiente, valido o normal.* Mientras que la *diversidad* es fruto de una constatación, la *diferencia* se debe a nuestra valoración (Carbonell i París, 1995).

A partir de esta situación, es importante seguir analizando qué valoración se hace de la diversidad para la enseñanza. Así cabría ver la diversidad como una fuente de obstáculos y dificultades para la enseñanza y, por lo tanto, de lo que se trataría es de eliminar o atenuar esa dificultad, o verla como una fuente de enriquecimiento y de estímulo para la innovación, con lo cual se trataría de utilizarlas como un valioso recurso formativo (Cole, 1998; López Melero, 2001, 2003). Esta segunda acepción es la que está muy presente en los análisis que han vinculado "equidad y calidad", como los realizados por Skrtic (1991) y que mencioné en el capítulo 1 y en los planteamientos de la educación inclusiva que he analizado en el capítulo anterior:

> "La educación inclusiva es una proclama desenfadada, una invitación pública y política a la celebración de la diferencia. Para ello se requiere un continuo interés proactivo que permita promover una cultura educativa inclusiva" (Corbett y Slee, 2000: 134).

Esta reivindicación de la diversidad como algo valioso también está en el movimiento de emancipación que impulsan buena parte de los colectivos de personas con discapacidad, y a raíz del cual exigen a la sociedad que su diversidad sea vista, no como una *enfermedad* o una condición que sólo sirva para generar pena o lástima, sino como un elemento de su identidad que debe ser apreciado y respetado y a partir del cual debe construirse la educación escolar a la que tienen derecho.

Dos ejemplos paradigmáticos pueden ser analizados para apoyar esta perspectiva. El primero, el movimiento reivindicativo de las personas sordas en torno, precisamente, a su identidad cultural (Padden y Humphries, 1988; Kyle, 1990; CNSE, 1999) o las propuestas relativas a la nueva visión del "retraso mental" (AAMR, 2004; FEAPS), según la cual no estamos hablando de un rasgo o característica de la persona, sino de un nivel de funcionamiento adaptativo condicionado por el contexto social.

Respecto a las personas sordas (Díaz-Estébanez *et al.*, 1996; Minguet, 2001), lo que está esgrimiéndose es la pretensión de ser percibidas no como *no oyentes*, sino como miembros de una *"Comunidad y una Cultura Sorda"* en tanto en cuanto, a partir de su lengua propia (la lengua de signos), comparten una serie de reglas de comportamiento, costumbres y tradiciones que les confieren unos rasgos de identidad propios. Desde el punto de vista educativo, el trabajo a realizar no estará ubicado, por lo tanto, en la mera reeducación auditiva sino en la creación de contextos educativos que tomen en cuenta la particularidad de su forma de acceder al conocimiento, sin perder de vista el objetivo de promover su participación en la sociedad y en la cultura común (Díaz-Estébanez y Valmaseda, 1995; E.I. Piruetas, 2002; Alonso y Rodríguez, 2004).

El análisis respecto a la nueva concepción del retraso mental (AAMR, 2004), junto con la visión de la discapacidad que se ha planteado en el CIF (OMS, 2001), nos permite comprender que las personas con discapacidad intelectual no quieren de los demás su tolerancia o su lástima, o ser vistas como personas enfermas o trastornadas. Lo que nos están pidiendo es cambiar nuestra valoración sobre esta faceta de la diversidad humana y, con ello, un cambio sustancial en las actitudes y en las prácticas sociales que habitualmente desplegamos ante ellas. Puesto en palabras directas seguramente muchas de estas personas nos dirían lo siguiente: *"Considéreme una persona con sus mismos derechos y necesidades y préstem e los apoyos necesarios para poder llevar una vida tan autodeterminada y de calidad como la que Vd desea para sí mismo"*.

Aunque los sistemas educativos desarrollan distintas estrategias para responder a la diversidad del alumnado (sistemas selectivos, repeticiones, compensación de las dificultades...), la que entiendo que mejor se ajusta a los objetivos de una educación para todos, corresponde a lo que ha dado en llamarse *enseñanza adaptativa* (Coll y Miras, 2001; Onrubia, 2004), y que se sustenta en dos ideas básicas. La primera es que, en el marco de la escolaridad obligatoria, el sistema educativo establece una serie de objetivos de experiencias y de aprendizajes que deben garantizarse para todos los alumnos y alumnas sin excepción, en la medida en que se consideran esenciales para su adecuado desarrollo y socialización en nuestra sociedad.

No obstante, y ésta es la segunda idea fundamental, el hecho de que los objetivos y los aprendizajes sean comunes e irrenunciables no implica, en absoluto, que todos los alumnos y alumnas hayan de alcanzarlos de las misma manera, siguiendo exactamente el mismo proceso y recibiendo exactamente el mismo tipo de atención educativa. Lo que se propone es más bien lo contrario: para que todos los alumnos, alcancen los objetivos establecidos y realicen los aprendizajes previstos es necesario proceder a una diversificación de los procedimientos y estrategias instruccionales en función de sus características individuales. Esta diversificación o adaptación puede y debe llevarse a cabo en diferentes momentos del diseño, planificación y puesta en práctica de la acción educativa: en el momento de establecer el currículo oficial, en el momento de tomar las decisiones de planificación y programación curricular en los centros o en los departamentos didácticos (véase Proyecto Curricular de Etapa o Programaciones Didácticas), en el momento de desarrollar la planificación prevista para un grupo de alumnos y en el momento de diseñar una propuesta individualizada para un determinado alumno (Adaptación Curricular Individualizada, ACI) .

Es en este marco, al que subyace una actitud positiva ante la diversidad y una visión interactiva respecto a la naturaleza de las diferencias individuales, donde debe situarse el proceso de planificar, desarrollar y evaluar las *adaptaciones curriculares* que precisen determinados alumnos, cuestión ésta que ha sido ampliamente tratada en la literatura sobre alumnos con necesidades educativas especiales (MEC, 1992; Puigdellivol, 1998; Blanco 1999; Ruiz, 1999; Mata, 2001).

En este sentido, y a mi modo de ver, lo esencial de esta medida es lo siguiente:

- Ha de entenderse, sobre todo, *como una estrategia de actuación docente, un proceso de toma de decisiones* cuyo objetivo deber ser ayudar al profesor a reflexionar sobre los cambios que precisa su acción educativa para promover el aprendizaje y la participación de un alumno concreto, y llegado el momento, para detallarlos en un *plan de acción* coherente, factible y funcional.

- Se ha de apoyar en una serie de *condiciones* sin cuyo concurso difícilmente puede esperarse una propuesta adecuada. Entre tales condiciones hay que singularizar las siguientes: *participación de los implicados* (profesores, orientadores, familias y los propios alumnos siempre que sea posible); evaluación psicopedagógica (CIDE, 1996), esto es, del alumno en su contexto; explicitación, registro y revisión periódica de las actuaciones.

- Precisa de una serie de *criterios para llevarla a cabo* (Onrubia, 2004): buscar los medios para *enriquecer el currículo*, antes que eliminar o simplificar objetivos o contenidos; llegados a esta última situación, *proceder de abajo arriba en los elementos del currículo*, esto es, no modificar los objetivos y contenidos, hasta que no se haya comprobado o no se tenga la certeza de que no es suficiente con las adaptaciones a nivel inferior o con las que son simplemente de "acceso"; que no se deben cambiar los objetivos generales de área o de ciclo (ni las áreas mismas), en tanto no se tenga la certeza de que la diversidad puede ser abordada con los cambios en metodología didáctica o en los bloques de contenido.

Ahora bien no está de más pararse a reflexionar sobre esta cuestión de las *adaptaciones curriculares* en la que, a mi juicio, también aparecen no pocas barreras que con mucha frecuencia limitan el sentido y la funcionalidad de un proceso a consecuencia de una formalización excesiva (un protocolo que, a veces, requiere para su formalización más tiempo del que razonablemente tiene el profesorado para esta tarea), de la urgencia por un "producto" rápido (una ACI), o por la necesidad de un control burocrático del mismo a cuenta de las exigencias administrativas.

En este sentido, una primera barrera es, sobre todo, mental en la medida en que para la mayoría del personal, *"adaptación"* es sinónimo de reducción, simplificación o eliminación de contenidos u objetivos educativos. Ciertamente que ello puede y debe ser así en algunos casos, pero también es cierto que no debería serlo sin antes haber intentado agotar la vía contraria, esto es, la del *enriquecimiento* de las condiciones escolares que van a interactuar con los alumnos en cuestión. Las *Escuelas aceleradas* o el proyecto *Éxito para todos* en los que se han fundamentado las experiencias de *Comunidades de Aprendizaje* que mencionaba en el anterior capítulo, se sustentan precisamente en esta idea: antes de *adaptar* (si ello quiere decir reducir, eliminar o abandonar la expectativa de progreso y de éxito para algunos alumnos), se han de probar con todo y con todos los medios a nuestro alcance, "enriqueciendo" nuestra actividad docente[2] tanto como sea necesario:

> "La idea más importante en el proyecto *Éxito para todos* es que la escuela tiene que perseverar con todos los niños hasta que éstos tengan éxito. Si las intervenciones preventivas con algún alumno no son suficientes, necesitará tutoría. Si esto no es suficiente, tal vez él o ella puedan necesitar ayuda con su conducta, con su actitud hacia lo escolar o con su vista. La escuela no puede limitarse a ser un mero proveedor de servicios para los alumnos y para ello debe mantener una constante estrategia de evaluación de los resultados de las ayudas que proporciona para el aprendizaje y si es necesario variarlas o añadir otras nuevas hasta que el alumno, todos los alumnos, tenga éxito" (Slavin y Madden, 2001: 5).

No deja de ser curioso, una vez más, que mientras en el ámbito de la salud esto mismo que nos proponen Slavin y Madden suele ser lo habitual, esto es, estar dispuesto a llegar hasta donde sea necesario –en términos, por ejemplo, de complicadas intervenciones quirúrgicas o de trasplantes– para recuperar la salud de una persona, en cuestión de *salud escolar* nos contentamos de inmediato con lo más fácil: si un alumno tiene dificultades para aprender un contenido determinado (sea conceptual, actitudinal o procedimental) lo "adaptamos", esto es, lo eliminamos o reducimos y ¡tan contentos!, algo que, insisto, no es necesariamente consustancial al principio anteriormente aludido de llevar adelante una *enseñanza adaptativa*.

---

[2] Lo mismo que se hace, precisamente, con el alumnado con altas capacidades.

Sin lugar a dudas, una segunda barrera de gran tamaño en el proceso de establecer adaptaciones curriculares adecuadas y funcionales a las necesidades educativas de algunos alumnos, tiene que ver con algunas competencias de los profesionales implicados en esta tarea. La planificación, el desarrollo y la evaluación de adaptaciones curriculares es por "esencia", un *proceso colaborativo y complejo*, que demanda, idealmente, la participación de:

- el profesor/a de aula o materia
- el profesor/a de apoyo que normalmente existe en nuestros centros como recurso extra para colaborar en el proceso educativo del alumnado con *n.e.e.*
- el orientador o psicopedagogo que interviene en ese centro
- la familia

Como ha señalado Johnston (2000), una colaboración positiva requiere paridad, reciprocidad y capacidad para compartir. Implica una comunicación abierta para poder negociar las diferencias en la forma de desarrollar finalidades compartidas y "escuchar", no sólo oírse unos a otros, para poder atender a los posibles conflictos y diferencias. Demasiados elementos para que no surjan dificultades y barreras de todo tipo cuando, por ejemplo, ni la formación inicial de unos ni de otros (profesores y asesores psicopedagógicos) ha sido la más adecuada para asegurar esas competencias[3].

Por último, quiero resaltar que ese mismo proceso colaborativo necesario para llevar a cabo adaptaciones curriculares está mediatizado, como cualquier otro proceso escolar, por las condiciones organizativas y de funcionamiento de los centros, tanto como por su cultura respecto a determinados valores y prácticas profesionales. A este respecto, y tal y como señala Fernández Enguita (1999 a,b; 2000: 78), no parece que la mayoría de nuestros centros estén en las mejores condiciones:

> "La inercia de una Administración que solidifica la organización escolar como estructura burocrática y el ensimismamiento y el enclaustramiento (nunca mejor dicho) del profesorado, que la reducen a un caótico agregado, suma o montón de individuos, impiden a los centros escolares funcionar como un sistema ágil, flexible y eficaz, comprometido con la sociedad a la que debe servir"... "la falta de una cultura profesional que socialice adecuadamente a los componentes de la profesión, asegurando que interioricen en grado suficiente las normas de conducta y rendimiento que le son específicas, y de otra parte la ausencia de mecanismos de

---

[3] En este contexto era más que esperable que el profesorado de secundaria no valorase el posible asesoramiento psicopedagógico que pudieran ofertarles los orientadores, desde el momento en el que en su formación inicial esa capacitación brilla por su ausencia o su escasa presencia. En ocasiones he pensado que ocurre algo así como si a los arquitectos les formaramos sin conocimientos relativos, por ejemplo, a resistencia de los materiales y cálculos de estructuras, y luego quisiéramos que las casas no se nos cayeran encima o nos estrañáramos de que ello ocurriera.

control interno y externo adecuados para disuadir a los que incumplen esas normas, hace que la mayoría de los intentos innovadores de las Administraciones y, en especial, cualquier propuesta de que el profesor se responsabilice de algo que no sea su clase y su aula, tropiezan con una denodada resistencia".

Me consta, por ejemplo, que en muchos Institutos de Educación Secundaria encontrar los espacios y los momentos para el encuentro entre los implicados en el proceso de adaptación curricular, es una tarea ímproba. Y no porque *formalmente* no existan en los horarios de unos y otros la ocasión para realizarlo, sino porque sencillamente no se quieren utilizar y porque no hay control ni presión externa para que se lleve a cabo.

## Colaboración, apoyo y ayuda. Crear redes para afrontar la complejidad y el riesgo

La importancia de las cuestiones afectivas y emocionales que analizaba anteriormente no afecta solamente a los procesos que atañen al aprendizaje de los alumnos y alumnas. A nadie le cabe la menor duda de que el trabajo de intentar atender a la diversidad del alumnado con equidad es una tarea que genera múltiples dificultades personales, sociales y profesionales al profesorado. Cuando, por circunstancias diversas, no es posible manejar las emociones negativas que estas dificultades generan, pueden aparecer el estrés, la desesperanza o la depresión y, en general, un descenso del nivel de tolerancia e implicación personal del profesorado ante cualquier situación que suponga afrontar nuevos retos o desafíos. Y todo ello puede desencadenar lo que se ha definido como el *"síndrome del profesor quemado"* (*"burnout"*) (Esteve, 1994).

Al mismo tiempo, las cuestiones de disciplina–convivencia, que tantos quebraderos de cabeza están ocasionando al interior de las comunidades educativas, tienen mucho que ver con el clima relacional que impera en el centro y con los criterios y prácticas previstas para dirimir los conflictos. A este respecto, lo que hoy sabemos es que entre los elementos centrales de algunas de las estrategias que están resultando más útiles para superar el clima de tensión que al respecto se viven en muchos colegios e institutos, están aquellos que inciden sobre la creación de más amplias y mejores relaciones de interdependencia entre iguales (Cowie, 1998) y las de mediación y autoapoyo para resolver los conflictos existentes (Torrego, 1999).

La cuestión de la mejora del clima afectivo y emocional de las aulas y los centros resulta, por esta razón, un ámbito de intervención relevante por un triple motivo: por su incidencia en los alumnos a la hora de que sean capaces de atribuir "sentido" a lo que aprenden, por su incidencia en el clima de convivencia de aulas y centros escolares y por su incidencia en el equilibrio emocional del profesorado (Pérez, Reyes y Juandó, 2001).

En efecto, como bien nos recuerda Darling-Hammond (2001:116), la investigación educativa describe la enseñanza como una actividad compleja, sujeta a conflictos éticos y caracterizada por la simultaneidad, la multidimensionalidad y la imprevisibilidad.

"En el aula se negocian objetivos contradictorios y múltiples tareas a un ritmo alocado; continuamente se realizan intercambios y surgen obstáculos y oportunidades imprevistas. Cada hora y cada día los profesores han de hacer malabarismos ante la necesidad de crear un entorno seguro y de apoyo para el aprendizaje, presionados por el rendimiento académico, la necesidad de satisfacer la individualidad de cada estudiante y las demandas grupales simultáneamente, así como por llevar adelante múltiples itinerarios de trabajo, de modo que todos los estudiantes, en momentos distintos de aprendizaje, puedan avanzar y ninguno se quede rezagado".

Ante esta situación, que sobrepasa con mucho la capacidad de cualquier persona aislada, la única estrategia que puede conducir a un logro satisfactorio es que el profesorado sea capaz de tejer una especie de "red"[4] de apoyos y colaboraciones, con los compañeros, con los alumnos y con las familias de éstos, así como con otros centros y con la propia comunidad en la que cada uno de ellos se inserta. Cuando se logran tejer de forma eficaz, esas "redes" vienen a cumplir una función básica: la de aportar seguridad emocional y bienestar a los docentes, ya que les ayuda a crear sentimientos de pertenencia, de identificación y, muy importante, de competencia o de capacidad para resolver los problemas de una profesión compleja (AAVV, 2004).

En efecto, el autoconcepto y la autoestima del profesorado son, al igual que en el caso del alumnado, un elemento determinante en sus decisiones y actuaciones en el proceso de enseñanza y aprendizaje. Por ello, no sentirse formado o con suficiente experiencia para intervenir y dar una respuesta adecuada, por ejemplo, en un contexto multicultural, puede producir en los docentes un sentimiento de *incapacidad* que bloquee cualquier posibilidad de cambio y produzca una reacción de defensa e inmovilismo (Pérez, Reyes y Juandó, 2001; Gallego, 2002).

Seguramente el patrón de respuesta que siguen muchos profesores y profesoras, ante un problema enfrentado desde la soledad y el aislamiento profesional, es el que nos describen Parrilla y Daniels (1998):

- Encuentra dificultades para solucionar los problemas por sí mismo.
- Siente que le falta apoyo y ayuda.
- Ante esta situación opta por abandonar la resolución del problema.
- Se refugia en la adopción de métodos "seguros" y abandona la innovación y la búsqueda creativa de soluciones y métodos de enseñanza.

---

[4] En ocasiones he realizado el símil de que esta red vendría a ser semejante, simbólicamente hablando, a la que utilizan los trapecistas en el circo. Con ella a sus pies, aquéllos se sienten, sin duda alguna, más confiados y seguros para enfrentarse a sus complejos y arriesgados trances. En otro sentido el concepto de "red" como interdependencia e interconexión es circunstancial a la sociedad de la globalización y de la información en que vivimos.

- La vida del aula deja de responder a la diversidad.

- Los alumnos que habían suscitado su preocupación terminan siendo excluidos, abierta o veladamente, de la clase.

La principal trama de la red que puede ayudar a cambiar ese patrón de respuesta tiene que estar en el establecimiento de lo que Fullan y Hargreaves (1997) han denominado una *"profesionalidad interactiva"* entre el profesorado de los centros, para lo cual es fundamental, entre otras cuestiones, que los docentes puedan tomar decisiones con sus colegas en el marco de culturas cooperativas de ayuda y apoyo. De lo que se trata es de cambiar la situación por la cual la enseñanza se encuentra entre las profesiones más solitarias, secretas e individualistas que existen:

> "Cuando los docentes temen por poner en común sus ideas y éxitos, por miedo a que se piense que están presumiendo; cuando son reacios a contar a los demás una nueva idea, basándose en que los demás pueden robársela o atribuirse el mérito de la misma...; cuando los profesores, jóvenes o viejos, temen pedir ayuda porque puedan dudar de su competencia; cuando un profesor utiliza el mismo enfoque año tras año, aunque no sirva, se refuerzan los muros del secretismo, que limitan de manera muy fundamental el desarrollo y el perfeccionamiento, porque restringen el acceso a ideas y prácticas que pueden brindar modos mejores de hacer las cosas y porque se institucionaliza el conservadurismo" (Ob. Cit.: 66).

Ahora bien, cuando se evoca la colaboración o la colegialidad como características o competencias deseables entre el profesorado para hacer frente a los desafíos de la enseñanza, hay que intentar evitar quedarse solamente en la mera evocación de la idea o con definiciones vagas. En este sentido la investigación ha puesto de manifiesto que existen diferentes tipos de relaciones de colaboración entre profesores y que algunas de ellas sólo son formas relativamente débiles de colegialidad (*la balcanización, la colaboración cómoda o la colegialidad artificial*). Según los análisis de Fullan y Hargreaves (1997), ha sido Little (1990) quien ha indicado que el *"trabajo conjunto"* (por ejemplo, enseñanza en equipo, planificación conjunta, observación mutua, investigación-acción, etc.) es la forma más fuerte de colaboración. Por su parte, han sido Nias y su equipo de investigadores (Nias *et al.*, 1989) los que mejor han descrito las culturas cooperativas. A este respecto, lo que en su opinión caracteriza a estas culturas de colaboración no son la organización formal, las reuniones ni los procedimientos burocráticos, sino que consisten en cualidades, actitudes y conductas generalizadas que abarcan todos los momentos, todos los días de las relaciones entre los docentes. La ayuda, el apoyo, la confianza y la apertura se sitúan en el centro de estas relaciones. Subyace en ellas el compromiso de valorar a las personas como individuos y los grupos a los que pertenecen las personas.

También se nos han hecho algunas advertencias para que el proceso hacia el establecimiento de una colaboración más estrecha entre profesores sea factible. La primera, disociar con toda claridad la ayuda de la evaluación y la colaboración del control. La segunda es que las relaciones de ayuda sean recíprocas y no que sólo vayan en una dirección. Esto es, con relación a la ayuda tan importante es prestarla como recibirla:

> "Como los amigos que siempre nos hacen favores pero nunca piden nada a cambio, quienes prestan ayuda pueden hacer que quienes la reciban se sientan culpables y en deuda. Si nunca se pide ayuda a los receptores de la misma nunca podrán pagar la deuda. Con independencia de su buena intención, la ayuda paternalista o maternalista de este tipo es una ayuda envuelta en poder, un paquete que, en último término, hace que quien lo reciba decida no pedirlo nunca más" (Fullan y Hargreaves, 1997: 68).

A este respecto, resulta de gran utilidad la experiencia de los *Grupos de Apoyo entre Profesores* (Parrilla y Daniels, 1998; Gallego, 2002; Parrilla, 2003, 2004), en tanto que estructuras de apoyo creadas por los propios profesores, desde dentro de los centros, para dar respuesta a la diversidad de necesidades de alumnos y profesores. Consisten, básicamente, en pequeños grupos de compañeros de un mismo centro que, voluntaria y colaborativamente, trabajan sobre problemas planteados por sus colegas.

> "En la base de esta forma de entender el apoyo y las relaciones entre colegas, subyace la idea de que la resolución colaborativa de problemas entre profesores proporciona a la escuela el acceso a un recurso propio de un valor inestimable. De hecho, convierte al profesor en el protagonista del desarrollo escolar (y no a otros profesionales), y apoya sistemáticamente la reflexión basada en la acción y dirigida al cambio y mejora escolar. A través de la colaboración y el apoyo entre compañeros reconocemos y devolvemos a la escuela un recurso oculto a los ojos de la misma" (Parrilla y Daniels, 1998: 16).

Siendo básica la trama de relaciones colaborativas entre el profesorado, ésta no es suficiente para sostener la compleja acción docente. La *red* que estoy tratando de describir es la que se nutre también de las buenas relaciones entre los profesores y los alumnos, como de las que éstos mantengan entre sí, así como de la de unos y otros con las familias y con la comunidad en la que se insertan. Es una *red* tejida también con otros centros que pueden tener recursos y una experiencia de la que se carece (Font, 2004) y lo es igualmente con aquellos investigadores que han decidido bajar de su "cátedra" para prestar al profesorado un apoyo necesario para su trabajo de indagación e innovación, apoyo que no siempre está disponible, porque pocas veces la investigación conecta con las preocupaciones de los prácticos en la forma y bajo las constricciones en las que ellos se las formulan (Ainscow, Hower, Farrell & Frankham, 2004). La figura que ha realizado Parrilla (2003) intenta mostrar este conjunto interdependiente de colaboraciones, apoyos y ayudas mutuas.

*Figura 4.1. Ámbitos de colaboración.*

Por lo que respecta a las relaciones con y entre el alumnado, la investigación educativa está corroborando, una y otra vez, algo que resulta determinante para el progreso escolar de los alumnos y que no es otra cosa que la existencia de unas buenas relaciones entre los profesores y ellos. Ocurre que los profesores o profesoras que tienen una buena relación con sus alumnos logran un clima de convivencia en el que disminuyen los conflictos, son más valorados por aquéllos y son más comprendidos cuando se topan con alguna dificultad. Lo importante no es que reconozcamos esta necesidad, algo que vienen haciendo desde hace mucho tiempo los "buenos profesores", sino que hoy tenemos un conocimiento bien articulado sobre las condiciones en las que se sustenta ese importante factor para una enseñanza eficaz.

En efecto, podemos señalar, siguiendo las explicaciones de Ainscow *et al.* (2001b), que el establecimiento de *relaciones auténticas* entre profesores y alumnos se promueve cuando los profesores demuestran una consideración positiva hacia todos los alumnos; cuando se comportan en sus clases de manera que muestran coherencia y justicia, al tiempo que crean confianza; cuando comprenden y muestran que la comunicación con los alumnos supone tanto escuchar como dejar hablar y cuando hacen de sus clases lugares en los que los alumnos y alumnas pueden experimentar sin temor conductas que suponen elegir y asumir riesgos y responsabilidades.

Por su parte el establecimiento de relaciones de colaboración y ayuda entre los propios alumnos es un recurso de primer orden para facilitar el aprendizaje, el desarrollo de habilidades y conductas prosociales y el mantenimiento de un clima de respeto y valoración de las diferencias. Bien es cierto que estos efectos están sujetos a la aplicación sistemática y sostenida en el tiempo de estrategias de aprendizaje colaborativo y cooperativo cuya importancia y eficacia están, a estas alturas, sobradamente probadas y contrastadas (Slavin y Madden, 2001; Díaz-Aguado, 2003). Es evidente, entonces, que debemos considerar el acceso a los recursos y a los conocimientos para poner en marcha estas propuestas (Monereo y Durán, 2002; Pujolàs, 2001; Durán y Vidal, 2004), uno de esos puntos de apoyo sin el cual difícilmente podríamos aspirar a poder avanzar hacia una educación más inclusiva.

En la particular *red* que estoy analizando, la participación de las familias en los centros escolares no sólo permite establecer relaciones positivas entre el hogar y la educación escolar, sino que también puede y debe servir para despertar en los padres un interés activo por la educación de sus hijos. Por desgracia algunos centros adoptan la política de consultar a los padres únicamente cuando surgen problemas y, por ello, es poco probable que esta actitud redunde en provecho de los alumnos, siendo más bien un obstáculo que limita su participación y con ella, el aprendizaje y el progreso de los más vulnerables (Palacios y Paniagua, 2005). Al examinar las relaciones entre padres y profesores es conveniente considerar que los padres no constituyen un grupo homogéneo y tienen necesidades y también potencialidades.

Entre las necesidades más demandadas por los padres (Echeita y Alonso, 1996) está la de disponer de información básica sobre sus hijos. Deben comprender los objetivos generales del centro y disponer de información sobre su política educativa, así como participar en la toma de decisiones que influyen en la vida escolar de sus hijos, sobre todo cuando se habla de *evaluaciones psicopedagógicas* o de las que afectan a su escolarización o emplazamiento en grupos "especiales". Con cierta frecuencia este tipo de cuestiones suelen abordarse a la ligera y si los centros escolares no proporcionan adecuadamente información y asesoramiento, otras organizaciones o profesionales contratados al efecto se encargarán de ello. Cuando esto ocurre se tiende a crear una situación en la que los padres dejan de ser partidarios y se transforman en adversarios. Además de la información básica, algunos padres pueden desear una información más detallada en algunos ámbitos. Pueden estar dispuestos a reunirse con otros padres con el objeto de aprender a educar mejor a sus hijos o para ayudarles a adquirir determinadas habilidades (por ejemplo, en el ámbito de la lectura) que, a la larga, no harán sino facilitar el trabajo de los profesores. Estar atentos a promover y facilitar estas actividades es una "ayuda" que contribuye a crear un clima de confianza y respaldo entre familias y escuela, cuando está en juego una actividad educativa compleja y sujeta a muchos conflictos de valor.

Además de tener necesidades, las familias tienen potencialidades (AAVV, 2004b), y los centros escolares que saben reconocer este hecho y "aprovecharlo" tienen dado un paso de gran valor con vistas a propiciar una educación de calidad para todos sus alumnos; los que no, tienen frente a sí uno de esos cambios que bien merecen el calificativo de estratégicos. En este sentido lo primero que hay que apuntar es que los padres y las madres conocen muy bien y muy íntimamente a sus hijos y que esa información puede utilizarse para adoptar las estrategias de enseñanza que mejor se adapten a sus características y necesidades. Además, muchos padres están dispuestos a colaborar con los profesores en alguna de las siguientes formas:

- Ayudando a sus hijos en algunas de las tareas que deben hacer en casa.
- Controlando periódicamente su progreso.
- Ayudando en la preparación de materiales didácticos para clase.
- Participando en comisiones escolares.
- Ayudando a determinados alumnos en clase, bajo supervisión del profesor.
- Participando en talleres y actividades complementarias para los alumnos.
- Facilitando fondos o recursos extraordinarios al centro.

En los materiales para la formación de profesores elaborados por la UNESCO (1993), se da cuenta de las recomendaciones que un grupo de padres y madres elaboraron para los maestros sobre cómo establecer mejores relaciones de trabajo con las familias. Me siguen pareciendo relevantes y útiles como reflexión sobre su significado y alcance con el profesorado en formación:

- *Sean honestos*. Reconozcan que los padres con quienes están dialogando son los responsables de los niños que Vds. atienden. Es importante presentar un cuadro equilibrado de tal modo que no sólo se mencionen los problemas sino también las potencialidades de los niños. Asimismo, reconozcan los aciertos cuando los haya.
- *Escuchen*. En la medida que los padres conocemos bien a nuestros hijos es importante escuchar lo que tenemos que decir.
- *Reconozcan cuando no sepan*. Los padres formulamos a menudo preguntas sobre el progreso de nuestros hijos, pero no esperamos que los profesionales puedan responder a todas ellas. De hecho, en ocasiones podemos sentir alivio si un profesional admite honestamente ignorar algo.
- *No vacilen en elogiar*. También los padres tenemos que enfrentar problemas en la educación de los hijos que son muy perturbadores para la vida familiar. Por ello no es sorprendente que deseemos que se nos reconozcan los esfuerzos que hacemos en ese sentido y que no siempre se nos esté reprochando o diciendo lo que debemos hacer.
- *Soliciten apoyo*. Con más frecuencia de lo que creen estamos dispuestos a prestar apoyo de distinto tipo para mejorar la educación de nuestros hijos.
- *Infórmense*. Los padres vamos a necesitar cuanta información sea posible sobre nuestros hijos. A menudo la primera persona a la que acudiremos será al profesor, quien si está bien informado podrá orientarnos hacia otros interlocutores si es necesario.

Además de estas consideraciones generales, es importante tener presente también las situaciones particulares en las que se desenvuelven las familias que tienen un hijo *con necesidades educativas especiales* y, muy especialmente, las reacciones emocionales que ello va a originar a las familias (desde la fase de shock hasta la de adaptación y orientación, pasando por las de negación, enfado, culpa y depresión) (Paniagua, 1999). Para conseguir una colaboración positiva con las familias en estas circunstancias especiales, es necesario asimismo reflexionar sobre el *modelo de relación profesional* que va a guiar la relación de los profesores con aquéllas. Se trata de marcos de referencia amplios relativos a la ideología, la distribución de poder, la participación y el tipo de relación interpersonal que se establece entre padres y profesionales. Paniagua (1999) ha descrito con detalle cuatro de estos modelos (*del experto y del trasplante*, los más tradicionales y cuestionados, y los *del usuario y de la negociación*, actualmente los más acordes con las necesidades y los derechos de los padres).

Por último, *la comunidad*, en su sentido más amplio, constituye también una fuente de recursos y un apoyo de primer orden ante la tarea de desplegar una enseñanza atenta a la diversidad. Museos, centros comerciales, servicios públicos, asociaciones, y un largo etc. de recursos comunitarios están al alcance de los centros para facilitar estrategias diversas y estímulos motivadores para la enseñanza de los alumnos. Por otra parte, los centros que se vinculan a las necesidades de su contexto, abriendo sus puertas y poniendo sus recursos al servicio de la comunidad a la cual pertenecen, terminan recibiendo de ésta un respaldo y un aliento sin el cual es muy difícil solventar las dificultades de su trabajo.

Como puede observarse, la construcción de esta red de colaboración y ayuda recíproca entre los miembros de las comunidades educativas representa, por otra parte, un marco bien distinto para *el apoyo* de aquellos alumnos en mayor riesgo de exclusión y para el desarrollo de una enseñanza atenta a la diversidad, mucho más amplio, complejo y potente que el concepto tradicional de apoyo vinculado exclusivamente a la presencia de un profesorado especializado en la atención individual a determinados alumnos. Los futuros profesores, sean los tutores que tendrán en sus aulas alumnos en situaciones de desventaja, o sean aquéllos asignados a las *funciones de apoyo escolar*, tienen aquí un nuevo marco de referencia para sus actuaciones, coherente con un modelo social de las dificultades de aprendizaje y con las aspiraciones de una educación más inclusiva.

Pero hace tiempo que he aprendido que *"no es suficiente con imaginar una realidad distinta a la que tenemos, para cambiar ésta"* de forma que tan importante como tener claras las metas hacia las que debemos orientar la acción educativa, es saber qué deben hacer los centros escolares para moverse en esa dirección. Esto es, el profesorado y todo aquel que se mueva en los terrenos del asesoramiento psicopedagógico, debe prestar atención y adquirir dominio en los procesos que sirven para que los centros inicien, mantengan y evalúen sus propios procesos de mejora. A ellos se dedica el penúltimo de los apartados de este capítulo.

## ESCUELAS EFICACES, PROCESOS DE MEJORA Y CULTURA ESCOLAR

Revisemos, aunque de manera rápida, algunos de los aspectos que se han ido tomando en consideración para poder desarrollar una enseñanza más inclusiva, atenta a la diversidad del alumnado. Así, ha quedado planteado que la base de todo ello es un profesorado reflexivo, centrado en la mejora del aprendizaje de todos sus alumnos y alumnas, con una disposición para trabajar conjuntamente con sus compañeros y con las familias a la hora de planificar, desarrollar y evaluar periódicamente su acción docente, introduciendo en su caso las adaptaciones, los cambios necesarios en su programación de aula y en sus métodos didácticos para buscar un respuesta educativa en la que se minimicen las barreras que pudieran existir para el aprendizaje y la participación del alumnado más vulnerable. Ello le supondrá plantear, junto con sus compañeros, y cuando sea necesario, cambios que pueden afectar al clima de relaciones en el centro, así como a la organización y al funcionamiento del ciclo, de la etapa o del centro en su conjunto, así como buscar recursos adicionales y generar apoyos para su trabajo, todo ello bajo las constricciones de tiempo, espacio, recursos e imprevisibilidad que acompañan habitualmente a los profesores y profesoras en su desempeño profesional cotidiano.

La lista, que podría ser más pormenorizada, deja entrever la idea de que un trabajo de estas características no puede ser la empresa individual de un profesor aislado, ni la mera suma de varios de ellos, sino de un centro escolar que debe funcionar *eficazmente*. De ahí que el estudio de los factores que contribuyen en mayor medida a mejorar la calidad de los centros docentes, sea uno de los contenidos a los que la investigación ha prestado gran atención en los últimos años.

A este respecto cabe señalar que el estudio de esos factores asociados al buen funcionamiento de los centros ha sido el objetivo de dos amplios movimientos: el que se ha organizado en torno a las *escuelas eficaces*, con una fuerte base investigadora, y el que surge a partir de experiencias más concretas, con un foco en los procesos de la escuela y en las estrategias de innovación, y que busca desarrollar programas para *mejorar las escuelas* (Marchesi y Martín, 1998; Murillo y Muñoz- Repiso, 2002; AAVV, 2005a).

Respecto a los estudios sobre las *escuelas eficaces* puede decirse que si bien sus objetivos iniciales fueron encontrar un apoyo empírico a la influencia del papel de los centros docentes para reducir las diferencias iniciales que existían entre los alumnos, posteriormente los estudios se orientaron a determinar la influencia relativa de las distintas variables en la obtención de los resultados escolares. Como nos hacen ver Marchesi y Martín (1998), las investigaciones realizadas han sido muy numerosas y les ha faltado, en muchas ocasiones, un modelo teórico capaz de proporcionar explicaciones más completas o, en su defecto, de situar los datos obtenidos en marcos más amplios. No obstante, disponemos de un importante conjunto de conocimientos tanto sobre los factores que parecen influir más directamente en el buen funcionamiento de los centros, como con respecto a las "precauciones" con las que debemos utilizar ese conocimiento.

Con relación a esta última consideración hoy hay que decir, en efecto, que las conclusiones que se obtienen en la investigación sobre las escuelas eficaces no se pueden trasladar directamente a la práctica, por cuanto tampoco se puede constatar con precisión el peso o la influencia diferencial de cada uno de los factores descritos, o de su interacción, a la hora de conformar una escuela eficaz. También es necesario tener muy presentes las condiciones históricas, culturales y contextuales de los centros, lo cual conduce a la idea de un obligado proceso de adaptación de cada centro y, por lo tanto, a un lógico relativismo respecto al uso del conocimiento disponible (Hamilton, 2001). Así, no hay que asumir que las escuelas eficaces y sus efectos se vayan a mantener, necesariamente, durante largos periodos de tiempo y hay que admitir que una escuela es eficaz o ineficaz en todos los factores y resultados, sino que puede serlo solamente en algunos.

Por otra parte hay que ser muy cautelosos con la utilización que se hace de este tipo de estudios, primero por cuanto pueden hacernos perder de vista el papel del profesor y la complejidad de la vida del aula y los centros; en segundo lugar, porque el uso del discurso de la *escuela eficaz* puede favorecer a los privilegiados y castigar a los desfavorecidos (Slee, 2001) y porque:

> "Comulgar sin reservas con los principios de la eficacia significa ignorar cuestiones esenciales sobre el éxito de nuestras respectivas instituciones. La medición de resultados como principal determinante del éxito de una institución, no se puede considerar algo neutral. Por el contrario, esos principios dan por supuesto que la labor principal de la institución educativa es la de abrir las puertas de un sistema de evaluación determinado, de objetivos fijos y muchas veces angosto, al mayor número posible de alumnos y estudiantes. Y considera que los "otros" objetivos de la educación, como el desarrollo de la autoestima, la ciudadanía, la conciencia política, la responsabilidad social y el aprendizaje durante toda la vida, son marginales" (Rea y Weiner, 2001: 43).

Con todas esas cautelas de por medio, hay que señalar que tenemos disponibles una buena relación de los factores influyentes en la eficacia de los centros, así como de los principios en los que se sustentan (Marchesi y Martín, 1998), relación que bien podría tomarse como los objetivos o la meta hacia la que deben encaminarse los *procesos de mejora* en los que los centros deben embarcarse para ir cambiando, toda vez que los cambios educativos son necesariamente graduales. Respecto a los primeros, puede tomarse como referencia la revisión de las investigaciones realizadas en Gran Bretaña y Estados Unidos por Sammons *et al.*, (1995) y recogida en Marchesi y Martín (1998), quien ha relacionado 11 factores, no exhaustivos ni independientes unos de otros, y que son los siguientes:

1. Liderazgo profesional

2. Visión y metas compartidas

3. Un ambiente favorable de aprendizaje

4. Concentración en la enseñanza y el aprendizaje

5. Expectativas elevadas

6. Refuerzo positivo

7. Seguimiento del progreso

8. Derechos y responsabilidades de los alumnos

9. Enseñanza intencional

10. Una organización para el aprendizaje

11. Cooperación familia-escuela

Respecto a los principios en los que se sustentan estos factores y a los que Murphy (1992) concede, de hecho, más importancia que a aquéllos, este autor los ha resumido en cuatro, conformando en conjunto *"el legado auténtico de las escuelas eficaces"*:

1. *La educabilidad de los aprendices*. La creencia fundamental de que, en las condiciones adecuadas, todos los alumnos pueden aprender.

2. *Una orientación hacia los resultados*. La preocupación constante por mejorar los resultados de los estudiantes, para lo cual se ha de prestar especial atención a los procesos de evaluación tanto de éstos como de los procesos educativos puestos en marcha. También la insistencia en que la eficacia depende de la distribución equitativa de los logros educativos entre toda la población de una escuela.

3. *La necesidad de asumir responsabilidades con los estudiantes*. La convicción de que los malos resultados académicos no dependen principalmente del origen social de los alumnos o sus familias, sino más bien de las escuelas. La comunidad educativa debe asumir la responsabilidad de lo que sucede a los alumnos.

4. *Atención a la consistencia en la comunidad escolar*. Una de las lecciones más firmemente establecidas en la investigación sobre las escuelas eficaces es que las mejores escuelas están más estrechamente relacionadas –estructural, simbólica y culturalmente– que las menos eficaces. Ellas actúan más como un todo que como la suma de distintas partes aisladas. Este básico sentido de consistencia y coordinación es el elemento clave que cohesiona los factores de eficacia e impregna a las mejores escuelas.

Como apuntaba anteriormente, podría decirse que siendo necesario el conocimiento disponible respecto sobre los factores que contribuyen al funcionamiento eficaz de los centros escolares, y sin perder de vista una actitud crítica hacia cierta utilización *mercantilista* de estos estudios (Slee, Weiner y Tomlinson, 2001), dicho conocimiento es, a todas luces, insuficiente para hacer mejorar su calidad. Para ello es imprescindible hacer confluir ese conocimiento con el que se deriva de la investigación sobre "cambio educativo" (Stoll y Fink, 1999; Hargreaves, Early, Moore, y Manning, 2001; AAVV, 2002f, 2005a), y sobre todo con el que nos ayude a comprender y dinamizar los procesos que llevan al profesorado y a las comunidades educativas a embarcarse en proyectos auténticos de *mejora* para hacer frente a los requerimientos de una visión ampliada de la educación escolar.

Esta línea de investigación sobre las estrategias de cambio más adecuadas para conseguir que las escuelas alcancen sus objetivos y que durante bastante tiempo ha discurrido en paralelo con los estudios sobre eficacia escolar, empieza a confluir seriamente con ésta en lo que empieza a llamarse *"mejora de la eficacia escolar"* (Murillo y Muñoz Repiso, 2002), y con ello a proporcionarnos una plataforma mucho más sólida para facilitar el *"movimiento de las escuelas"* hacia la meta apuntada de una educación más inclusiva, entre otras.

En la actualidad, los resultados más importantes de las líneas de investigación en curso nos muestran, en primer lugar, que *se deben considerar a la escuela como el centro del cambio* en el sentido de que los objetivos de mejora deben orientarse a todos los niveles de la escuela. Las iniciativas para el cambio tendrán mucho menos impacto si se quedan reducidas a un trabajo aislado de un pequeño grupo de profesores. *La escuela debe ampliar sus relaciones con agentes e instituciones diversas.* El proceso de cambio no es un problema que afecte exclusivamente a la escuela. En él deben implicarse desde la administración educativa hasta los "agentes externos" que están interesados en la calidad de la enseñanza. Un tercer principio fundamental es que *el cambio ha de ser planificado y sistemático* y conducir finalmente a su institucionalización. Por otra parte, la mejora de la escuela se produce con mayor facilidad si se trabaja conjuntamente en la *creación de condiciones internas que favorecen el cambio.* Por último, *la evaluación del proceso de cambio es imprescindible.* Es la única forma de conocer el impacto de las decisiones adoptadas respecto a la situación de partida y, por otra parte, la dinámica de recogida y análisis de la información para esa evaluación facilita, en sí misma, la participación de la comunidad educativa y crea un sentimiento de pertenencia en ella que es imprescindible para llevar a buen término las mejoras planteadas.

Una vez más ha de señalarse que también estos estudios están afectados por una serie de *debilidades* que nos obligan a desplegar un *optimismo moderado* con relación a la capacidad para ayudar a los centros a iniciar, mantener e institucionalizar procesos de mejora escolar. En particular parece muy necesario seguir avanzando en nuestra comprensión de cuál de esas condiciones que se han señalado como facilitadoras del cambio es más determinante y cuál o cuáles actúan directamente sobre otras. Como bien se ha dicho, no todas las "puertas" del cambio son iguales ni abren las mismas posibilidades. También es necesario adoptar un mayor rigor conceptual y metodológico en la evaluación de los programas, precisamente para conocer algunas de esas cuestiones que permanecen en sombra y, por último, parece obligado ir incorporando las variables relativas a la instrucción en el aula, por cuanto hasta la fecha, buena parte de los trabajos se han centrado solamente en procesos de centro.

Las características y fases que conllevan los *planes de progreso o de mejora* en los que los centros deben embarcarse para operativizar sus necesidades de cambio, resultan un aprendizaje estratégico para los equipos educativos que quieran comprometerse con el progreso hacia una educación más inclusiva. De hecho, en la actualidad existe una creciente presión institucional hacia los centros para que elaboren programas de mejora y su elaboración se considera un "requisito" para tener acceso a determinados recursos y ayudas.

Para terminar con este bloque de contenidos básicos, referidos a la mejora del funcionamiento de los centros escolares como condición para poder avanzar hacia escuelas eficaces para todos, hay que detenerse en el concepto de *cultura escolar* que, en los últimos años, está recibiendo una especial atención cuando se aborda la cuestión del cambio educativo y los proyectos de mejora de las escuelas. De hecho, lo que ahora se está planteado es que la transformación de la cultura de los centros es uno de los más claros indicadores de que un cambio profundo se ha producido en una escuela.

Un trabajo sobre esta temática, en el que se plantea abiertamente la relación entre cultura escolar y educación inclusiva (Lobato, 2001), nos permite recordar las principales cuestiones que están planteadas a este respecto. Nos señala esta autora, en primer lugar, que puede rastrearse el origen del interés en el estudio de la cultura escolar en trabajos antropológicos e investigaciones organizacionales. En este sentido se ha puesto de manifiesto que los investigadores del área de las organizaciones comenzaron a interesarse por ciertos componentes de la cultura que se apoyaban en estudios antropológicos. Así, iniciaron estudios de cultura en comunidades modernas, tales como las empresas, las iglesias, las corporaciones, las burocracias gubernamentales y las escuelas. Un ejemplo de la importancia que han cobrado estos estudios es el reciente auge por la investigación de los rasgos de la cultura organizacional o corporativa que mejoran aspectos de las empresas tales como el ambiente de trabajo y la productividad.

Parece ser que fue el auge de este tipo de estudios y sus resultados lo que despertó el interés en los investigadores de la educación para analizar los componentes culturales de las escuelas que han tenido éxito. Sin embargo, un primer obstáculo al trabajar con el concepto de "cultura escolar" es la falta de uniformidad que existe en su definición. Junto a esta dificultad hay que apuntar, también, la relativa a las diferencias en cuanto a las dimensiones o elementos en base a los cuales se puedan definir los diferentes tipos de cultura que pueden existir y si, de hecho, cabe hablar de una cultura dominante o de varias subculturas que pueden convivir en un mismo centro. Por último, no son menos importantes ni fáciles de dirimir las cuestiones relativas, precisamente, a todo lo que supone el *cambio cultural*.

Ya me he referido en anteriores ocasiones al hecho de que el sentido de este capítulo no es tanto el de ahondar en los contenidos que estoy señalando como básicos, cuanto el de resaltar su importancia a los efectos de *"puntos de apoyo"* para un cambio deseable. Por esta razón no voy a entrar en una revisión pormenorizada de las cuestiones referidas al estudio de la cultura escolar tarea, por otra parte, que entiendo bien realizada en los trabajos referenciados hasta aquí. Voy a centrarme, solamente, en aquellos aspectos que pueden ser de especial importancia en los procesos de formación del profesorado, sea inicial o permanente. En primer lugar, en una definición de cultura escolar, lo más integradora posible de las diferentes perspectivas al uso; en segundo término, en los componentes de la cultura escolar que parecen más relevantes para la inclusión y, por último, en algunas pautas para la evaluación de la cultura escolar desde una perspectiva inclusiva, lo cual me llevará de nuevo a los trabajos sobre el *Index for Inclusion*, referidos al inicio de este capítulo.

La cuestión de la definición de cultura escolar tiene importancia desde el momento que nos permite establecer los indicadores adecuados que faciliten su análisis, como también la tiene la distinción entre "estructura" y "cultura". En este sentido, y como nos indican Marchesi y Martín (1998), la estructura de un centro se refiere principalmente al sistema organizativo, a los procesos para adoptar decisiones, al tipo de participación establecido en la escuela y a los papeles que desempeñan los distintos agentes educativos. La cultura es más bien la creencia y convicciones básicas que mantienen los profesores y la comunidad educativa en relación con la enseñanza, el aprendizaje de los alumnos y el funcionamiento del centro. La cultura incluye las relaciones que se establecen en el centro, los sistemas de comunicación y el tipo de colaboración que se establece entre los profesores. A este respecto no está de más recordar que los proyectos que un centro elabora de forma explícita pueden coincidir o no con las creencias básicas que comparten realmente los profesores.

Como Hopkins, West y Ainscow (1996) nos han hecho ver, las relaciones entre la estructura y la cultura del centro son de interdependencia. Las estructuras generan las culturas pero, por otra parte, los cambios en la cultura pueden modificar la estructura existente. El cambio en las estructuras parece ser más sencillo, pero puede mantenerse en ese nivel sin afectar a los valores, creencias y relaciones que existen en el centro. Igualmente los cambios en la cultura, si no afectan a la estructura organizativa del centro, pueden quedarse sin el soporte institucional necesario para dar estabilidad y coherencia a los cambios.

Por otra parte la distinción de Hargreaves (1992) sobre el *contenido* de la cultura de los profesores y la *forma* que adopta esa cultura es muy clarificadora. El contenido consiste en las actitudes, creencias, valores y hábitos que se comparten dentro de un determinado colectivo de profesores. Es, fundamentalmente, lo que los profesores piensan, dicen y hacen. Por el contrario, la forma de las culturas de los profesores se basa en las relaciones que se establecen entre los profesores y los sistemas de asociación que se derivan de ellas. El número de "formas" que puede adoptar la cultura de los profesores es menor que sus posibles contenidos, aunque su influencia es más determinante. Hargreaves (1992) ha descrito cuatro formas de cultura de los profesores: *individualismo, balcanización, colegialidad artificial y colaboración*.

Con estas distinciones, la definición de Lobato (2001: 97) sobre cultura escolar puede servirnos para los fines que persigo:

> "El conjunto de actitudes, valores y creencias compartidas (*contenido* de la cultura escolar) y los modelos de relación, forma de asociación y organización (*forma* de la cultura escolar) de la escuela".

Con esta definición y tras una amplia revisión acerca de los elementos que son importantes considerar como parte de la cultura escolar, esta misma autora (pág. 108) ha sintetizado aquellos elementos de la cultura escolar que parecen más relevantes para el planteamiento de una escuela inclusiva:

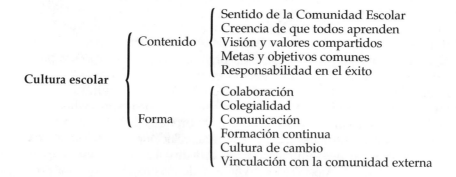

**Cultura escolar**

Contenido
- Sentido de la Comunidad Escolar
- Creencia de que todos aprenden
- Visión y valores compartidos
- Metas y objetivos comunes
- Responsabilidad en el éxito

Forma
- Colaboración
- Colegialidad
- Comunicación
- Formación continua
- Cultura de cambio
- Vinculación con la comunidad externa

Reconociendo que no existe todavía un pleno consenso sobre cómo definir la cultura escolar y siendo aún más difícil conocer la cultura dominante que existe en cada centro escolar, también es cierto que hay una serie de elementos que aparecen repetidamente en los estudios y que nos permiten hacernos una idea bastante precisa de las culturas de los centros más proclives al cambio y que son aquéllas en las que los profesores se muestran más colaboradores y participativos, más respetuosos con la diversidad existente, más abiertos al ambiente exterior y con mayores expectativas hacia el trabajo de sus alumnos y hacia su propio desarrollo profesional.

El cambio de cada escuela debe partir de su cultura propia y orientarse hacia su transformación. A partir del análisis de las condiciones reales y específicas de cada centro es posible definir los objetivos de cambio y las estrategias más adecuadas para impulsarlo. Y éste es, precisamente, el sentido del *Index for Inclusion* (Booth y Ainscow, 2000), un instrumento para el análisis de las *barreras* que existen en la cultura de los centros (también en sus proyectos específicos y en sus prácticas de aula), respecto a la educación inclusiva. A través de una serie de preguntas e indicadores (como veremos en el capítulo siguiente), los miembros de cada comunidad educativa pueden revisar sus propias ideas y sus prácticas educativas. También aporta un esquema operativo para desplegar un ciclo de mejora en el centro, una vez que se hayan detectado las principales barreras o limitaciones para facilitar el aprendizaje y la participación de todos en la vida del centro y establecidas las prioridades que el centro estime convenientes. En definitiva, se trata de un instrumento de gran valor tanto para el profesorado en ejercicio como para el que está en formación, que se apoya en los avances más recientes de la investigación educativa sobre eficacia y mejora de la cultura escolar y con el valor añadido de tener en mente la meta de una educación de calidad para todos los alumnos, sin exclusiones.

## COMPETENCIAS DEL PROFESORADO PARA UN DESEMPEÑO PROFESIONAL COMPLEJO

Tratar de colaborar en la formación del profesorado, que como señalé en la Introducción ha sido una de las motivaciones para escribir este libro, pasa no sólo por facilitar a los enseñantes la comprensión de hechos, conceptos y marcos referenciales de este ámbito de conocimiento relevantes para su propio desempeño profesional, sino también por contribuir al desarrollo de competencias de carácter procedimental y actitudinal, sin las cuales dicho desempeño sería claramente ineficaz para los tiempos que corren. Es más, mientras que los hechos, conceptos y marcos referenciales que hoy podemos compartir pueden quedar en muy breve espacio de tiempo superados por el vertiginoso ritmo de avance de nuestros conocimientos, seguramente los procedimientos y actitudes que estén sólidamente adquiridos serán la mejor garantía para mantener durante mucho tiempo una competencia profesional de calidad.

La mayoría de esas competencias procedimentales y actitudinales a las que aludo ya han aparecido mencionadas, explícita o implícitamente, en los epígrafes anteriores al realizar los análisis sobre los que he considerado ámbitos, *puntos de apoyo* o contenidos básicos en la formación del profesorado. No obstante, me ha parecido oportuno volverlas a considerar de manera explícita junto con alguna otra que hasta ahora no había sido tratada, con la finalidad de recordar el compromiso que debemos adquirir con su enseñanza y aprendizaje los que nos dedicamos a estas tareas.

Para este fin sin duda han de ayudarme también los análisis prospectivos sobre *la nueva profesionalidad* que la sociedad de la información espera de los docentes (Hargreaves, 2000; Perrenoud, 2004) y, en general, sobre los retos a los que se enfrenta la educación en el siglo XXI (UNESCO, 1996; Darling-Hammond, 2001; Imbermon, 1999; Monereo y Pozo, 2001; EADSNE, 2011, EADSNE, 2012). En este sentido y según Hargreaves (2000: 60):

> *"En los próximos años los docentes tendrán una oportunidad real de aceptar y desarrollar por sí mismos un nuevo tipo de profesionalidad necesaria para la sociedad de la información si:*
>
> – Se ven a sí mismos como intelectuales que continuamente buscan investigar y apoyarse unos a otros en el deseo de mejorar.
>
> – Ven una gran parte de su trabajo como una tarea colectiva, y no como algo individual.
>
> – Se apropian de una parte de la agenda de rendición de cuentas y desarrollan unas relaciones más abiertas y profesionales con las familias.
>
> – Se convierten en promotores de cambios productivos y no en meros ejecutores de los cambios inducidos por otros.
>
> – La dirección de los centros fomenta la colaboración entre el profesorado y las mejoras de las relaciones con el alumnado.
>
> – El gobierno proporciona apoyo y asegura que posibilitará la enseñanza y las experiencias que funcionen como comunidades de aprendizaje, que a su vez crearán la sociedad del conocimiento.
>
> – Trabajan con las familias y otras entidades para crear un movimiento social de reforma educativa bien fundamentada, que los gobiernos se vean impulsados a seguir".

Como decía, de unos y otros análisis tengo el convencimiento de que las siguientes son competencias fundamentales que se derivan de esos desafíos:

1. Tener una *actitud reflexiva* y crítica, propia de un intelectual comprometido, tanto frente a sus propios pensamientos, emociones y prácticas como frente a la realidad educativa y social.

2. Tener *curiosidad e iniciativa* para indagar y resolver sus dudas e incertidumbres.

3. Saber *buscar y recopilar información relevante* sobre las dificultades o problemas con los que se encuentre.

4. Ser *estratégico*, esto es, ser capaz de aplicar procedimientos sistemáticos y ordenados para analizar la información y tomar decisiones.

5. Ser capaz de *trabajar colaborativa y cooperativamente* con otros, sean compañeros, otro personal del centro o con las familias en el análisis de la propia realidad educativa y en la planificación, el desarrollo y la evaluación de las iniciativas de mejora que se acuerden.

6. Saber mantener buenas pautas de *comunicación, de diálogo y de escucha.*

7. Saber *pedir y ofrecer ayuda.*

8. Mostrar *empatía* ante las necesidades y emociones de los otros.

9. Saber *compartir* y entablar relaciones de *reciprocidad y de confianza con los compañeros y alumnos.*

10. *Asumir riesgos y estar abiertos al cambio.*

11. Saber *fijarse metas* para superarse y querer *seguir aprendiendo.*

# 5

# Explorando la nueva perspectiva: propuestas e instrumentos para una investigación colaborativa

EN CAPÍTULOS ANTERIORES me he extendido en tratar de explicar el sentido que en la actualidad se otorga a la idea de *educación inclusiva o para la inclusión*, y algunos de los principales ámbitos en los que intervenir para poder progresar en esa dirección. De resultas de esos análisis hay que volver a señalar que se trata de un concepto polisémico, hoy por hoy, todavía muy abierto y en cierta medida, por lo tanto, impreciso. Ello no quita para que al mismo tiempo sea un concepto que circula en el ámbito internacional, que esté establecido como política educativa en muchos países y que, en todo caso, suscita gran interés y debate siendo el núcleo central de seminarios, congresos y publicaciones de todo tipo, algo que puede comprobarse fácilmente con una visita a cualquier buscador en Internet.

Ello ocurre, como nos recuerda Coll (2004), al unísono con el movimiento de *modernización conservadora* en lo educativo que ha descrito Apple (2002) y en el que parecen converger las fuerzas más neoconservadoras, neoliberales, populistas autoritarias y fanáticas religiosas de nuestras sociedades desarrolladas. Esta situación, en apariencia tan contradictoria, tal vez no sea sino la manifestación de un *momentum* de especial trascendencia en torno al sentido de las políticas educativas con relación a lo que entre nosotros estamos llamando *atención a la diversidad* y, en el fondo, con relación a la orientación global de nuestros sistemas educativos en el albor del siglo XXI (Slee, 2012).

Sea o no ésta la situación, lo cierto es que resulta necesario seguir explorando nuevas perspectivas y caminos para acercarnos a esa meta tantas veces proclamada y tantas veces postergada de una educación de calidad para todos y con todos, toda vez que sobre lo que sí tenemos certidumbre es sobre el hecho de que las propuestas y caminos educativos que hasta la fecha hemos transitado han sido, a todas luces, ineficaces para la conjunción de los objetivos de calidad y equidad educativa para todos.

Por estas razones se me antoja oportuno ofrecer en este último capítulo un conjunto de reflexiones dirigidas, sobre todo, a resaltar algunos ámbitos y estilos o modos de investigación, necesarios y coherentes con los planteamientos que hasta aquí he desgranado con relación a la educación inclusiva. En este sentido, una primera tarea sería la de *explorar* y tratar de entender precisamente el sentido que el planteamiento de la educación inclusiva tiene para los distintos participantes en la acción educativa. En segundo término, expondré el sentido, la estructura y la utilización del *Index for Inclusion* (Booth y Ainscow, 2000) como instrumento de apoyo para guiar el necesario trabajo de indagación colaborativa que ha de llevar a cabo el profesorado para avanzar en esa dirección. Un instrumento que tiene grandes puntos en común con el que entre nosotros ha elaborado Carbonell i París (2002) para facilitar el desarrollo de proyectos de educación intercultural.

A este respecto, la exploración que considero que sería útil realizar no es *nominalista*, esto es, sobre el significado del concepto en sí, sino sobre las ideas y criterios que el profesorado, las familias, los propios alumnos y, por supuesto, los investigadores, manejan con relación a cuestiones cómo la forma de responder a las diferencias individuales, sobre las intervenciones que parecen adecuadas para los alumnos que experimentan dificultades o cómo se conceptualizan tales dificultades. Se trata, en definitiva, de explorar aquellos contenidos que sustentan las culturas, las políticas y las prácticas que, *a posteriori*, reconocemos como más o menos inclusivas.

Para esta finalidad a mi juicio resulta muy útil el esquema de análisis utilizado por Booth y Ainscow (1998), en un estudio internacional comparativo relativo a las perspectivas sobre la educación inclusiva en ocho países. Ahora bien, y antes de explicar este esquema quisiera señalar que comparto plenamente con Ainscow (1999: 296)[1], la reflexión final que hacía en ese trabajo:

> "Rechazo la opinión de que la inclusión sea una cuestión empírica que nos exija, ante todo, que probemos que la educación común para todos los niños de una comunidad sea eficaz. También considero muy dudoso el supuesto de que son necesarios más progresos tecnológicos para alcanzar formas más inclusivas de escolaridad. En cambio he intentado centrar su atención en el examen minucioso de los obstáculos que impiden el acceso a esas formas de educación más inclusiva en contextos concretos y en el modo de superarlos. Esto me lleva a

---

[1] Como dije en la Introducción, sus análisis son un referente básico en mi forma de pensar, en buena medida porque he compartido con él algunos proyectos que han marcado definitivamente mi trayectoria profesional (Ainscow, Echeita y Duck, 1991; Ainscow, Ahuja, Chen, Comuzzi, Duck y Echeita, 1995; AAVV, 2004; AAVV, 2014)).

concluir que ya sabemos bastante para enseñar satisfactoriamente a todos nuestros niños... La pregunta es ¿tenemos la voluntad de hacer que sea así?".

El motivo de traer esta reflexión a colación es que no podemos estar parados mientras exploramos y afianzamos esta nueva perspectiva que, en esencia, se define más por ser un *proceso* que como un producto o como algo delimitado y preciso. Para ello disponemos de conocimientos suficientes como para que ese viaje no sea una aventura errática o desordenada. Es más, el propio *viaje de mejora* hacia proyectos educativos que intenten ser cada vez más inclusivos va a resultar la primera y más fructífera vía para seguir acrecentando nuestro conocimiento al respecto, aunque con ser suficiente no quiere decir que sea completo.

## ESTUDIOS COMPARATIVOS, IMPORTANCIA DEL CONTEXTO Y CONCEPTO DE "PERSPECTIVA" EN LOS ANÁLISIS SOBRE EL SIGNIFICADO DE "EDUCACIÓN INCLUSIVA"

La experiencia nos dice que *inclusión* significa cosas muy distintas entre los distintos protagonistas de la educación, entre diferentes países y entre quienes se dedican a su estudio. Para muchos inclusión sigue siendo sinónimo de *integración* y como tal tiene que ver, fundamentalmente, con las ideas y las prácticas dirigidas a colectivos de alumnos identificados con necesidades educativas especiales de uno u otro tipo y que, en función de ellas, pueden estar más o menos *incluidos* en el sistema ordinario. Al mismo tiempo eso puede ocurrir en un país que mantiene una fuerte estructura de centros de educación especial, pero que establece como eje de su política educativa nacional el principio de "inclusión educativa". Por otra parte podemos encontrarnos países, como bien podría ser el caso español, en el que se ha llevado a cabo una importante política de integración escolar de alumnos con discapacidad, al tiempo que se ha sido muy condescendiente con la tristemente tradicional situación de exclusión de la minoría gitana. Si ello es así, ¿qué variables de nuestro contexto nacional hacen que se dé esta situación y por qué no ocurre lo mismo en otros países?, ¿por qué nos resulta tan habitual distinguir a un grupo de alumnos como especiales, como *otros*, y que por ello consideramos distintos a *nosotros*?, ¿qué nos lleva a atribuir las dificultades de determinados alumnos a causas que se localizan en el propio alumno o en su contexto (discapacidad, pobreza, etnia), y sin embargo no percibimos los obstáculos que el propio sistema ha erigido a su alrededor y que condicionan tan o más que aquéllas las posibilidades de aprendizaje de ese mismo alumnado?

En un intento de reflexionar sobre estas preguntas y de tratar de comprender mejor los procesos de inclusión y exclusión escolar, Booth y Ainscow (1998) llevaron a cabo una investigación comparativa sobre estas temáticas con investigadores de ocho países (Australia, Escocia, Estados Unidos, Holanda, Inglaterra, Irlanda, Noruega, Nueva Zelanda). Se pidió a equipos de tres investigadores de cada país que llevaran a cabo el estudio de un centro en su contexto local y nacional teniendo presentes algunas cuestiones comunes. El caso que cada cual eligiera debía depender de cómo cada uno de ellos definía la inclusión. En la medida en que se tomaba como un elemento ineludible el hecho de que en los procesos de inclusión/exclusión existe una inevitable confrontación de puntos de vista (entre la administración y los profesores, entre éstos y las familias, así como entre los propios investigadores), se pedía que en el estudio se exploraran estas cuestiones. Podía ser un centro de primaria o de secundaria y no se pedía que el seleccionado lo fuera porque representara un ejemplo de "buena práctica", sino porque permitiera el análisis de los procesos de inclusión ⇔ exclusión existentes. Con los casos redactados se llevó a cabo un seminario en el que se presentaron y discutieron a la luz de un esquema común.

Entre los aspectos a destacar de este trabajo está su visión crítica sobre los habituales estudios comparativos, la importancia que concede a la tarea de tomar muy en consideración las políticas y las prácticas concretas dentro de su contexto habitual para poder entender su significado y alcance y, en último término, el propio esquema de dimensiones y preguntas para guiar una indagación contextualizada sobre los procesos de inclusión ⇔ exclusión.

Para Booth y Ainscow (1998), mucha de la investigación comparativa en educación en el ámbito internacional resulta muy poco satisfactoria y útil porque, con suma frecuencia, tiende a la sobresimplificación de los procesos y las prácticas educativas, al tiempo que tienden a presentarnos la realidad de cada país como si fuera algo unitario y común, obviando los conflictos de intereses y puntos de vista que existen en todos ellos. La importancia de conocer los contextos (a niveles macro, meso y micro) es una preocupación predominante en su estudio, en tanto en cuanto éstos configuran, en buen grado, las políticas y las prácticas educativas. De ahí que en su trabajo huyan de presentar los distintos casos estudiados como ejemplos de "buenas prácticas" que pudieran ser trasladadas de un lugar a otro sin prestar atención al significado que tienen en los lugares de origen ni a las claves contextuales en las que han surgido.

Para ellos lo más valioso de los estudios comparativos a la hora de promover nuevas prácticas está en la posibilidad de que conocer prácticas y contextos no habituales, nos sirva de *estimulo* para reconsiderar, para repensar los esquemas y las prácticas que habitualmente desarrollamos en nuestro propio contexto. Es algo muy próximo a lo que ocurre cuando uno enseña su ciudad a un visitante extranjero, lo cual te obliga a tratar de ponerte en su perspectiva, de forma que lugares, rutinas o hechos que se dan *por supuestos* deben ser reconsiderados y se tornan claros para nosotros. Es la misma idea que Antonio Muñoz Molina expresaba con motivo del análisis de su novela *Ventanas de Manhattan*:

> "La costumbre te vuelve el mundo opaco; los sitios en los que vives habitualmente no los ves. La mirada del forastero es muy beneficiosa" (Babelia, El País, 28/02/04: 3).

A la hora de estructurar su análisis Booth y Ainscow han elegido el término "perspectiva" para tratar de resaltar las diferentes formas de ver la inclusión y la exclusión entre países y dentro de cada país, así como los sistemas de valores con los que están conectadas. Ellos entienden por "perspectiva" un conjunto de formas de ver determinada realidad, de prácticas y de estructuras que tienen elementos comunes, globalmente coherentes entre sí y en cierta medida articulados. Siguiendo un estudio previo de Clark *et al.* (1995), consideran que puede hablarse de "perspectivas dominantes" y "subordinadas" tanto en una persona como en un centro, y que entre tales perspectivas puede haber conflictos y contradicciones. Como, por ejemplo, cuando en un centro se establece como seña de identidad la "igualdad de oportunidades", al tiempo que se desarrollan agrupamientos por nivel. En definitiva, se asume que las perspectivas como la mentes, son complejas y pueden cambiar a lo largo del tiempo.

Puede decirse entonces, que el estudio buscaba revelar las distintas perspectivas de los investigadores en torno a los procesos de inclusión y exclusión educativa con el objetivo de estimular la reflexión sobre las propias perspectivas y, en conjunto, ampliar nuestra comprensión sobre unos procesos complejos y cambiantes.

## Dimensiones y preguntas para una indagación crítica

Para capturar las diferencias entre las perspectivas de los participantes en este estudio, los autores definieron una serie de *dimensiones* a lo largo de las cuales aquéllas se podían situar. Su descripción, en forma de preguntas, se recoge en el cuadro 5.1. Las dimensiones se agrupan en torno a lo que los autores han llamado *definiciones, respuesta a la diversidad y reconocer diferencias de perspectiva*. Esta tercera dimensión guarda más relación con el propio proceso de exploración del alcance de estas dimensiones entre los investigadores que han participado en este estudio. Por otra parte en la idea de sus promotores estaba el hecho de considerar estas dimensiones como un continuo y no como simples dicotomías.

En un trabajo anterior (Echeita, 2001) y en otro más reciente (Echeita, 2013) me he permitido responder a algunas de estas preguntas y someter a la consideración de los demás *mi perspectiva* sobre cómo percibo estos procesos de inclusión y exclusión educativa en España y que, en todo caso, están repletos de luces y sombras. Ojalá que fueran más frecuentes y estructuradas las oportunidades para debatir sobre estos análisis tanto con aquellos que los compartan como con quienes honestamente discrepen de los mismos.

**Cuadro 5.1. Dimensiones de diferenciación de las perspectivas en inclusión y exclusión**

**Definiciones**

1. ¿La inclusión y la exclusión son vistas como procesos continuos o como estados relativos a estar dentro o fuera de lo "ordinario/principal", o como algo relativo a estar "completamente" incluido o no incluido?

2. ¿Algunas exclusiones se dan por hecho y sólo algunas son examinadas y atacadas?

3. ¿La inclusión y la exclusión son vistas como procesos separados, que afectan a diferentes grupos de alumnos o como procesos necesariamente unidos?

4. ¿La inclusión y la exclusión se aplican a un limitado grupo de alumnos categorizados o se aplican a todos los estudiantes, en el sentido de que su participación en la cultura, el currículo y la comunidad siempre podría aumentarse?

**Respuestas a la diversidad**

5. ¿Algunos estudiantes son vistos como *otros* o *ellos* en lugar de como *nosotros*?

6. ¿Las dificultades en el aprendizaje o la discapacidad son atribuidas a defectos o deficiencias de los estudiantes o son vistas como algo que surge de la relación entre los alumnos y su contexto social y físico?

7. ¿La respuesta a las dificultades que experimentan los alumnos es vista como una cuestión individual y técnica o es también una cuestión de valores y filosofías, de política, de estructuras y de *currícula* que afectan a todos los estudiantes?

8. ¿Se celebra la diversidad como un recurso que debe ser valorado o es vista como un problema que debe ser solucionado?

9. ¿La participación en la escuela ordinaria local es un derecho o algo que depende de un juicio profesional?

10. ¿Se pone el énfasis en un currículo común para todos o en currícula especiales para algunos?

**Reconocer que existen diferencias de perspectiva**

11. ¿Se percibe que la inclusión y exclusión escolar están conectadas con amplios procesos sociales y políticos?

12. ¿Los conceptos usados para analizar la inclusión y la exclusión son vistos como universales o específicos de un contexto social y cultural que hace que su traducción sea compleja y difícil?

13. ¿Dentro del país los enfoques respecto a la inclusión y exclusión parecen coincidir en una cierta perspectiva nacional o más bien reflejan voces, intereses y perspectivas particulares?

14. ¿Se han explorado o ignorado las diferencias de perspectiva sobre inclusión y exclusión entre el profesorado y el alumnado?

15. ¿Dentro del propio grupo de investigación se han revelado u oscurecido las diferentes voces respecto a estas cuestiones?

16. ¿Hay formas de presentación y métodos de investigación que son vistas como parte del propio enfoque sobre la inclusión y la exclusión o como distintos de él? (Ob. Cit.: 15 )

Antes de terminar este apartado merece la pena resaltar que el trabajo mencionado sirve también para poner de manifiesto la propia perspectiva de sus autores sobre el sentido y alcance de los conceptos de "inclusión–exclusión". Para ellos tales conceptos se vinculan a su ya larga preocupación por comprender cómo se puede llegar a remover las "barreras para el aprendizaje" que experimentan determinados alumnos y aumentar su participación o reducir su exclusión de las escuelas ordinarias. Desde esa amplia perspectiva, los procesos de inclusión o exclusión tienen más que ver con cuestiones como la participación o la marginación por cuestiones de raza, género, clase, pobreza o desempleo, que con la tradicional preocupación de la "educación especial" por los alumnos categorizados como discapacitados o con dificultades de aprendizaje, entre otros.

Por estas razones ellos definen la inclusión como *"el proceso de aumentar la participación de los alumnos y reducir su exclusión de los currícula ordinarios, las culturas y las comunidades"* (Ob. Cit.: 2). Su énfasis en vincular continuamente las nociones de inclusión y exclusión deriva de su convencimiento en el hecho de que el proceso para aumentar la participación de los estudiantes implica la reducción de las presiones "excluyentes".

## IMPORTANCIA DE LA INDAGACIÓN COLABORATIVA DEL PROFESORADO

Puede sostenerse que, a nivel internacional, el actual hincapié en la educación inclusiva no es más que otro paso adelante en la historia por ofrecer a todos los niños y jóvenes, especialmente a los más vulnerables a los procesos excluyentes, una educación de calidad. Pero es un paso importante porque, en esta ocasión, el objetivo es transformar *el statu quo* de la escuela ordinaria de forma que aumente su capacidad de atender a la diversidad del alumnado.

A este respecto, tenemos sobradas muestras y estudios (AAVV, 2002f; Murillo y Muñoz-Repiso, 2002) que ponen de manifiesto que un factor clave en los procesos de mejora e innovación educativa reside en el hecho de que los centros como colectividad y el profesorado individualmente se *apropien* de los objetivos de cambio propuestos e inicien procesos de investigación conjunta para buscar respuestas colegiadas a los problemas e incertidumbres que generan todos los cambios. Lo contrario, las reformas realizadas desde arriba están abocadas al fracaso.

Por esa razón, como bien nos recuerda Darling-Hammond (2001: 288):

> "Aquellos políticos cuyo deseo es que los profesores tengan éxito planteando de otro modo la enseñanza deben convencerse de que el cambio significativo requiere que los profesores dispongan de tiempo y de oportunidades para reconstruir su actividad profesional a través del estudio intenso y la experimentación de

sus prácticas. Esto significa que las políticas deberían generar amplias oportunidades de aprendizaje para los profesores, directivos, familias y miembros de la comunidad, de tal forma que las complejas tareas implícitas en los ambiciosos objetivos que contemplan todas las reformas, sean analizadas, debatidas, puesta a prueba, valoradas, experimentadas y contrastadas, pues es así como pueden ser comprendidas -"apropiadas"-, e incorporadas al repertorio de quienes enseñan y toman decisiones en los centros. Debe haber oportunidades para la colaboración, en lugar de exclusivamente para las decisiones particulares. También han de implicar a grupos de profesores, familias y otros agentes (de un mismo centro o de centros diferentes) a que interactúen regularmente para ahondar en los problemas prácticos, tratar de resolverlos conjuntamente, explorar el significado de sus experiencias y darse apoyo moral mutuo en el difícil desempeño de mejorar la educación".

La opción por una *investigación participativa* de carácter crítico (Reason y Rowan, 1988; Ainscow y Brown, 1999) conlleva que en un contexto determinado se forme un grupo interesado que debe esforzarse por encontrar un plan de actuación común que le permita recoger e interpretar diferentes tipos de información con vistas a mejorar su trabajo. Ello debe de hacerse de forma que sea directamente provechoso para los pertenecientes a los contextos que se están analizando y que se quieren cambiar. Al proceder de esa forma, cada miembro del grupo se ve impelido a abrirse al punto de vista y las presunciones de los demás. Si todo funciona perfectamente esto ofrecerá excelentes oportunidades para mejorar la comprensión de las situaciones objeto de estudio y para iniciar y mantener procesos de cambio.

Los testimonios de quienes han llevado a cabo este tipo de investigación (AAVV, 1999b; Ainscow, 2002; Ainscow *et al.*, 2004) indican claramente que los participantes valoran el proceso como formativo y, además, estimulante. La necesidad de considerar múltiples interpretaciones de los eventos o procesos objeto de estudio, les obligaba a reflexionar mucho más profundamente sobre sus propias percepciones y creencias. El hecho de explorar otros puntos de vista y prácticas que normalmente hubieran ignorado o a las que incluso se habrían opuesto, parece que les estimuló a iniciar cambios, al tiempo que encontraban alentador celebrar sus logros y compartir sus dificultades con aquellos con los que trabajan. En este contexto el papel de *amigo crítico* que pueden desempeñar los investigadores, entre otros, se antoja determinante para asegurar simbólicamente la presencia de ese *forastero* al que aludía Muñoz Molina, que te hace contemplar con nuevos ojos un "paisaje escolar" que de lo contrario se vuelve rutinario e inmóvil.

Desde el punto de vista de las dificultades hay que reconocer que no suele ser fácil dar entrada, realmente, a todas las voces alternativas que cabe escuchar cuando nos preocupamos por los procesos educativos y, a este respecto, es frecuente que las de las familias y las de los propios alumnos sean a menudo ignoradas. Por otra parte, los cambios suscitan temores, *turbulencias* y resistencias que, a veces, se enmascaran con *consensos superficiales*, lo que, a la

larga, resulta otro obstáculo habitual en este tipo de investigaciones. Por último, las cuestiones de confidencialidad de la información en este tipo de proyectos son muy delicadas y siempre pende sobre todos la pregunta de: ¿hasta
qué punto se puede garantizar que las opiniones de ciertos individuos conti-
nuarán siendo anónimas?

Sea como fuere, lo que debemos encontrar son formas de romper la brecha que ha existido y existe todavía entre la investigación educativa y la práctica. A este respecto parece muy oportuno el análisis de quienes sustentan
que esa brecha no tiene que ver con estrategias inadecuadas de divulgación
del conocimiento científico entre los profesores como muchas veces se nos ha
hecho creer, o de la falta de interés de éstos, sino con el hecho de que el profesorado no tendrá en cuenta ni valorará la investigación científica mientras
ésta no sintonice con el modo y manera que utilizan los docentes para formular los problemas a los que se enfrentan y tengan en cuenta, además, las
limitaciones con las que éstos tienen que trabajar (Ainscow *et al.*, 2004). En
este sentido, las investigaciones participativas o colaborativas, sin olvidar que
también se enfrentan a serias dificultades, pueden ser un camino para ello.
Con este tipo de estudios no se pretende desarrollar conocimientos que sirvan
para dictar a los profesionales lo que deben hacer. Más bien proporcionan
marcos que los profesores pueden emplear para reflexionar sobre sus propios
contextos y sobre sus formas de trabajo con vistas a formular modos más adecuados de mejorar su práctica profesional (AAVV, 2014).

Ya anteriormente en este texto me he referido al *Index for Inclusion* (Booth
y Ainscow, 2000) como un instrumento de gran valor para facilitar y articular
el desarrollo de este tipo de investigaciones participativas que tienen mucho
de análisis e indagación sobre las condiciones que determinan el funcionamiento y la organización de los centros escolares, así como sobre las "barreras" que a distintos planos de la acción educativa se crean e interactúan con
las condiciones personales de todos los alumnos. En lo que sigue me deten-
dré a revisar lo esencial del mismo y a apuntar algunos proyectos de trabajo
que podrían llevarse a cabo con él.

## ESTRUCTURA DEL INDEX FOR INCLUSION:
## DIMENSIONES, SECCIONES, INDICADORES Y PREGUNTAS

El *Index for Inclusion*, que entre nosotros se ha traducido como *"Guía para
la evaluación y mejora de la educación inclusiva"*, es un conjunto de materiales
diseñados para apoyar a los centros educativos en el proceso de avance hacia
escuelas más inclusivas, teniendo en cuenta los puntos de vista del equipo
docente, de los miembros del consejo escolar, del alumnado, de las familias y
de otros miembros de la comunidad.

Estos materiales se plantean mejorar los logros educativos de todos los estudiantes a través de prácticas inclusivas. El propio proceso de trabajo con el *Index* se ha diseñado con la intención de contribuir a la consecución de ese objetivo. En todo momento las actividades y preguntas propuestas buscan *animar* al equipo docente a compartir y construir nuevas propuestas educativas sobre la base de sus conocimientos previos en relación con lo que dificulta el aprendizaje y la participación en su centro. Y al mismo tiempo, les ayuda a realizar un análisis exhaustivo de las posibilidades para mejorar el aprendizaje y la participación de todo su alumnado.

El *Index* se fue elaborando durante tres años por un equipo de docentes, padres, miembros de consejos escolares, investigadores y un representante de las asociaciones de discapacidad con amplia experiencia en iniciativas de desarrollo de formas de trabajo más inclusivas. Se realizó una prueba piloto con una primera versión del *Index* en seis centros de Educación Primaria y Secundaria de Inglaterra en el curso 1997-1998 y gracias a la financiación del *Centre for Studies on Inclusive Education*, CSIE[2]. Estos centros descubrieron que esta propuesta les ayudó a concienciarse acerca del sentido de la inclusión y a centrarse en factores educativos que, de otra forma, se les podrían haber pasado por alto.

Inspirados por esta experiencia se elaboró una segunda versión del *Index*. Esta versión se evaluó a través de un detallado programa de investigación-acción, financiado por la Agencia de Formación Docente en 17 centros educativos de cuatro LEAs (Autoridades Locales de Educación) de Inglaterra durante el año escolar 1998-1999. El trabajo en estos centros fue utilizado para generar las ideas y los materiales que se proporcionan en esa versión[3], apoyada por la financiación del *Department for Education and Employment* (Departamento de Educación y Empleo), incluyendo su distribución gratuita a todos los centros de Educación Primaria, Secundaria y Especial, y a todas las administraciones territoriales de educación de Inglaterra.

Como ya mencioné en el capítulo 3, la inclusión y la exclusión se exploran a través de tres *dimensiones* interrelacionadas en la vida de los centros: las que se relacionan con su cultura, con su política y con su práctica. El cuadro 5.2 resume el significado global de las dimensiones.

Las dimensiones seleccionadas pretenden dirigir la reflexión hacia los cambios que se deberían plantear en los centros educativos. En efecto, durante muchos años, se ha prestado poca atención al potencial de la cultura de los centros, factor que puede apoyar o perjudicar los avances en la enseñanza y en el aprendizaje. Gracias a la cultura de los centros educativos inclusivos se producen cambios en las políticas y en las prácticas, que pueden mantenerse y transmitirse a los nuevos miembros de la comunidad escolar (Lobato, 2002).

---

[2] CSIE, New Redland, Frenchay Campus, Coldharbour Lane, Bristol B16, 1 QU, UK. http://inclusion.uwe.ac.uk

[3] Existe una segunda versión revisada y editada en el año 2002 y una tercera del año 2011. Ver http://www.consorcio-educación-inclusiva.es/(Consulta 10 julio 2014).

**Cuadro 5.2. Dimensiones del Index**

**Dimensión A: Crear CULTURAS inclusivas**

Esta dimensión está orientada hacia la creación de una comunidad escolar segura, acogedora, colaboradora y estimulante en la que cada uno es valorado como el fundamento primordial para que todo el alumnado tenga mayores niveles de logro. Pretende desarrollar valores inclusivos, compartidos por todo el profesorado, los estudiantes, los miembros del consejo escolar y las familias, de forma que se transmitan a todos los nuevos miembros de la comunidad escolar. Los principios que se derivan de esta cultura escolar son los que guían las decisiones que se concretan en las políticas escolares de cada centro y en el quehacer diario, y de esta forma el aprendizaje de todos encuentra apoyo en el proceso continuo de innovación educativa

**Dimensión B: Elaborar POLÍTICAS inclusivas**

Esta dimensión pretende asegurar que la inclusión esté en el corazón del proceso de innovación, empapando todas las políticas, para que mejore el aprendizaje y la participación de todos los estudiantes. En este contexto se considera que "apoyo" son todas aquellas actividades que aumentan la capacidad de un centro educativo para atender a la diversidad del alumnado. Todas las modalidades de apoyo se reúnen dentro de un único marco y se perciben desde la perspectiva del desarrollo de los alumnos, más que desde la perspectiva del centro o de las estructuras administrativas.

**Dimensión C: Desarrollar PRÁCTICAS inclusivas**

Esta dimensión pretende que las prácticas de los centros reflejen la cultura y las políticas inclusivas. Intenta asegurar que las actividades en el aula y las actividades extraescolares motiven la participación de todo el alumnado y tengan en cuenta el conocimiento y la experiencia de los estudiantes fuera del entorno escolar. La docencia y los apoyos se integran para orquestar el aprendizaje de forma que se superen las barreras para el aprendizaje y la participación. El profesorado moviliza recursos del centro educativo y de las comunidades locales para mantener el aprendizaje activo de todos. (Ob. Cit.: 14)

Cada dimensión se divide a su vez en dos *secciones* que se centran en un conjunto de actividades en las que los centros deben comprometerse como vía para ir mejorando el aprendizaje y la participación (ver cuadro 5.3).

Cada sección contiene *indicadores*, hasta un máximo de doce, y el significado de cada uno se explica a través de una serie de *preguntas*. Las *dimensiones*, las *secciones*, los *indicadores* y las *preguntas* proporcionan progresivamente un mapa más detallado que guía el análisis de la situación del centro en ese momento y determina futuras posibilidades de acción.

Los indicadores representan una formalización de "aspiraciones" con las que se compara la situación existente en el centro, para poder llegar a estable-

---

**Cuadro 5.3. Dimensiones y secciones**

**Dimensión A: Crear CULTURAS inclusivas**

1. Construir comunidad
2. Establecer valores inclusivos

**Dimensión B: Elaborar POLÍTICAS inclusivas**

1. Desarrollar una escuela para todos
2. Organizar la atención a la diversidad

**Dimensión C: Desarrollar PRÁCTICAS inclusivas**

1. Orquestar el proceso de aprendizaje
2. Movilizar recursos

---

cer determinadas prioridades de mejora. Se asume que el *Index* puede y debe ser utilizado de manera flexible, adaptándose a las necesidades y peculiaridades de cada centro. Así, en algunos es posible que el profesorado y el consejo escolar acuerden que no desean comprometerse con determinados indicadores por el momento, o que éstos no indiquen la dirección hacia la que desean avanzar. En el cuadro 5.4 se muestran los indicadores de la primera sección (*Construir comunidad*) de la dimensión *Crear culturas inclusivas*.

---

**Cuadro 5.4. Dimensión A. Crear CULTURAS inclusivas**

**Sección A.1. Construir comunidad**

A.1.1. Todo el mundo merece sentirse acogido.

A.1.2. Los estudiantes se ayudan unos a otros.

A.1.3. Los profesores colaboran entre ellos.

A.1.4. El profesorado y el alumnado se tratan con respeto.

A.1.5. Existe colaboración entre el profesorado y las familias.

A.1.6. El profesorado y los miembros del consejo escolar trabajan bien juntos.

A.1.7. Todas las instituciones de la comunidad están involucradas en el centro.

---

Las preguntas vinculadas a cada indicador ayudan a definir su significado de una forma que invita a los centros a explorarlo con detalle. Indicadores y preguntas pueden cumplir, entonces, varias funciones distintas. Pueden servir para impulsar la reflexión de grupos de trabajo dentro del centro y sacar a la luz su conocimiento previo acerca del funcionamiento de éste. Llegado el caso también pueden moldear los procesos de investigación que se quisieran llevar a cabo o pueden servir como criterio de evaluación de los progresos. No debe olvidarse que una parte esencial del uso del *Index* lo constituye el intercambio de información acerca de lo que sabe sobre el funcionamiento actual del centro educativo y las barreras para el aprendizaje que existen dentro de él. Es importante indicar, por otra parte, que el trabajo con el *Index* no pretende desconsiderar las soluciones potenciales que ya estén bien articuladas en el centro educativo, todo lo contrario, en lo posible intentará dotarlas de un mayor énfasis. En el cuadro 5.5 se muestran las preguntas que acompañan al primero de los indicadores de la sección anterior: *Todo el mundo merece sentirse acogido.*

---

**Cuadro 5.5. Preguntas del indicador A.1.1. de la dimensión A.**
**Crear CULTURAS inclusivas**

**Sección A.1. Construir comunidad**

**INDICADOR A.1.1. Todo el mundo merece sentirse acogido.**

- ¿Es amistoso y acogedor el primer contacto que la gente tiene con el centro educativo?
- ¿Es el centro acogedor para todo el alumnado, incluyendo los estudiantes con deficiencias y los que están temporalmente?
- ¿Es el centro acogedor para todas las familias y otros miembros de las instituciones de la comunidad?
- ¿Es la información sobre el centro accesible para todos, independientemente de su lengua de origen o de alguna deficiencia (por ej. en braille, grabado en audio y vídeo, en letras grandes) cuando sea necesario?
- ¿Hay intérpretes de lengua de signos y de otras lenguas de origen disponibles cuando sean necesarios?
- ¿En los documentos del centro, incluso en los folletos informativos, está claro que es parte de la rutina escolar responder a toda la diversidad del alumnado y de sus contextos?
- ¿Los órganos de comunicación del centro (boletín, revista...) recogen los intereses de todos los miembros de la comunidad escolar?
- ¿El centro tiene en cuenta las culturas locales y las colectivos de nueva inmigración a través de símbolos y exposiciones?
- ¿Hay actos sociales para dar la bienvenida o para despedir al alumnado y al profesorado?
- ¿El alumnado siente pertenencia a su clase o a su aula de tutoría?
- ¿El alumnado, el profesorado, los miembros del consejo escolar y los miembros de la comunidad sienten pertenencia al centro? (Ob. Cit.: 63).

---

## Utilización del *Index* en los centros escolares

Aunque el *Index* puede utilizarse con distintos propósitos adaptándose a las necesidades y demandas concretas de una comunidad educativa, la utilización más *potente* del mismo está vinculada al establecimiento de ciclos de mejora en un centro escolar a través de un proceso de cinco etapas propio de los esquemas de investigación-acción.

En el cuadro 5.6 se muestra la relación entre el proceso del *Index* y el trabajo cíclico relativo al plan de mejora del centro. La primera etapa se inicia cuando el equipo responsable del plan de mejora, normalmente el equipo directivo del centro, establece un grupo de coordinación. Los miembros de este grupo se informan y posteriormente transmiten la información al resto del profesorado sobre los conceptos del *Index*, los materiales y la metodología para recoger opiniones de todos los miembros de la comunidad escolar.

---

**Cuadro 5.6. El proceso de trabajo con el Index**

**Etapa 1. Inicio del proceso del Index (medio trimestre)**

Constitución de un grupo coordinador
Sensibilización del centro respecto al *Index*
Exploración del conocimiento del grupo
Preparación para usar los indicadores y las preguntas
Preparación para trabajar con otros grupos

**Etapa 2. Análisis del centro (un trimestre)**

Exploración del conocimiento del profesorado y de los miembros del consejo escolar
Exploración del conocimiento del alumnado
Exploración del conocimiento de las familias y de los miembros de las instituciones de la comunidad
Decisión de las prioridades susceptibles de mejora

**Etapa 3. Elaboración de un plan de mejora escolar con una orientación inclusiva (medio trimestre)**

Introducción del *Index* en el proceso de planificación escolar
Introducción de las prioridades en el plan de mejora

**Etapa 4. Implementación de los aspectos susceptibles de desarrollo (continuo)**

Poner en práctica las prioridades
Mejora sostenida
Registro del progreso

**Etapa 5. Evaluación del proceso del *Index* (continuo)**

Evaluación de las innovaciones
Revisión del trabajo realizado con el *Index*
Continuación del proceso del *Index*

---

En la segunda etapa, se utilizan los materiales como base para el análisis del centro educativo y la identificación de las prioridades que se quieren llevar a cabo. A este respecto lo habitual suele ser utilizar una selección de indicadores de las tres dimensiones (cultura, políticas y prácticas), organizados en forma de "cuestionario", de modo que permita apreciar con relativa facilidad y tras ser contestados por los diferentes estamentos de la comunidad educativa (profesorado, alumnos, familias y personal de administración y servicios), tanto aquellos aspectos relativamente bien asentados en la vida escolar, como los que serían susceptibles de mejorar, habida cuenta de que no son satisfactorios en este momento. El cuestionario para los alumnos que se cita en el Cuadro 5.7, fue elaborado por el equipo responsable del plan de mejora del Instituto de Educación Secundaria Severo Ochoa de Alcobendas (Madrid) que ha implementado este trabajo.

| Cuadro 5.7. Cuestionario elaborado para alumnos del Instituto de Educación Secundaria Severo Ochoa | | | | | |
|---|---|---|---|---|---|
| | Completamente de acuerdo | De acuerdo | Parcialmente de acuerdo | En desacuerdo | Necesito más información |
| 1. La Comunidad Educativa debe acoger a todos (alumnos, profesores, padres...) | | | | | |
| 2. Los estudiantes y los alumnos deben ayudarse unos a otros | | | | | |
| 3. Los profesores y los alumnos deben tratarse mutuamente con respeto | | | | | |
| 4. Debe existir colaboración entre los profesores y las familias | | | | | |
| 5. El profesor debe considerar que todos los alumnos pueden aprender algo | | | | | |
| 6. Todos debemos intentar que los demás se sientan bien integrados | | | | | |
| 7. Los profesores deben valorar por igual la educación de todos los alumnos | | | | | |
| 8. Los profesores y los alumnos deben mantener una relación cercana | | | | | |
| 9. Los profesores deben ayudar a superar las dificultades de aprendizaje | | | | | |
| 10. Los profesores deben facilitar el aprendizaje de todos los alumnos | | | | | |
| 11. No se debe discriminar a nadie | | | | | |
| 12. Se hace llegar información sobre el centro a toda la localidad | | | | | |

| | | | | | |
|---|---|---|---|---|---|
| 13. Se ayuda a todos los alumnos nuevos a adaptarse al Centro | | | | | |
| 14. Se valora igual a todos los alumnos con independencia de cual sea su grupo de aprendizaje (aula, apoyo, compensatoria...) | | | | | |
| 15. El profesor ayuda a cada alumno a aprender según sus posibilidades facilitando así su integración | | | | | |
| 16. Los profesores complementan la enseñanza con una atención personal a los alumnos | | | | | |
| 17. El Centro procura tomar medidas para reducir las expulsiones | | | | | |
| 18. El Centro procura tomar medidas para reducir las faltas de asistencia | | | | | |
| 19. El Centro procura tomar medidas para reducir la intimidación y el abuso entre los alumnos | | | | | |

La tercera fase trata de elaborar un plan de mejora que refleje los objetivos inclusivos y las prioridades particulares identificadas en la etapa 2. En la etapa 4 se implementan y apoyan las innovaciones y, finalmente, en la etapa 5 se evalúa el progreso del proceso de avance hacia culturas, políticas y prácticas más inclusivas.

Bien está recordar una vez más que la sencillez con la que se explican los distintos pasos de un proceso de estas características no es sinónimo de facilidad para llevarlo a cabo. Todo él se apoya en la existencia de una serie de *condiciones internas* de los centros (Ainscow, Hopkins, Southworth y West, 2001), sin cuyo concurso difícilmente podrán darse incluso los primeros pasos, de ahí que en ocasiones tan importante o más que adentrarse en los aspectos susceptibles de mejora, será prioritario asentar algunas de esas condiciones internas o, al menos, tratar de trabajar simultáneamente ambas cuestiones. Tal vez no esté de más recordar que las condiciones que estos investigadores consideran determinantes son:

- La capacidad de formularse preguntas sobre vida del centro y de llevar a cabo procesos de reflexión conjunta.
- La planificación estratégica.
- La participación de todos los estamentos de la comunidad educativa.

- La vinculación de las actividades de formación permanente demandadas por el profesorado a las necesidades de aprendizaje de sus alumnos.
- La coordinación eficaz de los grupos de trabajo.
- Liderazgo.

Hay que resaltar que en la consecución de un nivel aceptable en todas estas condiciones internas de los centros, el liderazgo de los equipos directivos para construir y mantener compromisos compartidos y el buen manejo de las competencias que ello requieren (Antúnez, 2000; Navarro, 2002; Bazarra, Casanova, García Ugarte, 2004) aparecen repetidamente en la investigación como un factor imprescindible para aspirar a que estos procesos no se diluyan con las primeras dificultades que una tarea de esta envergadura y complejidad conllevan.

Precisamente si las condiciones internas de los centros no son las idóneas, el *Index* también pueden usarse como base del trabajo con grupos de docentes, o con miembros de los consejos escolares, por ejemplo, con el objetivo de crear conciencia sobre la educación inclusiva y de forma que, posteriormente, pueda llegarse a un mayor compromiso con proyectos de mejora concretos.

A lo largo de este texto he intentando explicar en varios momentos que el proceso hacia una educación más inclusiva comparte preocupaciones y retos con distintos proyectos o perspectivas transformadoras de la educación escolar y, entre otros, con los presupuestos de lo que se ha venido en llamar una *educación cívica intercultural* cuyo "Decálogo" ha sido bien delimitado por Carbonell i París (2000). Una muestra más de la coincidencia entre los postulados de una y otra iniciativa y una llamada de atención a que pongamos nuestro mejor empeño en el fondo de las cuestiones que nos ocupan y no tanto en los términos que usamos para ello, la encontramos en la propuesta del cuestionario que el equipo de Carbonell i París (2002) ha elaborado para servir de base para el diseño de lo que ellos denominan "*Proyecto de Educación Cívico Intercultural del Centro*" *(PECIC)* y en las fases que han previsto para llevarlo a cabo. Ese proyecto, que ellos entienden como un trabajo de clarificación ideológica y de explicitación de las convicciones éticas y sociales de la comunidad educativa en torno a lo que debe ser una educación de calidad para todos, se inicia con un período destinado al diagnóstico de la situación del centro por lo que se refiere a dos ejes: igualdad de oportunidades y respeto a la diversidad, diagnóstico que ineludiblemente se apoya en un proceso de investigación-acción del propio equipo de profesores y profesoras. En el cuadro 5.8 reproducimos el referido cuestionario "I+P" para que el lector pueda, además, apreciar las semejanzas con el sentido y la estructura del *Index*.

**Cuadro 5.8. Cuestionario "I+P" de evaluación de centros** (Ob: Cit.: 113)

## LA PRÁCTICA DE LA IGUALDAD DE OPORTUNIDADES Y DEL RESPETO A LA PLURALIDAD Y A LA DIVERSIDAD

EJE: IGUALDAD DE OPORTUNIDADES

1. El centro hace efectivo un plan de acogida para todos los alumnos y alumnas, especialmente para los que más los necesiten.

2. Se utilizan procedimientos efectivos para facilitar la participación de todos (maestros y maestras, padres y madres, alumnado, personal no docente...) en la toma de decisiones.

3. Funcionan los mecanismos compensatorios necesarios para garantizar que todas las familias tienen acceso a las informaciones del centro.

4. Ídem para que todos los alumnos puedan acceder a todas las informaciones y normas del centro.

5. En el centro no hay ninguna diferencia de status por el hecho de ser chico o chica. Se responde con contundencia e inmediatez ante cualquier vulneración de la igualdad de género.

6. Ídem por las características físicas o por el hecho de pertenecer el alumno o su familia a un grupo nacional, étnico, cultural o religioso determinado. Se responde con contundencia e inmediatez ante cualquier insulto, discriminación o atentado a la integridad física y/o psíquica.

7. El centro colabora estrechamente con los servicios y entidades del barrio de cara a conseguir una mayor participación ciudadana contra el absentismo, para prevenir la exclusión social y las concentraciones de alumnos y alumnas en riesgo de exclusión social.

EJE: RESPETO A LA DIVERSIDAD

1. Se han revisado el PEC y el PCC para incorporar y hacer efectivos los valores y principios de la educación intercultural, rechazando las aproximaciones folclorizantes y erradicando contenidos racistas o xenófobos.

2. Se dedican los recursos necesarios a las tutorías y al acompañamiento en la construcción identitaria crítica, autónoma y responsable de los alumnos y alumnas.

3. Se han programado los ejes transversales para cada ciclo y cada curso. Se da relieve a las habilidades sociales para la convivencia y al desarrollo de la capacidad de gestionar conflictos.

4. Se trabaja y se valora positivamente el hecho migratorio en los contenidos de diferentes materias, destacando que todos somos inmigrados.

5. Las diferentes opciones ideológicas, sexuales religiosas, etc., de nuestra sociedad inmediata son conocidas, reconocidas y respetadas por el centro.

6. Ídem la diversidad cultural entre las comunidades autónomas españolas y las minorías autóctonas, y se corrigen estereotipos y confrontaciones.

7. Se han incorporado al PCC aquellos contenidos que hacen referencia a la cultura, la geografía, la lengua, la historia, la religión, etc. de los grupos minoritarios o extranjeros residentes en el municipio. La diversidad cultural y religiosa presente en el centro se reconoce y se respeta y valora como un patrimonio común.

8. El centro cede a la comunidad la utilización de sus instalaciones especialmente para actividades dirigidas a los más desfavorecidos.

8. Se respetan las prescripciones alimentarias de las convicciones religiosas familiares y la escuela acepta elementos decorativos o del vestuario quel el alumno considera signos de identidad, si no pertenecen a sectas o grupos abiertamente antidemocráticos.

9. Se han establecido mecanismo claros y eficientes para acelerar los aprendizajes instrumentales básicos en el alumno que presente retrasos. Se evalúan con regularidad los avances del conjunto del centro y de cada alumno o alumna en este objetivo.

9. En la programación de las actividades culturales escolares y extraescolares se tiene siempre en cuenta la diversidad cultural de la comunidad educativa.

10. Se intentan corregir los efectos de las expectativas de los profesores y profesoras sobre los resultados de los alumnos y alumnas, por ejemplo, evitando los grupos por niveles.

10. El centro utiliza libros, grabados, materiales para decorar el centro, músicas, etc. de todos los grupos culturales presentes en la comunidad.

11. Se prioriza la socialización solidaria y la adquisición de madurez y autonomía en los alumnos.

11. El centro estimula la relación con centros educativos del país de origen de los alumnos y alumnas extranjeros (hermanamientos, correspondencia...).

12. Se han encontrado mecanismos para resolver los problemas que las becas no resuelven, para garantizar la igualdad de oportunidades de echo en el uso de los materiales.

12. Se facilita a los alumnos que lo deseen formación sobre su lengua y cultural familiar.

13. Todos los alumnos pueden acceder a las actividades extraescolares que se programen. Se evitan actividades suntuosas o segregadoras.

13. Durante el primer año de estancia en nuestro país, el centro procura comunicarse con las familias extranjeras con documentos bilingües.

14. Se dispone de mecanismos concretos y eficaces para garantizar una buena orientación escolar especialmente a los que son más vulnerables, y se hace un seguimiento posterior.

14. El centro ha previsto mecanismos concretos para evaluar el progreso de los alumnos en los ejes transversales y en el desarrollo del respeto a la pluralidad y la diversidad, y el compromiso institucional de avanzar hacia una educación intercultural.

Quiero pensar, con toda modestia, que con lo tratado en este libro el lector esté mejor capacitado para decidir por sí mismo sobre la coherencia entre el deseo y la realidad, entre el discurso y las políticas educativas concretas y, llegado el caso, para equiparse, al menos de razones, para intentar promover verdaderos proyectos de transformación educativa en beneficio de todo el alumnado pero, en particular, de aquellos escolares más vulnerables que sin ellos estarán, con gran probabilidad, abocados a la exclusión social.

# Bibliografía

A.A.M.R. (2004) *Retraso mental. Definición, clasificación y sistema de apoyo.* (Trad. cast. M.A. Verdugo y C. Jenaro) Madrid: Alianza [V.O. *Mental retardation. Definition, clasification and systems of support.* American Association on Mental Retardation. 2002]

ADAM, E. y otros (2003) *Emociones y Educación. Qué son y cómo intervenir desde la escuela.* Barcelona: Graó

AINSCOW, M. (Ed.) (1991) *Effective Schools For All.* Londres: Fulton

— Hopkins, D.; Soutworth, G. y West, M. (2001) *Hacia escuelas eficaces para todos. Manual para la formación de equipos docentes.* (Trad. cast. E. Coma) Madrid: Narcea [V.O. *Creating the conditions for school improving. A Handbook of Staff Development Activities.* Londres: David Fulton. 1994]

— Echeita, G. y Duck, C. (1994) Necesidades Especiales en el Aula. Una iniciativa de la UNESCO para la formación del profesorado en el ámbito de la integración escolar. *Aula de Innovación Educativa,* 31, 70-78

— (1995) *Necesidades especiales en el aula. Guía para la formación del profesorado.* Madrid: UNESCO-Narcea (2001, 3ªed.)

— Ahuja, A.; Chen, Y.; Comuzzi, N.; Duck, C. & Echeita, G. (1995) UNESCO teacher education proyect: Special Needs in the Classroom. *Prospects* 25(2) 273-286

— Beresford, J.; Harris, A.; Hopkins, D. y West, M. (2001b) *Crear condiciones para la mejora del trabajo en el aula.* (Trad. cast. P. Manzano) Madrid: Narcea [V.O. *Creating the conditions for classroom improvement. A Handbook for Staff Development Activities.* Londres: David Fulton. 1997]

— (1999a) Tendiéndoles la mano a todos los estudiantes. Algunos retos y oportunidades. En M.A. Verdugo y F.B. Jordán de Urrés. *Hacia una nueva concepción de la discapacidad,* 16-37. Salamanca: Amarú

— (2001) *Desarrollo de escuelas inclusivas.* (Trad. cast. P. Manzano) Madrid: Narcea. [V.O. *Understanding the Development of Inclusive Schools.* Londres: Falmer Press. 1999b]

— y Brown, D. (1999) *Guidance on improving teaching.* Lewisham: LEA

— (2001) Entrevista a Mel Ainscow por Ángeles Parrilla. *Cuadernos de Pedagogía,* 307, 44-50

— (2002) Rutas para el desarrollo de prácticas inclusivas en los sistemas educativos. *Revista de Educación,* 327, 69-82

— (2003) Developing inclusive education systems: what are the levers for change? En *Inclusive Education. A Framework for Reform.* Conferencia Internacional. Instituto de Educación de Hong Kong. Diciembre

— Howes, A.; Farrell, P. & Frankham, J. (2004) Investigaciónacción. Una propuesta para el desarrollo de prácticas inclusivas. *Cuadernos de Pedagogía,* 331, 54-59

— (2014). From Special Education to Effective Schools for All: Widening the Agenda EN L. Florian (ed.) *The SAGE Handbook of special education.* (vol. 1), (pp.171-186). Londres: SAGE

ALONSO, M.A. (2001) *Modelo integrado para atender a la diversidad en la secundaria obligatoria.* Torres de la Alameda: Fugaz Ediciones

ALONSO, P. & RODRÍGUEZ, P. (2004) Dos tutores en el aula. *Cuadernos de Pedagogía,* 331, 70-72

ALLIGTON, R. & MCGILL-FRANZEN (1995) Individualized Planning. En M.C. Wang, M.C. Reynolds y H. Walberg (Eds.) *Handbook of Special and Remedial Education: Research and Practice,* 2ª Ed., 5-36. Oxford: Pergamon

AMSTRONG, F.; AMSTRONG, D. & BARTON, L. (Eds.) (2000) *Inclusive Education: Policy, Contexts and Comparative Perspectives.* Londres: David Fulton

ANDREWS, J.E. *et al.*, (2001) Salvant les diferències al volant de l'Educació Especial. *Supports,* 5 (1), 68-73

ANTUNEZ, S. (2001) La resistencia a las innovaciones: el papel de los directivos escolares. *Temáticos Escuela Española,* 3 (octubre), 7-8

APANSCE (1999) *II Jornadas de Educación Bilingüe en el Niño Sordo.* Barcelona: Ediciones Mayo, S.A

APPLE, M.W. (2002) *Educar "como Dios manda". Mercados, niveles, religión y desigualdad.* Barcelona: Paidós

ARIAS, J. (1998) *José Saramago: El amor posible.* Barcelona: Planeta

ARNÁIZ, P. Y DE HARO, R. (Eds.) (1997) *Diez años de integración en España. Análisis de la realidad y perspectivas de futuro.* Murcia: Servicio de Publicaciones de la Universidad de Murcia
— (2003) *Educación inclusiva: una escuela para todos.* Málaga: Aljibe

ARÓSTEGUI. I. (2002) *Calidad de vida y retraso mental.* Bilbao: Mensajero

ARUFE, M.; MALVAR, L. & SECO, Mª. I. (2003) La integración: ¿realidad o utopía? *Cuadernos de Pedagogía,* 321, 38-41

ASIS, R.; BARIFFI, F. y PALACIOS, A. (2007). Principios éticos y fundamentos jurídicos. EN, R. de Lorenzo y L.C. Pérez. *Tratado sobre discapacidad.* (pp. 83-114) Madrid: Thomson/Aranzadi.

ARTHUR KELLY, M.; SUTHERLAND, D.; LYONS, G.; MACFARLANE, S. y FOREMAN, PH. (2013). Reflections on enhancing pre-services programmes to support inclusion: perspectives from New Zeeland and Australia. *European Journal of Special Needs Education,* 28(2): 217–237.

AAVV, (1998) Dossier sobre Comunidades de aprendizaje. *Aula de Innovación Educativa,* 72, 49-59
— (1999a) *Informe del defensor del pueblo sobre la violencia escolar.* Madrid: Defensor del Pueblo
— (1999b) *Les necessitats educatives especials a l'aula. Actes de las II Jornades.* Barcelona: Universitat Ramón Llull
— (2000) *Fracaso escolar.* Madrid: Fundación para la Modernización de España
— (2002a) Monográfico. Efectos excluyentes de la baja cualificación entre los jóvenes. *TE, Trabajadores de la Enseñanza,* 15-16
— (2002b) Tema del mes. Dos conceptos de moda. Igualdad y diversidad. *Cuadernos de Pedagogía,* 311, 51-83
— (2002c) Monográfico. Interculturalismo y ciudadanía. Para salir de la exclusión social. *Cuadernos de Pedagogía,* 315, 9-121
— (2002d) Tema del mes. Comunidades de Aprendizaje. *Cuadernos de Pedagogía,* 316, 39-67
— (2002e) Monográfico. Vivir las emociones. *Aula de Innovación Educativa,* 111, 35-61
— (2002f) Tema del mes. El cambio en la escuela. *Cuadernos de Pedagogía,* 319, 28-93
— (2003a) Educación intercultural. *Somos,* 3, 2-41
— (2003b) Educación para la inclusión. *Somos,* 5, 2-41
— (2004a) Tema del mes. Escuelas inclusivas. *Cuadernos de Pedagogía,* 331, 49-80
— (2004b) Tema del mes. Madres y padres en la escuela. *Cuadernos de Pedagogía,* 333, 45-75
— (2004c) Los cambios educativos (2000-2004): nuevos desafíos, viejos remedios. *Aula de Innovación Educativa,* 130, 7-64
— (2004d) Tema del mes La mejora en la escuela. *Cuadernos de Pedagogía,* 339, 47-79
— (2005,a) Aportaciones al XVIII International Congress on School Effectiveness and Improvement (ICSEI 2005), celebrado en Barcelona del 2 al 5 de enero de 2005. *Revista Electrónica Iberoamericana sobre Calidad, Eficacia y Cambio. En Educación (REICE).* 3, (1). 2005. Número especial
— (2005,b) Tema del mes. Escuelas inclusivas: el Proyecto Roma. *Cuadernos de Pedagogía,* 346, 52-81
— (2014). El desafió de la diversidad. Escuchar las voces de los estudiantes y planificar juntos. *Cuadernos de Pedagogía,* 446, 46-49.

BALSHAW, M. (1991) *Help in the Classroom.* Londres: David Fulton Publishers

BARTON, L. (Ed.) (1998) *Discapacidad y sociedad*. (Trad. cast. R. Filella) Madrid: Morata [V.O. *Disability and Society: Emergin Issues and Insights*. Londres: Logman 1996]

BASOCO, J.L. *et al.* (1997) La persona con retraso mental y sus necesidades: mejora de su calidad de vida en el siglo XXI. *Siglo Cero, 28* (1), 5-18

BAZARRA, L.; CASANOVA, O. y GARCÍA UGARTE, J. (2004) *Ser profesor y dirigir profesores en tiempos de cambio*. Madrid: Narcea

BERNAL, J. y GIL, M. (1999) Escuelas aceleradas. Un sueño que se hace realidad. *Cuadernos de Pedagogía, 285,* 33-38

BINET, A y SIMON, T.H. (1905) Methodes nouvelles pour le diagnostic du niveau intellectuel des anormaux. *L´Anne Psychology,* 11, 191-336

BLANCO, R. (1999) La atención a la diversidad en el aula y las adaptaciones del currículo. En A. Marchesi, C. Coll y J. Palacios, J. *Desarrollo psicológico y educación. Trastornos del desarrollo y necesidades educativas especiales*. Vol. 3, 411-438. Madrid: Alianza

— Duk, C. (2011). Educación inclusiva en América Latina y el Caribe. *Aula Revista de Pedagogía de la Universidad de Salamanca, 17,* 37-55.

BLYTH, E. y MILNER, J. (1996) *Exclusions from school*. Londres: Routledge

BOOTH, T. (2000) Inclusion in Education. En *International Consultive Forum on Education for All, Tematic Studies. Executive Summaries*. París: UNESCO

— Ainscow, M. (1998) *From them to us. An international study of inclusion on education*. Londres: Routledge

— y — (2000) *Index for Inclusion. Developing learning and participation in schools*. Manchester: CSIE [Trad. cast. de A.L. López, D. Durán, G. Echeita, C. Giné, E. Miquel y M. Sandoval (2002) *Guía para la evaluación y mejora de la educación inclusiva*. Madrid: Consorcio Universitario para la Educación Inclusiva, consorcio.educacion.inclusiva@uam.es]

— Ainscow, M. (2011). *Index for inclusión .Developing learning and participation in schools* (3ªed.). Manchester: CSIE.

BRUNER, J. (1980) *Investigaciones sobre el desarrollo cognitivo*. Madrid: Pablo del Río

CABADAS, J.M. (1992) *María Soriano*. Madrid: Real Patronato de Prevención y de Atención a Personas con Minusvalía, Documentos 30/91

CALDERÓN, I. (2014). *Educación y esperanza en las fronteras de la discapacidad*. CERMI, Madrid.

CARBONELL I PARÍS, F. (1995) *Inmigración: diversidad cultural, desigualdad social y educación*. Madrid: CDC/ Ministerio de Educación y Ciencia

— (2000) Decálogo para una educación intercultural. *Cuadernos de Pedagogía, 290,* 90-94

— (2002) Para una educación obligatoria de calidad. *Cuadernos de Pedagogía, 315,* 109-114

— (2003) La integración de los diferentes. *Boletín de la Asociación de Enseñantes con Gitanos,* 21/22, 51-59

CARRIÓN, J.J. (2001) *Integración escolar: ¿Plataforma para la escuela inclusiva?* Archidona- Málaga: Aljibe

CASTELLS, M. (1997) *La era de la información*. 3 vols. Madrid: Alianza

CIDE (1996) *Evaluación psicopedagógica*. Madrid: Servicio Publicaciones MEC

CLARK, C.; DYSON, A. y MILLWARD, A (Eds.) (1995) *Towards Inclusive Schools?* Londres: Fulton

CLOUGH, P. y CORBETT, J. (2000) *Theories of inclusive education*. Londres: P.C.P.

CNREE (1990) *Necesidades educativas especiales en la escuela ordinaria*. Madrid: CNREE, Ministerio de Educación y Ciencia

CNSE (1999) *Trabajamos por la igualdad*. Madrid: Confederación Nacional de Sordos de España

— (2002) *Guía de educación bilingüe para niños y niñas sordos*. Madrid: Confederación Nacional de Sordos de España y Ministerio de Educación, Cultura y Deporte

COLE, M. (1998) Can cultural psychology help us think about diversity? *Mind, Cultural and Activity,* 5, 291-304

COLL, C. (1988) Significado y sentido en el aprendizaje escolar. *Infancia y Aprendizaje,* 41, 131-142

— Palacios, J. y Marchesi, A. (Eds.) (2001) *Desarrollo psicológico y educación, Psicología de la educación escolar.* Vol. 2. Madrid: Alianza

— (2001) Constructivismo y educación: la concepción constructivista de la enseñanza y el aprendizaje. En C. Coll, J. Palacios, y A. Marchesi (Eds.). *Desarrollo psicológico y educación,* Vol. 2, 157-188

— y Miras, M. (2001) Diferencias individuales y atención a la diversidad en el aprendizaje escolar. En C. Coll, J. Palacios, y A. Marchesi (Eds.) *Desarrollo psicológico y educación,* Vol. 2, 331-356. Madrid: Alianza

— y Onrubia, J. (2001) Inteligencia, inteligencias y capacidad de aprendizaje. En C. Coll, J. Palacios, y A. Marchesi (Eds.) *Desarrollo psicológico y educación,* Vol. 2, 189-210. Madrid: Alianza

— (2004) La revolución conservadora llega a la educación. *Aula de Innovación Educativa,* 130, 7-10

COMER, J. (1968) *Comer school development program.* Yale: Yale University

— (1998) Changing schools for changing times. The Comer school development program. *Journal of education for students placed at risk, 3* (1), 12-24

— (2001) Schools that develop children. *Prospects, 12* (7), 1-10

CORBETT, J., SLEE, R. (2000) An international conversation on inclusive education. En F. Amstrong, D. Amstrong y L. Barton, (Eds.) *Inclusive Education: Policy, Contexts and Comparative Perspectives.* Londres: David Fulton

COWIE, H. (1998) La ayuda entre iguales. *Cuadernos de Pedagogía,* 270, 56-59

DANIELS, H. y GARTNER, P. (2001) *Inclusive education.* Londres: Kogan Page

DARLING-HAMMOND, L. (2001) *El derecho de aprender. Crear buenas escuelas para todos.* (Trad. cast. de F. Marhuenda y A. Portela. Barcelona: Ariel) [ V.O. *The Right to Learn.* San Francisco: Jossey Bass, 1997]

DÁVILA, P.; GARMENDIA, L.N. y LAUZURIKA, A. (2010) Las personas con discapacidad, el Derecho a la Educación y la Convención sobre los Derechos del Niño en América Latina. *Revista Lationamericana de Educación Inclusiva,* 4(2), 97-118.

DEAÑO, M. (2001) La educación especial en Galicia en los años comprendidos entre 1975-1999. *Educación, Desarrollo y Diversidad,* 4(2), 65-80

DECLARACIÓN DE MADRID (2002) *"No discriminación más acción positiva es igual a inclusión social".* Primer Congreso Europeo de Discapacidad, Madrid (www.cermi.com)

DE LA DEHESA, G. (2002) *La inmigración, gran reto de Europa en el siglo XXI.* El País, 30 de julio, 9-10

DEL BARRIO, C.; MARTÍN, E.; ALMEIDA, A. & BARROSO, A. (2003) Del maltrato y otros conceptos relacionados con la agresión entre escolares y su estudio psicológico. *Infancia y Aprendizaje,* 26 (1) 9-24

DEL CARMEN, L. (2000) La atención a la diversidad: una cuestión de valores. *Aula de Innovación Educativa,* 90, 7-11

D.E.S. (1978) *Report of the Committee of Enquiry into the Education of Handicapped Children and Young People.* Londres: Her Majesty's Stationery Office

DÍAZ-AGUADO, MªJ. (2003) *Educación intercultural y aprendizaje cooperativo.* Madrid: Pirámide

DÍAZ ESTÉBANEZ, E. y VALMASEDA, M. (1995) En el camino hacia una educación de calidad para los alumnos sordos. *Infancia y Aprendizaje,* 69/70, 45-61

— Salvador, D.; Serna, Mª J.; Vázquez, A,M.; Ferrer, J.C.; Serna, J.M. & Valmaseda, M. (1996) *La realidad social de las personas sordas.* Madrid: Centro de Desarrollo Curricular (CDC), Ministerio de Educación y Ciencia

DOMENECH, J.L. & LÓPEZ, H. (2001) De l´Educació Especial a les necessitats educatives especials. *Educación, Desarrollo y Diversidad,* 4(2), 7-30

DOMÍNGUEZ, A.B. Y ALONSO, P. (2004) *La educación de los alumnos sordos hoy. Perspectivas y respuestas educativas.* Málaga: Aljibe

DURÁN, D. & VIDAL, V. (2004) *Tutoría entre iguales: de la teoría a la práctica.* Barcelona: Graó

DYSON, A. (1999) L´equitat com el camí a l´excelencia? Possibilitats y reptes en l´ educació inclusiva. En *Actes de conferencies i exposició d´experiencies. II Jornades sobre les Necesitats Educatives Especials a l´Aula.* Barcelona: Facultad de Psicología i Ciencies de l´Educació, Blanquerna

— y Millward, A. (2000) *Schools and special needs. Issues of innovation and Inclusion.* London: Paul Chapman

— (2001a) Dilemas, contradicciones y variedades de la inclusión. En M. Verdugo y F. Jordán de Urríes (Eds.) *Apoyos, autodeterminación y calidad de vida.* pp. 145-160. Salamanca: Amaru

— (2001b) Special needs in the twenty-first century: where we´ve been and where´re going. *Bristish Journal of Special Education,* 28(1), 24-29

— Goldrick, S. y West, M. (2012). *Developing Equitable Education Systems.* Londres: Routledge.

EADSN (2003) *Special Education across Europe in 2003. Trends in provision in 18 European countries.* Middefart (Dinamarca): European Agency for Development in Special Needs Education

ECHEITA, G. (1991) El programa de integración del MEC. *Cuadernos de Pedagogía,* 191, 72-75

— (1992) La integración escolar a debate. *Aula de Innovación Educativa,* 6, 73-77

— (1994) A favor de una educación de calidad para todos. *Cuadernos de Pedagogía,* 228, 66-67

— (1995) El aprendizaje cooperativo. Un análisis psicosocial de sus ventajas respecto a otras estructuras de aprendizaje. En P. Fernández (Ed.) *Interacción social en contextos educativos,* 167-192. Madrid: Siglo XXI

— Duck, C. y Blanco, R. (1995) Necesidades especiales en el aula. Formación docente en el ámbito de la integración escolar. *Boletín del Proyecto Principal de Educación en América Latina y el Caribe,* 36, 53-60

— y Alonso, P. (1996) Lo que pedimos a la escuela infantil. *In-fan-cia*

— (1998a) La integración escolar de alumnos con necesidades educativas especiales. Entre la realidad y el deseo. *Revista de Educación. Contextos Educativos,* 1, 237-249

— (1998b) Necesidades Especiales en el Aula. Evaluación de un proyecto internacional de la UNESCO para la formación del profesorado. *Siglo Cero, 29*(2), 17-28

— (1999) Reflexiones sobre atención a la diversidad. *Acción Educativa Revista Pedagógica,* 102-103, 30-43

— (2001) Claves e indicios para la valoración de la integración/inclusión en España. En M. Verdugo y F. Jordan de Urríes Vega (Eds.) *Apoyos, autodeterminación y calidad de vida,* 160-175. Salamanca: Amarú

— y Sandoval, M. (2002) Educación inclusiva o educación sin exclusiones. *Revista de Educación,* 327, 31-48

— (2002) Atención a la diversidad. Sentido, dilemas y ámbitos de intervención. *Revista Studia Académica UNED,* 13, 135-152

— (2003a) Los centros de educación especial y la inclusión. En Actas del Congreso Internacional. *"Una escola per totom. Una escuela para todos".* Universitat Ramón Llul. Barcelona. Octubre 2003

— (2003b) La escuela como comunidad de aprendizaje: el camino hacia una educación inclusiva. En M.A. Verdugo, D. López, A. Gómez & Rodríguez, M. *Atención Comunitaria, Rehabilitación y Empleo,* 205-304. Salamanca: Publicaciones del INICO

— y Verdugo, M.A. (Eds.) (2004) *La Declaración de Salamanca sobre Necesidades Educativas Especiales diez años después. Valoración y prospectiva.* Salamanca: Publicaciones INICO

— (2004) ¿Por qué Jorge no puede ir al mismo colegio que su hermano? Un análisis de algunas barreras que dificultan el avance hacia una escuela para todos y con todos. *Revista Electrónica Iberoamericana sobre Calidad, Eficacia y Cambio en Educación,* 12(2). http://www.ice.deusto.es/rinace/reice/vol2n2/Echeita.pdf

— (2005) Perspectiva y dimensiones críticas en las políticas de atención a la diversidad. *Alambique, Didáctica de las Ciencias Experimentales,* 44, 7-16

— (2012). Competencias esenciales en la formación inicial de un profesorado inclusivo. Un proyecto de la Agencia Europea para el Desarrollo de las Necesidades Educativas Especiales. *Tendencias Pedagógicas*, 19, 7-24.

— (2013). Inclusión y Exclusión Educativa. De Nuevo, "Voz y Quebranto" *REICE. Revista Iberoamericana sobre Calidad, Eficacia y Cambio en Educación*, 11(2), 99-118. Recuperado de: http://www.rinace.net/reice/numeros/arts/vol11num2/art5.pdf (Consulta julio 2014).

SIMÓN, C. LÓPEZ, M. y URBINA, C. (2013). Educación inclusiva. Sistemas de referencia, coordenadas y vórtices de un proceso dilemático En M.A. Verdugo y R. Shalock (Coordinadores) *Discapacidad e Inclusión. Manual para la docencia.* (pp. 329-358) Salamanca: Amarú.

— y CALDERÓN, I. (2014) Obstáculos a la inclusión: cuestionando concepciones y prácticas sobre la evaluación psicopedagógica. *Ámbitos de Psicopedagogía y Orientación*, 41, www.ambitsaaf.cat (Consulta julio 2014).

ELBOJ, C.; PUIGDELLIVOL, I; SOLER, M. y VALLS, R. (2002) *Comunidades de Aprendizaje.* Barcelona: Graó

ESTEVE, M. (1994) *El malestar docente.* Barcelona: Paidos

ETXEBARRIA, X. (2002) Concepto y ejercicio de la ciudadanía. *Somos,* 2, 6-13

EUROPEAN AGENCY FOR DEVELOPMENT IN SPECIAL NEEDS EDUCATION (2011). *Teacher education for inclusion across Europe. Challenges and Opportunities.* Disponible en http://www.european-agency.org/sites/default/files/TE4I-Synthesis-Report-EN.pdf (Consulta julio 2014).

— (2012) *Teacher Education for Inclusion. Profile for inclusive Teachers.* http://www.european-agency.org/sites/default/files/Profile-of-Inclusive-Teachers.pdf (Consulta julio 2014).

FARREL, P. (2001) Special education in last twenty years: have things really got better? *British Journal of special education,* 28 (1), 3-9

FEAPS *Un nuevo concepto de retraso mental.* Madrid: FEAPS/MEC

FERNÁNDEZ ENGUITA, M. (1998) *La escuela a examen.* Madrid: Pirámide

— (1999) La escuela como organización: agregado, estructura y sistema. *Revista de Educación,* 320, 255-267

— (1999) ¿Es pública la escuela pública? *Cuadernos de Pedagogía.*

FIERRO, A. (1991) Las necesidades educativas especiales en la Reforma Educativa. El horizonte de la secundaria. *Siglo Cero,* 135, 12-22

FINK, D. y STOLL, L. (2000) Promover y mantener el cambio. *Cuadernos de Pedagogía,* 290, 78-81

FLECHA, R. (1997) *Compartiendo palabras. El aprendizaje de las personas adultas a través del diálogo.* Barcelona: Paidos

FLORIAN, L. (2014). *The SAGE Handbook of special education.* (2 vol.). Londres: SAGE.

— (2014). Reimagining Special Education: Why New Approaches are Needed. En L. Florian (ed.) *The SAGE Handbook of special education.* (vol. 1) (Pp.9- 22). Londres: SAGE.

FONT, J. (2004) Escuelas que se ayudan. *Cuadernos de Pedagogía,* 331, 63-65

FREIRE, P. (1997) *Pedagogía de la autonomía.* Madrid: Siglo XXI

FREDERICKSON, N. y CLINE, T. (2002) *Special Educational Needs, Inclusion and Diversity.* Buckingham: Open University Press

FUHEM (2002) *Informe educativo 2002. La calidad del sistema educativo.* Madrid: Santillana

FULCHER, G. (1989) *Disabling politics? A comparative approach to Education Policy and disability.* Falmer: Londres

FULLAN, M. y HARGREAVES, A. (1997) *¿Hay algo por lo que merezca la pena luchar en la escuela?* Sevilla: MECEP/Kikiriki [V.O. *What´s worth fighting for? Working together for your school.* Ontario: Public School Teachers Federation. 1991]

GAIRÍN, J. & CASAS, M. (2003) *La calidad en la educación.* Barcelona: Cisspraxis

GALLEGO, C. (2002) El apoyo entre profesores como actividad educativa inclusiva. *Revista de Educación,* 327, 83-105

GARCÍA PASTOR, C. (1998) Integration in Spain: a critical view. *European Journal of Special Needs Education,* 13 (1), 43-56

GARCÍA-TERESA, A. (2010). *Oxígeno en lata.* Tegueste-Tenerife: Ediciones Baile del Sol.

GARDNER, H. (1995) *Inteligencias múltiples. La teoría en la práctica.* Barcelona: Paidós. [V.O. *Multiple intelligences. Theory in practice.* Nueva York: Bassin Book. 1993]

GARTNER, A. y LIPSKY, D.K. (2002) Educación inclusiva en los Estados Unidos. *Revista de Educación*, 327,107-121

GENTILE, P. (2001) Un zapato perdido. *Cuadernos de Pedagogía*, 308, 24-30

GIDDENS, A. (1998) *The third way: The renewal of social democracy.* Cambridge: Polity Press

GIMENO, J. (1999) La construcción del discurso acerca de la diversidad y su práctica (I). *Aula de Innovación Educativa*, 81, 67-72

— (1999) La construcción del discurso acerca de la diversidad y su práctica (II). *Aula de Innovación Educativa*, 82

— (2001b) Políticas de la diversidad para una educación democrática igualitaria. En A. Sipán (Ed.) *Educar para la diversidad en el siglo XXI.* pp. 123-142. Zaragoza: Mira editores

GINÉ, C. (1998) ¿Hacia donde va la integración? *Cuadernos de Pedagogía*, 269, 40-45

— (1999) Educación y calidad de vida: el sentido de los centros de educación especial. *Aula de Innovación Educativa*, 83-84, 6-8

— (2001) Discapacitat i Educació a Catalunya: Crónica d´una transformació. *Educación, desarrollo y diversidad.* 4 (2), 49-64

GLENDINNING, C. (1991) Loosing ground: social policy and disabled people in Great Britain Disability. *Handicap and Society*, 1 (4), 740-751

GÓMEZ, M. (2003) *Evaluación de la calidad de vida de alumnos de secundaria con y sin necesidades educativas especiales.* Salamanca: Universidad de Salamanca, Tesis Doctoral inédita

GONZALO-BILBAO (2001) La respuesta a las necesidades especiales en el País Vasco. *Educación, desarrollo y diversidad*, 4 (2), 31-48

HAMILTON, D. (2001) Los ídolos del mercado (Trad. cast. de R. Filella). En R. Slee, G.Weiner y S. Tomlinson, (Eds.). *¿Eficacia para quien?* 21-30. Tres Cantos: Akal [V.O. School Effectiveness for whom? Londres: Falmer Press, 1998]

HARGREAVES, A. (1992) Cultures of teaching. A focus for change. En A. Hargreaves y M. Fullan (Eds.). *Understanding teacher development.* Londres: Cassell

— (2000) Nueva profesionalidad para una profesión paradójica. *Cuadernos de Pedagogía*, 290, 58-60

— Early, L.; Moore, Sh. y Manning, S. (2001) *Aprender a cambiar. La enseñanza más allá de las materias y los niveles.* (Trad. Cast. De P. Cercadillo) Barcelona: Octaedro [V.O. Learning to change. Jossey-Bass, 2001]

HEGARTY, S. (1993a) Reviewing the literature on integration. *European Journal of Special Educational Needs*, 8(3), 194-200

— (1993b) ¿Cómo puede ayudar la escuela especial? En M. López Melero y J.F. Guerra (Eds.). *Lecturas sobre integración escolar y social.* Barcelona: Paidós

— (1995) *Educating children and young people with disabilities. Principles and the review of practice.* París: UNESCO

HOPKINS, D.; WEST, M., y AINSCOW, M. (1996) *Improving the Quality of Education For All. Progress and Challenge.* Londres: David Fulton

IBÁÑEZ, P. y SENRA, M. (2000) *Análisis de la integración escolar en la Comunidad de Madrid.* Madrid: Dykinson

IMBERMON, F. (Ed.). (1999) *La educación del siglo XXI. Los retos del futuro inmediato.* Barcelona: Graó

INTERNATIONAL CONSULTIVE FORUM ON EDUCATION FOR ALL (ICFEfA) (2000) *Education for All 2000 Assessment. Thematic Studies.* París: UNESCO

JAN PIJL, S.; MEIJER, C.J.W. y HEGARTY, S. (1997) *Inclusive education. A global agenda.* Londres: Routledge

JIMÉNEZ, J. (1999) El día después de las transferencias. Lo común y lo diferente en las CC.AA. *Cuadernos de Pedagogía*, 280, 56-82

© narcea, s. a. de ediciones

JIMÉNEZ. D.A. (2004) *Un estudio de casos sobre el nivel de desarrollo educativo, social y emocional alcanzado por los alumnos con necesidades educativas especiales asociadas a retraso mental, escolarizados en Institutos de Educación Secundaria de la ciudad de Madrid*. Madrid: Facultad de Psicología, Universidad Autónoma de Madrid. Tesis Doctoral inédita

JIMÉNEZ, P. y VILÀ, M. (1999) *De Educación Especial a educación a la diversidad*. Málaga: Ediciones Aljibe

JOHNSTON, M. (2000) Cambiar la enseñanza, cambiar la formación. *Cuadernos de Pedagogía*, 290, 42-45

KHUN, T.S. (1986) *La estructura de las revoluciones científicas*. Madrid: Fondo de Cultura Económica

KHOLER, P. y RUSCH, F. (1995) Secondary Education Programs and Transition Perspectives. En M. Wang; M.C. Reynolds y H. Walberg, (Eds.). *Handbook of Special and Remedial Education: Research and Practice*. 2 Ed., 107-130. Oxford: Pergamon

KYLE, J. (1990) *Deafness and sing lenguage into the 1990´s*. Bristol: Deaf Studies Trust

LEVIN, H. (1994) *Accelerated schools after eight years*. Palo Alto, CA: Stanford University, Accelerated Schools Project

LINDQVIST, B. (1994) Necesidades educativas especiales: Marco conceptual, planificación y factores políticos. En UNESCO. *Informe Final. Conferencia mundial sobre necesidades educativas especiales: acceso y calidad*, 27-28 Madrid: UNESCO/Ministerio de Educación y Ciencia

LIPSKY, D.K. y GARTNER, A. (1997) *Inclusion and School Reform: Transforming America´s Classrooms*. Baltimore: Brookes Publishing

LOBATO, X. (2001) *Importancia de la cultura escolar para el desarrollo de escuelas inclusivas*. Salamanca: Universidad de Salamanca. Tesis Doctoral inédita

LÓPEZ MELERO, M. (2001) La cultura de la diversidad o el elogio de la diferencia y la lucha por las desigualdades. En A. Sipán (Ed.) *Educar para la diversidad en el siglo XXI*, 31-64. Zaragoza: Mira editores

— (2003) *El proyecto Roma: una experiencia de educación en valores*. Málaga: Aljibe

— (2004) *Construyendo una escuela sin exclusiones*. Málaga: Aljibe

LÓPEZ. F.; ETXEBARRÍA. I.; FUENTES, M.J. y ORTIZ, M.J. (1999) *Desarrollo afectivo y social*. Madrid: Pirámide

LOU, M.A. y LÓPEZ, N. (1999) *Bases psicopedagógicas de la educación especial*. Madrid: Pirámide

MANZANO, N. (2002) Iniciativas y programas de la Unión Europea que promueven la prevención de la inadaptación y de la exclusión social. En C. Velaz de Medrano *Intervención educativa y orientadora para la inclusión social de menores en riesgo. Factores escolares y socioculturales*, 213-243. Madrid: UNED, Unidad Didáctica, Educación Social

MARCHESI, A.; ECHEITA, G. & MARTÍN, E. (1990) La evaluación de la integración. En A. Marchesi, C. Coll y J. Palacios (Eds.). *Desarrollo psicológico y educación*. Vol. 3. 383-406. Madrid: Alianza

— (1999) Del lenguaje de la deficiencia a las escuelas inclusivas. En A. Marchesi, C. Coll, y J. Palacios. *Desarrollo psicológico y educación*. Vol. 3, 21-44. Madrid: Alianza

— y Martín. E. (1998) *Calidad educativa en tiempos de cambio*. Madrid: Alianza

— Coll, C. y Palacios, J. (Eds.). (1999): *Desarrollo Psicológico y Educación*. Vol. III. *Trastornos del desarrollo y necesidades educativas especiales*. Madrid: Alianza

— Martín, E.; Echeita, G.; Babío, M.; Galán, M.; Aguilera, M.J. & Pérez, E. (2003) *Situación del alumnado con necesidades educativas especiales asociadas a discapacidad en la Comunidad de Madrid*. Madrid: Informe de Investigación presentado al Defensor del Menor de la Comunidad de Madrid (www.dmenor-mad.es)

MARCHESI, A. (2004) *Qué será de nosotros, los malos alumnos*. Madrid: Alianza

MARCHESI, A. Y MARTÍN, E. (en prensa) *Calidad de la enseñanza en tiempos de crisis*. Madrid: Alianza.

MARTÍN, E. y MAURI, T. (Coords.) (1997) *La atención a la diversidad en la Educación Secundaria*. Barcelona: ICE/Horsori

MARÍN, N. & SOLER, M. (2004) Una comunidad de aprendizaje. *Cuadernos de Pedagogía*, 331, 60-62

© narcea, s. a. de ediciones

MAYOR ZARAGOZA, J. (1999) *Los nudos gordianos*. Barcelona: Galaxia Gutemberg/Círculo de Lectores

MEC (1992) Adaptaciones curriculares. En *Materiales para la reforma educativa. Educación Primaria* (Cajas Rojas). Madrid: Servicio de Publicaciones MEC

MECD (2000) *Sistema Estatal de Indicadores de la Educación*. Madrid: Centro de Publicaciones, Ministerio de Educación y Cultura

MEIJER, C.J.W; PIJL, S.J. y HEGARTY, S. (1997) Inclusion. Implementation and approaches. En S.J. Pijl; C.J.W Meijer, y S. Hegarty (Ed.). *Inclusive Education. A global agenda*. Londres: Routledge

MINGUET, N. (2001) *Un análisis sociológico y cultural de las personas sordas*. Valencia: Federación Valenciana de Asociaciones de Personas Sordas

MIRAS, M. (2001) Afectos, emociones, atribuciones y expectativas: el sentido del aprendizaje escolar. En C. Coll; J. Palacios, A. Marchesi. *Desarrollo psicológico y educación. Psicología de la educación escolar*. Vol. 2, 331-356. Madrid: Alianza

MITTLER, P. (2000) *Working towards inclusive education: social contexts*. Londres: David Fulton

MONEREO, C. (2000) *Instantáneas. Proyectos para atender a la diversidad educativa*. Barcelona: Celeste

— y Durán, D. (2002) *Entramados. Métodos de aprendizaje cooperativo y colaborativo*. Barcelona: Edebé

— y Pozo, I. (2001) ¿En qué siglo vive la escuela? *Cuadernos de Pedagogía*, 298, 50-55

MONTIEL, L. (2002) *Análisis de la puesta en marcha del programa de integración en los centros públicos de educación secundaria de Madrid. El papel del departamento de orientación en su desarrollo*. Madrid: Universidad Autónoma de Madrid. Tesis Doctoral inédita

MORIÑAS, A. (2004) *Teoría y práctica de la educación inclusiva*. Málaga: Aljibe

MURILLO, J. & MUÑOZ-REPISO, M. (Eds.) (2002) *La mejora de la escuela. Un cambio de mirada*. Barcelona: Octaedro/CIDE

NAVARRO, M. (2002) *Reflexiones de, para, un director*. Madrid: Narcea

NIAS, J., *et al.*, (1989) *Staff relationship in the Primary School*. Londres: Cassell

NORWICH, B. (1993) Ideological dilemmas in special needs education: practitioners'views. *Oxford Review of Education*. 19 (4), 527-546

NORWICH, B. (2014) Categories of Special Educational Needs En L. Florian (ed.) *The SAGE Handbook of special education*. (vol. 1) (Pp. 55-72). Londres: SAGE.

— (2008). *Dilemmas of difference, inclusión, and disability. International perspectives and future direction*. Londres: Routledge.

OECD (1995) *Integrating students with special educational needs into mainstreaming schools*. París: OECD

— (1997) *Implementing Inclusive Education*. París: OECD

OLIVER, M. (1998) ¿Una sociología de la discapacidad o una sociología discapacitada? (Trad. cast. R. Filella). En L. Barton (Ed.). *Discapacidad y sociedad*. pp 34-58. Madrid: Morata [V.O. *Disability and Society: Emergin Issues and Insights*. Londres: Longman, 1996]

— (2000) Decoupling education policy from economy in late capitalist societies: some implications for special education. *Keynote speech, International Special Education Congress. ISEC 2000*. University of Manchester

O.M.S. (2001) *CIF. Clasificación internacional del Funcionamiento de la Discapacidad y la Salud*. Madrid: IMSERSO, OMS y OAS

ONRUBIA, J. (Coord.)(2004) *Criterios psicopedagógicos y recursos para atender a la diversidad en secundaria*. Barcelona: Graó

ORCASITAS, R. (2003) 20 años de integración escolar en la Comunidad Autónoma del País Vasco. Haciendo Historia. Ponencia presentada en el Congreso *"La respuesta a las necesidades educativas especiales en una escuela inclusiva vasca"*, organizado por el Gobierno Vasco. San Sebastián, octubre de 2003 (http://www.gipuztik.net/ge/)

ORTIZ, M.C. (2000) Hacia una educación inclusiva. La educación especial ayer, hoy y mañana. *Siglo Cero*, 164, 5-13

PADDEN, C. y HUMPHRIES, T. (1988) *Deaf in America. Voices from a culture.* Harvard, MA: Harvard University Press

PALACIOS, J.; COLL, C. y MARCHESI, A. (Eds.) (1990) *Desarrollo psicológico y educación.* Vol. 1. *Psicología evolutiva.* Madrid: Alianza

— y Paniagua, G. (2005) *Educación Infantil. Respuesta educativa a la diversidad.* Madrid: Alianza

PALOMO, R. y TAMARIT, J. (2000) Autodeterminación: analizando la elección. *Siglo Cero,* 31(3), 189, 21-44

PANIAGUA, G. (1999) Las familias de niños con necesidades especiales. En A. Marchesi, C. Coll y J. Palacios. *Desarrollo psicológico y educación.* Vol. 3. 469-494. Madrid: Alianza

PARRILLA, A. y DANIELS, H. (1998) *Creación y desarrollo de grupos de apoyo entre profesores.* Bilbao: Mensajero

— (2002) Acerca del origen y sentido de la educación inclusiva. *Revista de Educación,* 327, 11-29

— (2003) La voz de la experiencia: la colaboración como estrategia de inclusión. *Aula de Innovación Educativa,* 121, 43-48

— (2004) Grupos de apoyo entre docentes. *Cuadernos de Pedagogía,* 331, 66-69

PEETSMA, T. (2002) Inclusión en educación: una comparación del desarrollo de los alumnos de educación especial y ordinaria. *Siglo Cero,* 33(5), 203, 23-30

PÉREZ, M.L.; REYES, M. y JUANDÓ, J. (2001) *Afectos, emociones y relaciones en la escuela.* Barcelona: Graó

PERRENOUD, PH. (2004) *Desarrollar la práctica reflexiva en el oficio de enseñar. Profesionalización y razón pedagógica* (Trad. cast. Nuria Riambau) Barcelona: Graó (V.O. Developper la practique réflexive dans le metier d´enseignant. Professionalisation et raison pedagogique. 2001)

PIRUETAS, E.I. (2002) Escuela Infantil Piruetas: niños sordos y oyentes compartiendo la vida. *Aula de Educación Infantil,* 5, 42-45

PORTER, G. (1995) Organisation of schooling: achieving access and quality through inclusion, *Prospects,* 25 (2), 229-309

— (2001) Elements crítics per a escoles inclusives. Creant l´escola inclusiva: una perspectiva canadenca basada en 15 anys d´experiéncia. *Supports,* 5 (1), 6-14

— y Stone, J.A. (2001) Les sis estratègies clau per al support de la inclusió a l´escolar i a la clase. *Supports,* 5 (2), 94-107

PRIETO, J. (Coord.) (1999) *El desarrollo de los niños con necesidades educativas especiales.* Valencia: Promolibro

PUIG ROVIRA, J.M.; DOMÉNECH, I.; GIJÓN, M.; MARTÍN, X.; RUBIO, L., y TRILLA, J. (2012). *Cultura moral y educación.* Barcelona: Graó.

PUIGDELLIVOL, I. (1993) *Necessitats educatives especials.* Barcelona: Eumo

— (1998) *La educación especial en la escuela integrada.* Barcelona: Graó

PUJOLÀS, P. (2001) *Atención a la diversidad y aprendizaje cooperativo en la educación obligatoria.* Archidona, Málaga: Aljibe

REA, J. y WEINER, G. (1998) Las culturas de culpa y redención. Cuando la delegación de poderes se convierte en control: qué piensan del movimiento de escuelas eficaces los profesionales. En R. Slee, G. Weiner y S. Tomlinson (Eds.) (Ob. Cit.)

REASON, P. y ROWAN J. (1988) *Human inquiry in action: developments in new paradigm research.* Londres: Sage

RIDDELL, S. (1998) Teorizar sobre las necesidades educativas especiales en un clima político cambiante. En L. Barton (Ed.): *Discapacidad y sociedad.* (Trad. cast. R. Filella), 99-123. Madrid: Morata [V.O. Disability and Society: Emergin Issues and Insights. Londres: Longman, 1996]

— (2014). A sociological perspective on Special Education. En L. Florian (ed.). *The SAGE Handbook of special education.* (vol. 1) (pp.97-110). Londres: SAGE.

RUAIRC, G.C.; OTTESEN, E. y PRECEY, R. (2013). *Leadership for inclusive education. Values, vision and voices.* Rotterdam: Sense Publishers.

RUIZ, R. (1999) Algunes reflexion i propostes sobre aspects conceptuals i practics de les Adequacions Curriculars. Disseny de `Bases Curriculars Comunes´ per a tot l´alumnat i adecuació personalitzada del currículum. *Supports*, 3 (2), 121-148

SALVADOR, F. (Ed.) (2001) *Enciclopedia psicopedagógica de necesidades educativas especiales*. 2 volúmenes. Archidona, Málaga: Aljibe

SÁNCHEZ, A. y TORRES, J.A. (1997) *Educación Especial I y II. I. Una perspectiva curricular, organizativa y profesional II. Ámbitos específicos de actuación.* Madrid: Pirámide

—   y Torres, J.A. (1997) De la educación especial a las necesidades educativas especiales: aproximación histórica, marco conceptual y legislativo. En A. Sánchez y J.A. Torres (1997) (Ob. Cit.)

SANDOVAL, M.; LÓPEZ, M.L.; MIQUEL, E.; GINÉ, C.; DURÁN, D. & ECHEITA (2002) Index for Inclusion. Una guía para la evaluación y mejora de la educación inclusiva. *Contextos Educativos. Revista de Educación*, 5, 227-238

—   CECILIA, S. y ECHEITA, G. (2012) Análisis y valoración crítica de las funciones del profesorado de apoyo desde la educación inclusiva. *Revista de Educación*, nº extraordinario, 117-137.

SANTOS GUERRA, M.A. (2003) *Trampas en educación. El discurso de la calidad.* Madrid: La Muralla

SAPON-SHEVIN, M. (1996) Full Inclusion as Disclosing Tablet: revealing the flaws in our present system. *Theory into practice*, 35 (1), 35-41

SCHÖN, D.A. (1992) *La formación de los profesionales reflexivos.* (Trad. cast. de L. Montero y J.M. Vez) Madrid: Paidós. [V.O. *Educating the Reflective Practitioner.* San Francisco: Jossey-Bass]

SCHALOCK, R. (1996) *Quality of life.* Vol. 1: *Its conceptualization, measurement and use* Washington D.C.: American Association on Mental Retardation

—   (1999) Hacia una nueva concepción de la discapacidad. En M. Verdugo y F.B. Jordan de Urries (Eds.) *Hacia una nueva concepción de la discapacidad,* 79-110. Salamanca: Amarú

—   Brown, I.; Brown, R.; Cummis, R.A.; Felce, D.; Matikka, L.; Keith, K.D. y Parmenter, T. (2002) La conceptualización, medida y aplicación de calidad de vida en personas con discapacidades intelectuales: informe de un panel internacional de expertos. *Siglo Cero*, 33(5), 203, 5-15

—   y Verdugo, M.A. (2002) *Calidad de Vida. Manual para profesionales de la educación, salud y servicios sociales.* Madrid: Alianza

SIMÓN, C. y ECHEITA, G. (2013). Comprender la educación inclusiva para intentar llevarla a la práctica. En H. Rodríguez y L. Torrego (Coords.) (2013). *Educación inclusiva, equidad y derecho a la diferencia. Transformando la escuela.* (pp- 33-64) Madrid: Wolters Kluwer.

SKRTIC, T.M. (1991) Students with special educational needs: Artifacts of the traditional curriculum. En M. Ainscow (Ed.) *Effective Schools For All,* 20-42. Londres: Fulton

SLAVIN, R. (1985) Co-operative learning: applying contact theory in desegregated schools. *Journal of social issues*, 45-62

—   (1987) Cooperative Learning, and the cooperative schools. *Educational leadership*, 45, 7-13

—   (1996) *Education for all.* Lisse: Swets y Zeitlinger

—   y Madden, N.A. (2001a) *One million children. Success for all.* Thousand Oaks. CA: Corwin

—   y Madden, N.A. (2001b) Éxit per a tots: una reforma fonamental de l´escola primària. *Supports*, 5, 2, 108-116

SLEE, R.  (2014). Inclusive Schooling as an Apprenticeship in Democracy. En L. Florian (ed.) *The SAGE Handbook of special education.* (vol. 1) (pp.217-230). Londres: SAGE.

—   (2012). *La escuela extraordinaria. Exclusión, escolarización y educación inclusiva.* Madrid: Morata (The *irregular scholl: Exclusion, schoolling and inclusive education.* Londres: Routledge. Trad. de Pablo Manzano).

SLEE, R.; WEINER, G. y TOMLINSON, S. (2001) *¿Eficacia para quién? Crítica de los movimientos de las escuelas eficaces y de la mejora escolar.* (Trad. de R. Filella). Madrid: Akal [V.O. *School Effectiveness for whom?* Londres: Falmer Press, 1998]

© narcea, s. a. de ediciones

— (2001) Organizaciones muy solventes y alumnos insolventes. La política del reconocimiento. En R. Slee; G. Weiner y S. Tomlinson, *(Ob.cit)*, 135-154

SÖDER, M. (1980) *Mentally retarded children research and development concerning integration of handicapped pupils into the ordinary school system.* Estocolmo: National Swedish Board of Education

SOLCOM (2011). *Violaciones en España de la Convención de Naciones Unidas sobre los Derechos Humanos de las Personas con Discapacidad (Diversidad Funcional).* Recuperado de http://www.asociacionsolcom.org/informe_solcom_2011 (Consulta julio 2014).

SOLÉ, I. (1990) Bases psicopedagógicas de la práctica educativa. En T. Mauri; I. Solé; L. del Carmen y A. Zabala. *El currículum en el centro educativo*, 52-90. Barcelona: ICE de la UB/Horsori

— (1993) Disponibilidad para el aprendizaje y sentido del aprendizaje. En C. Coll (Ed.) *El constructivismo en el aula*, 25-46. Barcelona: Graó

STAIMBACK, S. y STAIMBACK, W. (Eds.) (1994) *Curriculum considerations in Inclusive Classrooms.* Baltimore: Paul Brookes. [Trad. cast. de P. Manzano. *Educación inclusiva.* Madrid: Narcea, 1999]

— y Staimback, W. (Eds.) (1996) *Inclusion: A guide for educators.* Baltimore: Paul Brookes Publishing Company

— (2001a) L´educació inclusiva: definició, context i motius. *Supports*, 5 (1), 18-25

— (2001b) Components crítcs en el desenvolupament de l´educació inclusiva. *Supports*, 5 (1), 26-33

STOLL, L. y FINK, D. (1999) *Para cambiar nuestras escuelas. Reunir eficacia y mejora.* (Trad. cast. de D. Garde) Barcelona: Octaedro. [V.O. Changing our schools. Londres: Open University Press, 1997]

TAPIA Y MONTERO, I. (1990) Motivación y aprendizaje escolar. En C. Coll; J. Palacios y A. Marchesi (Eds.) *Desarrollo psicológico y educación.* Vol. 2. *Psicología de la educación*, 183-198. Madrid: Alianza

TEDESCO, J.C. (2011) ¿De qué dependen los resultados escolares? *Cuadernos de Pedagogía*, 416, 92-95.

TOMLINSON, T. (1982) *A sociology of special education.* Londres: Routedge

TORREGO, J.C. (1999) *Mediación de conflictos en instituciones educativas.* Madrid: Narcea

TORREDEMER, M. (2003) Congreso Internacional de educación especial: una escuela para todos. *Esclat La Revista*, 28/29, 26-29

TORRES, R.S. (2000) *Una década de Educación Para Todos. La tarea pendiente.* Montevideo: Fondo Editorial que Educa

TORRES, X. (2002) La cultura escolar. Otra construcción del conocimiento. *Cuadernos de Pedagogía*, 311, 71-75

UN (1993) *Normas uniformes para la equiparación de oportunidades de las personas con discapacidad.* Nueva York: Naciones Unidas

UNESCO (1977) *La educación especial. Situación actual y tendencias en la investigación.* Salamanca: Sígueme

— (1993) *Necesidades especiales en el aula.* París: UNESCO

— (1994) *Informe Final. Conferencia mundial sobre necesidades educativas especiales: acceso y calidad.* Madrid: UNESCO/Ministerio de Educación y Ciencia

— (1996) *La educación encierra un tesoro. Informe de la Comisión Internacional sobre la educación para el Siglo XXI.* Madrid: Santillana

— (1997) *Consulta internacional sobre educación para la primera infancia y la necesidades educativas especiales.* París: UNESCO

— (2001a) *Understanding and responding to children´s needs in inclusive classrooms. A guide for teachers.* París: UNESCO

— (2001b) *Open File on Inclusive Education. Support materials for managers and administrators.* París: UNESCO

— (2003) *Superar la inclusión mediante planteamientos integradores de la educación.* París: UNESCO. Sección de la primera infancia y la educación integradora
http://unesco.org/educacion/inclusive

— (2012). *Lucha contra la exclusión en educación. Guía de evaluación de los sistemas educativos rumbo a sociedades más inclusivas y justas.* Recuperado de: http://unesdoc.unesco.org/images/0021/002170/217073s.pdf (Consulta julio 2014).

UNICEF (2000) *Informe sobre la situación mundial de la infancia.* Nueva York: Unicef

— (2013). *Estudio de los niños y niñas con discapacidad en España.* Recuperado de http://www.unicef.es/actualidad-documentacion/publicaciones/estudio-sobre-la-situacion-de-los-ninos-y-las-ninas-con (Consulta julio 2014).VARGAS, M. y FLECHA, R. (2000) El aprendizaje dialógico como "experto" en resolución de conflictos. *Contextos educativos, 3* , 81-88

— (2014). Estado mundial de la infancia 2014. Todos los niños y niñas cuentan. Recuperado de http://www.unicef.es/sites/www.es.files/emi_2014_0.pdf (Consulta julio 2014)

VAUGHAN, M. (2002) An Index for Inclusion. *European Journal of Special Needs Education,* 17(2), 197-201

VÉLAZ DE MEDRANO, C. (2002) *Intervención educativa y orientadora para la inclusión social de menores en riesgo. Factores escolares y socioculturales.* Madrid: UNED, Unidad Didáctica, Educación Social

VERDUGO, M.A. (2000) Autodeterminación y calidad de vida en los alumnos con necesidades especiales. *Siglo Cero,* 31(3), 189, 5-10

— y Jordán de Urríes, F.B. (1999) *Hacia una nueva concepción de la discapacidad.* Salamanca: Amarú

— y — (2001) *Apoyos, autodeterminación y calidad de vida.* Salamanca: Amarú

— y — (2003) *Investigación, innovación y cambio.* Salamanca: Amarú

— y Schalock, R.L. (2003) *Calidad de vida. Manual para profesionales de la educación, salud y servicios sociales.* Madrid: Alianza

VLACHOU, A. (1992) *Caminos hacia una educación inclusiva.* Madrid: La Muralla

VYGOTSKY, L.S. (1934) *Pensamiento y lenguaje.* Buenos Aires: La Pléyade

WANG, M.C. (1991) Adaptative instruction: An alternative approach to providing for students diversity. En M. Ainscow (Ed.) Ob.cit. 134-160

— (1995) *Atención a la diversidad.* Madrid: Narcea

— Reynolds, M.C., y Walberg, H. (Eds.) (1995) *Handbook of Special and Remedial Education: Research and Practice.* 2ª Ed. Oxford: Pergamon

— y Reynolds, M. (1996) Progressive inclusion: Meeting new challenges in special education. *Theory into practice, 35* (10), 20-25

WARNOCK, M. (1987) Encuentro sobre necesidades de educación especial. *Revista de Educación,* nº Extraordinario, 45-74

— (1982) Children with special needs in ordinary schools: integration revisited. *Education Today, 32* (3), 56-61

WEDELL, K. (1989) Currículum abierto y adaptaciones curriculares. En CNREE. *Adaptaciones curriculares y organización escolar.* Madrid: Ministerio de Educación y Ciencia

— (1995) Making inclusive education ordinary. *British Journal of Special Education, 22* (3), 100-104

— (2002) All teachers should be teachers for special needs, but is it posible? *British Journal of Special Education, 29*(3), 151

WEHMEYER, M.L. (2001) Autodeterminación. Una visión de conjunto. En M. Verdugo y F.B. Jordán de Urríes. Ob. Cit.

— (2003) Autodeterminació i acces al curriculum general. *Supports, 7* (2), 78-90

WILSON, J.D. (1992) *Cómo valorar la calidad de la enseñanza.* (Trad. cast. de G. Solana). Barcelona: Paidós/MEC [V.O. *Appraising Teaching Quality* Londres: Progresive Evaluation Services, 1988]

GUTIÉRREZ ZULOAGA, I.: *Introducción a la historia de la Logopedia.*

HANSEN, D. T.: *El profesor cosmopolita en un mundo global. Buscando el equilibrio entre la apertura a lo nuevo y la lealtad a lo conocido.*

HERNÁNDEZ, P.: *Diseñar y enseñar. Teoría y técnicas de la programación y del proyecto docente.*

HERS, R., REIMER, J. y PAOLITTO, D.: *El crecimiento moral. De Piaget a Kohlberg.*

HOUGH, M.: *Técnicas de orientación psicológica.*

HUSÉN, T.: *La escuela a debate. Problemas y futuro.*

HUSÉN, T. y OPPER, S.: *Educación multicultural y multilingüe.*

JENSEN, E.: *Cerebro y aprendizaje. Competencias e implicaciones educativas.*

KEOGH, B. K.: *Temperamento y rendimiento escolar. Qué es, cómo influye, cómo se valora.*

KLENOWSKI, V.: *Desarrollo de Portafolios para el aprendizaje y la evaluación.*

LONGÁS, J. y MOLLÁ, N.: *La escuela orientadora. La acción tutorial desde una perspectiva institucional.*

LLOPIS, C. (coord.): *Recursos para una educación global. ¿Es posible otro mundo?*

MARCELO, C. y VAILLANT, D.: *Desarrollo profesional docente. ¿Cómo se aprende a enseñar?*

MARCO STIEFEL, B.: *Competencias básicas. Hacia un nuevo paradigma educativo.*

MARDOMINGO, M.ª Jesús: *Psiquiatría para padres y educadores.*

MARTÍN, M.: *Semiología de la imagen y pedagogía.*

McCLELLAND, D.: *Estudio de la motivación humana.*

MEMBIELA, P. (ed.): *Enseñanza de las Ciencias desde la perspectiva CTS. Formación para la ciudadanía.*

MONEREO, C. y POZO, J. I.: *La Identidad en Psicología de la Educación. Necesidad, utilidad y límites.*

PERPIÑÁN, S.: *La salud emocional en la infancia. Componentes y estrategias de actuación en la escuela.*

PÉREZ JUSTE, R., LÓPEZ RUPÉREZ, F., PERALTA, M. D. y MUNICIO, P.: *Hacia una educación de calidad. Gestión, instrumentos y evaluación.*

PÉREZ SERRANO, G.: *Pedagogía social-Educación social. Construcción científica e intervención práctica.*

POEYDOMENGE, M. L.: *La educación según Rogers. Propuestas de la no directividad.*

POSTIC, M.: *La relación educativa. Factores institucionales, sociológicos y culturales.*

POSTIC, M. y DE KETELE, J. M.: *Observar las situaciones educativas.*

– *La relación educativa.*

POVEDA, L.: *Ser o no ser. Reflexión antropológica para un programa de pedagogía teatral.*

– *Texto dramático. La palabra en acción.*

QUINTANA, J. Mª: *Pedagogía familiar.*

RAY, W.: *Diferencias individuales en el aprendizaje. Personalidad y rendimiento escolar.*

RODRÍGUEZ, A., GUTIÉRREZ, I. y MEDINA, A.: *Un enfoque interdisciplinar en la formación de los maestros.*

ROSALES, C.: *Evaluar es reflexionar sobre la enseñanza.*

RUIZ, J. M.ª: *Cómo hacer una evaluación de centros educativos.*

SÁINZ, C. y ARGOS, J.: *Educación Infantil. Contenidos, procesos y experiencias.*

SCHWARTZ, B.: *Hacia otra escuela.*

STAINBACK, S. y W.: *Aulas inclusivas. Un nuevo modo de enfocar y vivir el currículo.*

TARDIF, M.: *Los saberes del docente y su desarrollo profesional.*

TEJEDOR, F. J. y GARCÍA VALCÁRCEL, A. (eds.): *Perspectivas de las nuevas tecnologías en la educación.*

TENBRINK, T. D.: *Evaluación. Guía práctica para profesores.*

TITONE, R.: *Psicodidáctica.*

URÍA, M.ª E.: *Estrategias didáctico-organizativas para mejorar los centros educativos.*

VALLE, A. del: *Aportación bio-bibliográfica a la Historia de la Ciencia.*

VILA, A. y CALLEJO, M.ª L.: *Matemáticas para aprender a pensar. El papel de las creencias en la resolución de problemas.*

WHITAKER, P.: *Cómo gestionar el cambio en contextos educativos.*

ZABALZA, M. A.: *Calidad en la Educación Infantil.*

– *Diseño y desarrollo curricular.*

– *Diarios de clase. Un instrumento de investigación y desarollo profesional.*

© narcea, s. a. de ediciones